贵州蓝皮书
BLUE BOOK OF GUIZHOU

贵州养老服务发展报告（2024）

ANNUAL REPORT ON ELDERLY CARE SERVICES DEVELOPMENT OF GUIZHOU (2024)

黄德林 王义飞 主编

中国社会出版社
国家一级出版社 · 全国百佳图书出版单位

图书在版编目（CIP）数据

贵州养老服务发展报告．2024 / 黄德林，王义飞主编．-- 北京：中国社会出版社，2024．9．-- ISBN 978-7-5087-7094-9

Ⅰ．D669.6

中国国家版本馆 CIP 数据核字第 2024QH9696 号

贵州养老服务发展报告（2024）

出 版 人： 程 伟
终 审 人： 陆 强
责任编辑： 秦 健
装帧设计： 时 捷
出版发行： 中国社会出版社
（北京市西城区二龙路甲 33 号 邮编 100032）
印刷装订： 河北鑫兆源印刷有限公司
版　　次： 2024 年 11 月第 1 版
印　　次： 2024 年 11 月第 1 次印刷
开　　本： 170mm × 240mm 1/16
字　　数： 310 千字
印　　张： 18.5
定　　价： 48.00 元

客服热线：(010) 58124852 投稿热线：(010) 58124812 盗版举报：(010) 58124808
购书热线：(010) 58124841；58124842；58124845；58124848；58124849

《贵州养老服务发展报告（2024）》
编纂领导小组

组　长：黄朝椿　贵州省社会科学院党委书记
　　　　黄　勇　贵州省社会科学院院长、二级研究员

成　员：赵　普　贵州省社会科学院副院长（保留正厅长级）、二级教授
　　　　索晓霞　贵州省社会科学院副院长、二级研究员
　　　　陈应武　贵州省社会科学院副院长
　　　　谢忠文　贵州省社会科学院副院长、研究员

《贵州养老服务发展报告（2024）》
编 委 会

作　者（以文序排列）：

黄德林　郭　勇　杜双燕　王义飞　宋鹏程
陈玲玲　江志平　李　高　袁　阳　刘凌冰
陈顺达　安　静　韩棹渭　周明宽　贺　雷
杨明锡　钟　鑫

主要编撰者简介

黄德林：贵州省社会科学院拔尖人才工作室首席专家，二级研究员，博士研究生导师。享受国务院政府特殊津贴专家，贵州省省管专家，贵州省新型智库专家，中国社会学会理事，贵州省社会科学院学术带头人。

主持国家软科学计划项目和国家社会科学基金课题3项，主持省级重点和一般课题17项。出版个人学术专著3部，主编著作16部。在《经济日报》《上海师范大学学报》等报刊发表论文60余篇。荣获贵州省第十次、第十一次、第十三次、第十四次、第十五次哲学社会科学优秀成果奖一等奖1次、三等奖4次。

深耕养老研究领域10余年，主持完成的研究成果主要有：《贵州省民政事业发展"十三五"规划》《贵州省"十三五"养老服务体系建设规划》《贵州省养老服务评估研究》《贵州省养老服务业现状与发展研究报告》《贵州省养老服务体系建设研究》《人口老龄化背景下贵州康养产业发展研究》《贵阳市"十四五"民政事业专项规划中期评估》《六盘水市"十四五"民政事业发展规划》《黔西南州养老服务体系建设"十四五"规划》《晴隆县"十四五"民政事业发展和养老服务体系建设规划》等。以上研究成果有的获得省领导肯定性批示，并且转化为省、市（州）、县级人民政府文件，产生了积极的社会效益和广泛的社会影响。

王义飞：贵州省社会科学院社会研究所副研究员，贵州省社会科学院拔尖人才工作室首席专家科研助理。

主持完成贵州省哲学社会科学规划青年课题、贵州省软科学联合基金项目等省级课题3项，参与国家社科基金课题、国家软科学计划项目及其他省部级课题、地厅级课题、横向委托课题20余项。主持和参与撰写的研究成果多次获得省委、省政府主要领导肯定性批示，产生了积极的社会影响。

摘　要

本报告坚持以习近平新时代中国特色社会主义思想为指导，全面贯彻落实党的二十大和二十届二中、三中全会精神，对贵州养老服务提出背景、历史传承和基本内涵，贵州人口老龄化的现状、主要特点、贵州养老服务实践探索的基本情况、主要成就等发展情况进行系统总结，并对未来养老服务发展的总体思路和策略进行了分析和展望，为促进贵州养老服务与经济社会的高质量发展提供了理论借鉴和实践指导。同时，报告还从贵州养老服务供需分析、医养结合服务、居家社区养老服务、智慧养老服务体系、旅居养老服务、养老产业发展、全省9个市（州）养老服务发展情况等不同视角和层面，对贵州养老服务发展状况进行了较为全面的分析和解读。

报告认为，人口老龄化是我国21世纪的基本国情，积极应对人口老龄化是我国的一项长期战略任务。在人口老龄化持续加剧的背景下，迫切需要推动高水平养老服务体系建设，保障老年人安享晚年，让所有老年人公平共享发展成果，获得高质量养老服务。

报告指出，贵州省对养老服务进行了一系列探索和实践，政策体系框架持续完善、养老服务规划先行、养老服务机构和行业规范化、标准化建设不断加强、农村基本养老服务质量得到保障、养老服务事业与产业并举，老年人的获得感、幸福感、安全感显著提升。与此同时，贵州与国内其他省份处于不同的老龄化发展阶段，要坚持“理念引领”，在“老有所养”使命的驱动下肩负更高的发展目标；要推动“制度引领”，立足贵州实际，妥善处理人口老龄化背景下福利刚性和经济发展波动的关系，统筹推进“健康贵州”和“老有所养”高质量发展，努力走出一条低成本、高成效、可持续的老龄社会治理之路。

报告提出，要树立“人口老龄化和经济社会互动协调、良性发展，全面建成不分年龄、人人共享、充满活力的‘不老社会’”目标，持续完善养老政策体系，不断优化养老服务扶持政策和评估机制，健全完善养老服务供给体系，精准配置养老资源，实现以需求为导向的养老服务供给模式，构建形成政府主导、社会参与、市场运作的基本养老公共服务格局。充分发挥科技创新引领带动作用，发挥贵州大数据优势，夯实养老服务“数字治理”基础，实施“互联网＋养老”工程，建立全省统一智慧养老服务平台。依托贵州独特的自然地理、民族文化和民族中医药优势，打造贵州“健康养老”、“旅居养老”和“民族中医药”高地，加大相关为老产品和服务的研发力度，推动养老事业和养老产业协同发展。

本报告共分为五个部分，分别是总报告篇、分报告篇、专项报告篇、地区报告篇和附录。

目录 | CONTENTS

Ⅰ 总报告篇

Ⅱ 分报告篇

Ⅲ 专项报告篇

Ⅳ 地区报告篇

Ⅴ　附　录

Ⅰ 总报告篇

B.1　贵州实践：养老服务发展历程

黄德林*

摘要： 本报告以贵州省统计局2023年养老服务相关数据为基础，结合贵州省各级政府，尤其是养老服务部门工作报告和相关公开数据与资料，全面回顾了贵州进入老龄化社会以来贵州养老服务的发展历程。从贵州省养老服务提出的历史背景，贵州养老服务的基本情况、主要特点、主要成就及面临的挑战困难等方面，对贵州省养老服务进行了纵深探索和横向比较分析，提出了贵州省在发展新质生产力社会大背景下高质量发展养老服务的总体思路和实践策略。

关键词： 贵州养老服务　实践　历程

人口老龄化是我国21世纪的基本国情，积极应对人口老龄化是我国的一项长期战略任务。人口老龄化是经济社会发展和文明进步的重要体现，但也给经济社会发展带来严峻挑战。在人口老龄化持续加剧的背景下，我国迫切需要推动高水平养老服务体系建设，解决养老服务问题，确保老年人安享晚年，让所有老年人公平共享发展成果，获得高质量养老服务。

一、贵州省养老服务提出背景、历史传承和基本内涵

（一）提出背景

1. 社会主要矛盾的历史转变

习近平总书记在党的十九大报告中指出："中国特色社会主义进入新

* 黄德林，贵州省社会科学院拔尖人才工作室首席专家，二级研究员，博士研究生导师。

时代，我国社会主要矛盾已经转化为人民日益增长的美好生活需要和不平衡不充分的发展之间的矛盾。”习近平总书记在党的二十大报告中指出：“明确我国社会主要矛盾是人民日益增长的美好生活需要和不平衡不充分的发展之间的矛盾，并紧紧围绕这个社会主要矛盾推进各项工作，不断丰富和发展人类文明新形态。”随着社会发展进步和居民收入水平的提升，人民对美好生活的需要日益广泛，且越来越追求物质生活的高品质、精神生活的高品位、社会生活的深参与，其服务需求从简单生活照料需求向精神层面、个性化需求转变，需求结构从生存型向发展型转变，而且对新时代我国养老服务供给也提出了更高要求。

2. 经济进入高质量发展阶段

党的十九大报告首次提出“我国经济已由高速增长阶段转向高质量发展阶段”。2020 年 7 月 30 日召开的中共中央政治局会议明确指出，我国已进入高质量发展阶段，发展具有多方面优势和条件，同时发展不平衡不充分问题仍然突出。所谓高质量发展，就是能够更好满足人民日益增长的美好生活需要的发展，是体现新发展理念的发展，是创新成为第一动力、协调成为内生特点、绿色成为普遍形态、开放成为必由之路、共享成为根本目的的发展。改革开放 40 多年来，我国积累了巨大的财富，也形成了完备的产业体系，走出了符合中国国情的社会主义市场经济发展道路，这是中国经济进入高质量发展阶段的重要前提。为满足人民群众多样化需求，通过政府购买服务、PPP① 等方式促进政府、社会、市场多元参与、通力合作，丰富托育、养老等领域普惠性非基本公共服务的供给。2014 年以来，以 PPP 模式建设的消费领域基本公共服务项目已达 1492 个、投资额 1.2 万亿元。2021 年全国政府购买公共服务支出 3479 亿元，自 2015 年以来年均增长 13.6%，有效促进了公共服务质量和效率提升。② 截至 2023 年 1 月，全国各类养老服务机构和设施达 36 万个，床位数是 2012 年的近 2 倍。③

① Public Private Partnership，政府和社会资本合作。

② 曲哲涵．推动基本民生保障水平不断提高，民生领域财政投入持续增长［N］．人民日报，2023-01-22（1）．

③ 民政部第一季度统计报告。

3. 人口老龄化上升为国家战略

党的二十大报告提出："实施积极应对人口老龄化国家战略，发展养老事业和养老产业，优化孤寡老人服务，推动实现全体老年人享有基本养老服务。"2023年我国60周岁以上老年人达到2.97亿人，占全国人口的21.1%，进入中度老龄化社会。人口老龄化是人类社会发展的共同趋势，也是我国今后较长一个时期的基本国情。我国人口老龄化呈现规模大、速度快、城乡差异大、高龄化等特点。为积极应对人口老龄化，国务院印发《国务院关于加快发展养老服务业的若干意见》（国发〔2013〕35号）。2019年11月，中共中央、国务院印发的《国家积极应对人口老龄化中长期规划》，提出健全以居家为基础、社区为依托、机构充分发展、医养有机结合的多层次养老服务体系等要求。《规划》要求，到2022年，我国积极应对人口老龄化的制度框架初步建立；到2035年，积极应对人口老龄化的制度安排更加科学有效；到本世纪中叶，与社会主义现代化强国相适应的应对人口老龄化制度安排成熟完备。2022年3月，为贯彻落实《国务院办公厅关于促进养老托育服务健康发展的意见》（国办发〔2020〕52号），贵州省人民政府办公厅印发《贵州省人民政府办公厅关于印发贵州省促进养老托育服务高质量发展实施方案的通知》（黔府办发〔2022〕6号），加快推进贵州省养老托育服务事业高质量发展，同时经省人民政府同意，成立了贵州省促进养老托育服务工作领导小组。

（二）历史传承

1. 传统文化

我国儒家经典《礼记·礼运》中云："大道之行也，天下为公，选贤与能，讲信修睦。故人不独亲其亲，不独子其子，使老有所终，壮有所用，幼有所长，矜、寡、孤、独、废疾者皆有所养，男有分，女有归。货恶其弃于地也，不必藏于己；力恶其不出于身也，不必为己。是故谋闭而不兴，盗窃乱贼而不作，故外户而不闭，是谓大同。"孟子在描述他所推崇的理想社会时说："老吾老，以及人之老；幼吾幼，以及人之幼。"这与孔子的"故人不独亲其亲，不独子其子，使老有所终，壮有所用，幼有所长，矜寡孤独废疾者皆有所养"思想是一脉相承的。我国养老机构的雏形出现在夏商奴隶社会时期。据《礼记·王制》记载："夏后氏养国老于东序，养庶老于西序。殷人养国老于右学，养庶老于左学。”这里的“序”和“学”就是夏商时代的养老机构，同时兼有教育下一代的职能。周朝时期，统治者也很注意对老年人的照顾，养老机构也和夏商时代很相似，但是此时的养老机构主要针对学识渊博的人，平民百姓还是养儿防老。汉朝时期，以孝治天下，大力倡导子女要孝顺父母。汉文帝刘恒替母亲亲尝汤药，成为《二十四孝》中的故事之一。汉朝时期虽然没有修建真正意义上的养老机构，但是社会倡导子女要孝顺父母、赡养老人。北魏时期首创的“存留养亲”制度，是孝文帝拓跋宏于公元 488 年下诏创制的，内容是赦免那些没有大罪的犯人，保证老人有儿女赡养。《魏书·刑罚志》规定：“诸犯死，若祖父母、父母七十以上，无成人子孙，旁无期亲者，具状上请；流者鞭笞，留养其亲，终则从流，不在原赦之例。”① 按儒家孝的伦理观念，子孙必须尽养老送终的义务。孝文帝特制令格，曲法伸情，对于身犯死罪但父母、祖父母陷入绝嗣和无人赡养者，让他们暂留在家养老送终后再执行死刑。公元 521 年，南朝梁武帝在京师（今江苏南京）建立了中国历史上第一家由政府开办的“养老院”——“独孤院”，专门收养老人和孤儿。唐朝在长安设置了“悲田院”，专门收养无依靠的老年乞丐，政府派专人负责后勤供给，佛教寺院负责具体管理。北宋初年，朝廷在汴京（今河南开封）设有东、西福田院，专门收养孤独有病的老年乞丐，供给口粮和零用钱。南宋时期，朝廷设立了惠民和剂局专门服务于老年人养老。元朝时期，忽必烈下诏赈济天下鳏寡孤独废疾者，至元八年（1271）在各路设立济众院一所。明代初期，朱元璋下令全国各府、县建立“养济院”和“惠民药局”，规定年龄在 70 岁以上的老人，可免除其一个儿子的所有徭役，而这个儿子要专职供养老人。清代延续明代养老院制度，并在京城设立普济堂，收养年老贫苦之人。我国古代敬老养老福利制度建设，为当代“老有所养”提供了思想传承和实践经验借鉴。

2. 当代实践

党中央、国务院高度重视养老问题，不断加强领导，推动养老事业发展。新中国成立初期，养老服务属于社会福利范畴，当时主要解决部分困境老年人的社会照护问题，对于入住养老机构的五保、孤寡对象以及优抚

① 张晋藩．论中国古代司法文化中的人文精神［J］．法商研究，2013，30（2）：154-160.

对象等，由政府开办的福利性养老机构提供生活照护型粗放式养老服务。在城市养老服务机构，先后有生产教养院、养老院、敬老院等。1953 年有养老机构 923 家，收养孤老对象 10 万人。在农村的养老机构就是敬老院，我国第一家敬老院于 1956 年在黑龙江省拜泉县兴华乡建立。另外，还建有优抚对象养老机构，主要收养无亲属照顾的烈属老人、孤老伤残军人、孤老复员军人等，1958 年创建了烈属养老院，后更名为光荣院。改革开放以来，我国在探索养老服务实践中，主要围绕老龄工作机构、政策法规、养老机构和管理规章等方面进行了积极探索，1982 年成立全国老龄工作委员会，1996 年制定了历史上第一部《中华人民共和国老年人权益保障法》，1998 年国务院办公厅转发《关于加快实现社会福利社会化的意见》，促进了养老服务项目由单一的生活保障向居住、医疗、护理、康复、娱乐等转变，养老服务质量逐步提升。同时，养老服务范围对象从传统的“三无”老人逐步向有需求的社会老人开放。根据联合国制定的标准，1999 年中国正式进入人口老龄化国家行列。2000 年，中共中央、国务院制定了《关于加强老龄工作的决定》，提出了要“建立家庭养老为基础、社区服务为依托、社会养老为补充的养老机制”。这是我国第一次提出要建立一个包含家庭、社区、社会在内的养老机制。2000 年，国务院转发了民政部等 11 个部门联合发布的《关于加快实现社会福利社会化的意见》，明确了“在供养方式上坚持以居家为基础”。2006 年，第二次全国老龄工作会议首次提出建立“以居家养老为基础、社区服务为依托、机构养老为补充”的中国特色养老服务体系。2007 年，党的十七大报告提出“努力使全体人民学有所教、劳有所得、病有所医、老有所养、住有所居”。这是我党在社会建设方面提出的目标和作出的承诺。2008 年，全国老龄办、发展改革委等 10 部门发布了《关于全面推进居家养老服务工作的意见》。2008 年，全国民政工作会议提出建立“以居家为基础、社区为依托、机构为补充”的养老服务体系，得到普遍认可。新时代，我国的养老服务事业实现了历史性变革和跨越式发展。党的十八大以来，以习近平同志为核心的党中央高度重视老龄工作，将老龄事业发展纳入“五位一体”总体布局和“四个全面”战略布局，不断推进老龄工作的理论和实践创新。党的十九大报告提出“幼有所育、学有所教、劳有所得、病有所医、老有所养、住有所居、弱有所扶”的“民生七有”新目标。从“五有”到“七有”的转变，意味着民生保障内容得到了丰富和拓展，其背后反映的核心思想是追求覆盖面更广泛且更均衡的民生保障。2012 年以来，以习近平同志为核心的党中央高度关注养老服务和老龄工作，积极应对人口老龄化问题，中国养老服务进入新时代。

3. 国际共识

1982 年，联合国在奥地利维也纳召开第一次老龄问题世界大会，联合国出台《维也纳老龄问题国际行动计划》应对世界人口老龄化问题。1987 年召开的世界卫生大会上首次提出“健康老龄化”的概念。1990 年，在哥本哈根世界老龄大会上，世界卫生组织第一次把“健康老龄化”（Healthy Aging）作为一项战略目标提出。1991 年，联合国大会通过《联合国老年人原则》。1997 年，西方七国首脑丹佛会议首次提出“积极老龄化”（Active Aging）的概念。1999 年，欧盟召开积极老龄化国际研讨会。同年，世界卫生组织发起“积极老龄化全球行动”。2002 年，“积极老龄化”理论在第二次老龄问题世界大会上得到接纳，“积极老龄化”基本理念与主要观点被写进大会的《第二次老龄问题世界大会政治宣言》（简称《马德里宣言》），并制定出《马德里老龄问题国际行动计划》。2015 年和 2016 年，世界卫生组织先后发布《关于老龄化与健康的全球报告》和《中国老龄化与健康国家评估报告》，重提“健康老龄化”概念并以新的理念和视角诠释了“健康老龄化”的丰富内涵和政策导向。同时，还有一些正式或准正式的工作文件出台，例如《关于老龄化与健康的全球战略和行动计划》① 《2020—2030 年健康老龄化行动十年》② 《世界卫生组织执行委员会第 146 届会议总干事报告》③ 等。2019 年，世界卫生组织执委会通过《2020—2030 年健康老龄化行动十年》。2023 年 10 月，由老龄文明智库、江苏省道德发展智库共同发起举办的首届老龄文明国际会议在无锡宜兴窑湖小镇召开，来自中国、美国、加拿大、德国、荷兰、以色列、日本等国家和地区的 300 多位专家学者、政府相关部门负责人和企业家会聚一堂，以“老龄化与老龄文明”为主题，进行了广泛深入的学术交流与文化对话，达成了关于探索和建构老龄文明的重要共识。

① 2017 年，简称《全国战略》。
② 2020 年，简称《行动十年》。
③ 2020 年，简称《总干事报告》。

（三）基本内涵

“老有所养”的基本含义，即人们进入老年后，在自己不能解决生活问题的情况下，能够得到家庭、社会的赡养。可以说，“老有所养”的基本内涵主要包括生活上的照料、经济上的保障、精神上的慰藉等老年人对物质、精神和文化的需要。

1. 生活上的照料

按照国际通行的标准，吃饭、穿衣、上下床、如厕、室内走动、洗澡六项指标，一到两项“做不了”的定义为“轻度失能”，三到四项“做不了”的定义为“中度失能”，五到六项“做不了”的定义为“重度失能”。人们常说“健康是福”，老年人生活能够自理，是“老有所养”的前提基础，如果老年人失去生活自理能力，就必须依靠家庭、社区和专门的养老机构照料其生活。照料老年人的生活，主要包括饮食调理、规律运动、定期体检、药物使用等。提前预防和减少老年人慢性疾病，通过健康运动和定期体检，提升老年人的健康水平，从而减少老年人对医疗服务和康复护理的依赖，使老年人可以享有身心健康、较长时间的高质量老年期生活。

2. 经济上的保障

老年人除获得国家、社会政策应有的经济上的保障外，家庭和社区也应同时为老年人提供支持和帮助，做到养老有其扎实的经济基础和保障，这样才能使老年人“内安其心、外安其身”。根据中国传统文化，应当发挥家庭养老的基础性作用，子女应当履行赡养老人的义务。同时，政府要充分发挥制定家庭养老政策的服务功能，进一步健全基本养老服务制度，重点保障失能、失智老年人长期照护需求的经济保障作用。

3. 精神上的慰藉

“老有所养”不仅是指老年人躯体没有疾病，还包括心理健康、道德健康和良好的社会适应能力。养老服务针对老年人精神上的慰藉，主要是指做好尊重老年人的人格，满足老年人的自尊心；注重家庭温暖，满足老年人的情感关怀；重视与老年人的沟通交流，排遣老年人的孤独寂寞等方面的服务工作。

4. 晚年生活得快乐

老年人的社会生活，不是悲观失望和死气沉沉的生活，要通过给老年人提供优质的养老服务，让其生活充满希望与活力，以积极的姿态参与家庭、社区和社会建设，让其晚年生活更加丰富，让生命富有意义，做到内心充盈、健康快乐、充满活力。

二、贵州省人口老龄化现状及主要特点

（一）人口老龄化现状

根据国际标准，当一个国家或者地区60周岁以上的人口占总人口比重达到10%，或65周岁以上人口占总人口的比重达7%，就意味着其人口进入老龄化。根据第五次全国人口普查数据，2000年，我国65周岁以上人口占总人口的比重达7.1%，说明我国已经步入老龄化社会。2003年，贵州省65周岁以上人口占总人口的比重突破7%，说明贵州省晚全国3年步入老龄化社会。

根据第七次全国人口普查数据，贵州省60周岁及以上老年人口和65周岁及以上老年人口分别为593.14万人和445.65万人，分别占常住人口总数的15.38%和11.56%，老龄化率居全国第24位。贵州省老龄化率比全国平均水平略低，增长趋势基本与全国保持一致。预计到2029年，贵州省进入中度老龄化社会，60周岁及以上老年人数达825万人，占城乡总人口的20.22%；到2038年，贵州省进入深度老龄化社会，60周岁及以上老年人口占城乡总人口的30%。全国及贵州省60周岁及以上（常住）老年人口占比、65周岁及以上（常住）老年人口占比情况见表1。

表1　全国及贵州省60周岁及以上（常住）老年人口占比、65周岁及以上（常住）老年人口占比情况

年份（年）	全国总人口（万人）	全国老年人口（万人）	全国老年人口占比（%）	贵州省总人口（万人）	贵州省老年人口（万人）	贵州省老年人口占比（%）
1990	114333	6368	5.57（65周岁及以上）	3239.11	149.32（65周岁及以上）	4.61
2000	126743	8821	6.96（65周岁及以上）	3524.77	210.43（65周岁及以上）	5.97

续表

年份（年）	全国总人口（万人）	全国老年人口（万人）	全国老年人口占比（%）	贵州省总人口（万人）	贵州省老年人口（万人）	贵州省老年人口占比（%）
2010	133972	17765	13.26	3474.65	297.78（65周岁及以上）	8.57
2020	141177	26402	18.70	3856.21	593.14（60周岁及以上）	15.38
2022	141175	28004	19.80	3856.00	602.00（60周岁及以上）	15.61

资料来源：国家统计局、贵州省统计局。

2000年贵州省65周岁及以上老年人口数量上升到210.43万人，比重上升到5.97%，2003年其比重已突破7%，贵州省正式进入老龄化社会，与全国相比晚了3年；到2010年第六次全国人口普查时，贵州省65周岁及以上老年人口数量已达297.78万人，比2000年增加了87.35万人，比重达到8.57%，比2000年增长了2.6个百分点，而这10年，全国也不过增长了1.94个百分点，说明贵州省老龄化的速度在这一段时间快于全国；2020年第七次全国人口普查数据显示，贵州省60周岁及以上老年人口达到593.14万人，比2010年增加147.01万人，其中65周岁及以上老年人口445.65万人，比2010年增加147.87万人。

（二）人口老龄化主要特点

1. 人口老龄化不断加深

2013年，贵州省常住人口的老年人口系数上升到9.28，虽然低于全国9.7的平均水平，但在全国的排名上升到了第14位，老年人口系数平均每年提高2.94%，快于全国平均每年增长2.74%的水平，老龄化程度加深。贵州省近几年已进入老龄化社会，且老龄化趋势在不断加快。2020年第七次全国人口普查数据显示，贵州全省60周岁及以上老年人口为593.14万人，人口老龄化率15.38%。贵州全省60周岁及以上人口比重比全国水平低，老龄化程度相对低，但老龄化仍然是贵州省未来需要高度重视的问题，应采取措施积极应对：一是加快出台鼓励生育的地方配套政策，促进国家放开三孩生育政策的落地落实；二是优化调整各阶段教育资源，特别是学前教育和高校教育两个阶段的投入，推进贵州省教育发展适应未来人口变化要求；三是着力培育健康养老产业，既有效应对老龄化面临的问题，又充分挖掘老年经济潜力，促进全省经济社会高质量发展。

2020 年第七次全国人口普查数据显示，过去 10 年，贵州省 65 周岁及以上老年人口比重上升了 2.99 个百分点。[①] 截至 2023 年末，贵州省 60 周岁及以上老年人口达 660 万人，占总人口比重为 17.08%，其中 65 周岁及以上老年人口 496 万人，占总人口比重为 12.81%。详见表 2。

表 2　2023 年末贵州省常住老年人口数　　单位：万人

指标	2023 年
60 周岁及以上人口	660
65 周岁及以上人口	495

数据来源：贵州省统计局。

老龄化程度不断加深，老龄人口数量不断增加，且增速加快。从第七次全国人口普查结果看，贵州省劳动力资源比较丰富，全省 15~59 岁劳动年龄人口为 2338.88 万人，比 2010 年增加了 187.98 万人，增长 8.74%，[②] 而全国这个数据是减少的，表明贵州省劳动力供给比较充足。

2. 人口老龄化分布不均衡

贵州省城乡老龄化差异显著。从 1982 年以来历次全国人口普查的数据来看，农村 65 周岁及以上人口老年化系数一直高于城镇，并呈现逐步扩大的趋势。65 周岁及以上人口老年化系数，1982 年农村为 4.70，城镇为 4.51；1990 年农村为 4.65，城镇为 4.47；2000 年农村为 6.08，城镇为 5.61；2010 年农村为 9.49，城镇为 7.17。2000 年时农村比城镇仅高出 0.47 个百分点，到 2010 年已达到 2.32 个百分点。2020 年，全省 65 周岁及以上老年人口比重增长了 2.99 个百分点，与上个 10 年相比，上升幅度

① 资料来源：贵州省第七次全国人口普查公报（第四号），https：//hgk. guizhou. gov. cn/publish/tj/rkpc/2020/zk/html/fu0104. pdf.

② 料来源：贵州省统计局人口处，贵州省常住人口和城镇化情况分析，https：//stjj. guizhou. gov. cn/tjsj_ 35719/zxsj_ 35810/202109/t20210930_ 70689372. html.

提高了0.21个百分点。截至2023年，全省城市老年人口203.47万人①，占城市人口总数的9.93%；农村老年人口389.67万人②，占农村人口总数21.57%，农村已经进入中度老龄化阶段。在空间分布上，铜仁市、黔东南苗族侗族自治州、遵义市老龄化率排在全省前三位，分别为17.56%、17.09%、17.05%。毕节市、六盘水市、贵阳市老龄化率排在全省后三位，分别为13.84%、13.52%、13.30%。在城乡分布上，农村老龄化率远远高于城市。

3. 农村失能老年人数量高于城市

根据有关研究结果，贵州省城镇中度失能老年人约占老年人总数的1.74%，重度失能老年人约占老年人总数的3.69%。全省城镇非特困中度失能老年人约3.5万人、重度失能老年人约7.5万人，城镇非特困重度和中度失能老年人共11万人。农村老年人中度失能率约为2.87%，重度失能率为3.92%，全省农村非特困中度失能老年人约11万人、重度失能老年人约15万人，农村非特困重度和中度失能老年人共26万人，约为城市的2.4倍。全省城镇特困老年人中，中度失能1336人，重度失能934人，城市特困重度和中度失能老年人共2270人。全省农村特困老年人中，中度失能8053人，重度失能4314人，农村特困重度和中度失能老年人共有12367人。

4. “未富先老”特征明显

贵州省在2003年迈入老龄化社会，人口老龄化超前于经济社会发展水平，“未富先老”问题日趋明显。发达国家进入人口老龄化时，人均GDP一般在1万美元左右，中国为800美元左右，而贵州省仅为450美元左右。可见贵州省是在低经济水平阶段进入老龄化社会的，是典型的“未富先老”。截至2023年，贵州全省企业职工基本养老保险退休人员月人均基本养老金为2969元，全省城乡居民基本养老保险基础养老金为128元。由于公办养老机构照护失能老年人每人每月至少要2500元，农村老年人普遍不具备支付机构养老费用的经济基础。

5. 人口抚养比进一步加大

根据2020年第七次全国人口普查结果，贵州省15~64周岁劳动年龄

---

① 非特困老年人203.03万人，特困老年人0.44万人。

② 非特困老年人383.51万人，特困老年人6.16万人。

人口为2486.37万人，占比为64.48%，比2010年减少1.73个百分点。过去10年，随着65周岁及以上老年人口的不断增加，老年人口抚养比由2010年的12.94%提高到2020年的17.92%，相当于每100名劳动年龄人口多负担5名老年人。

6. 与全国相比老龄化程度相对较低

与全国水平相比，贵州省的老龄化程度相对较低。预计2029年全省进入中度老龄化社会，60周岁及以上老年人口达825万人，占城乡总人口的20.22%；到2038年贵州省进入深度老龄化社会，60周岁及以上老年人口占城乡总人口的30%。

7. 老年人口健康状况不容乐观

随着社会经济的发展，医疗卫生保障体系逐步完善，人民生活条件持续改善，健康水平进一步提升，身体素质不断提高。2003年贵州省进入老龄化社会，老年人口迅速增长。2023年末，贵州全省常住人口3865万人，比上年末增加9万人。全年出生人口41.1万人，人口出生率为10.65‰；死亡人口30.0万人，人口死亡率为7.77‰；人口自然增长率为2.88‰。根据贵州省统计局公布的《贵州省第七次全国人口公报》，截至2020年末，贵州省常住人口达3856.21万人，其中60周岁及以上人口占15.38%，达到593.14万人；65周岁及以上人口占11.56%，达到445.65万人。与2010年第六次全国人口普查时相比，65周岁及以上人口比重上升了2.99个百分点，人口老龄化的步伐不容小觑。2022年，贵州全省人口人均寿命76岁，比1982年提高14.65岁，比1990年提高10.46岁，比2000年提高8.86岁，比2010年提高4.91岁，并且高于2022年世界卫生组织发布的全球平均水平4岁。随着人民生活水平的进一步提高，医疗卫生水平的不断提升，养老保障覆盖范围的逐步扩大，人口平均预期寿命将进一步提高。

8. “独一代”父母迈入老年期，加剧空巢化趋势

人口老龄化是当前及未来一段时间内贵州省面临的主要社会问题之一。随着社会经济的发展和医疗水平的提高，人口老龄化速度会不断加快。人口老龄化不仅给社会带来养老、医疗等方面的压力，同时也影响了经济发展和家庭结构。

三、贵州省养老服务基本情况

（一）养老服务分布情况

自2003年贵州省步入老龄化社会以来，养老服务主要分为居家养老、社区养老和机构养老。目前，全省养老服务已形成“以家庭养老为主，社区养老为辅，机构养老为补充”的基本格局，其中居家养老的老年人约占90%，主要是自理老年人；社区养老约占9%，主要是轻度和部分中度失能老年人、部分自理老年人；机构养老约占1%，主要是重度失能老年人、部分中度失能老年人。

（二）养老服务供需情况

1. 城市居家养老服务

城市居家养老服务主要通过提供助餐、助浴、助医、助行、助洁、助急、探访关爱等支持性养老服务开展。居家养老中，90%左右的老年人口具有自理能力，他们基本上不需要上门养老服务；而需要上门养老服务的主要是无意愿或无支付能力使用机构和社区养老服务的高龄独居、轻度失能、中度失能老年人。另外，老年人自费的助浴助医助行助洁助急、居家适老化改造等上门养老服务项目实际需求稀少，只有零星开展。

2. 农村居家养老服务

贵州省农村老龄化率高、老年人口多，截至2023年底，全省农村失能老年人约22万人，老年人对养老服务需求应当比较大，但是由于农村老年人习惯家人照顾，并且支付社会化养老费用非常弱，实际转化为购买服务的有效需求很少。

3. 社区养老服务

一是城市社区养老服务。主要针对重度失能、中度失能和自理老年人提供长期照料、短期托顾、日间照料、助餐助浴助医助行助洁助急、文化娱乐等养老服务。贵州省各社区养老服务站均位于居住区内，一般建筑面积100~500平方米不等，主要为社区老年人提供日间照料、助餐助浴助医助行助洁助急、文化娱乐等服务。按照国务院2013年发文要求必须按照人均用地不少于 0.1 平方米的标准配齐社区养老服务设施，贵州全省共有 4623 个城市社区需要逐步配齐社区养老服务设施。近年来，贵州省街道嵌入式养老机构服务质量逐步提高。目前已经投入运营的 173 家嵌入式养老机构中，有 91 家引入了专业运营团队，能够提供专业化的养老服务。投入运营的 716 个社区养老服务站中，有 241 个由专业运营商运营。但目前仍然有大量街道嵌入式养老机构和社区养老服务站尚未实现专业化运营。社区养老服务设施设备配置、服务质量等尚未制定实施省级标准。二是农村社区养老服务。贵州省农村老年人口多、老龄化率高，居住高度分散，收入普遍较低，农村社会老年人绝大多数选择居家养老，失能特困老年人和部分自理特困老年人到农村特困供养机构养老，所以农村社区养老服务基本不存在。

4. 机构养老服务

一是城市机构养老服务。城市机构养老主要针对失能失智老年人家庭照顾难度大，需要获得机构专业的生活照料、康复护理、医养结合、精神慰藉等方面服务的老年人。2021 年以来，贵州省人民政府连续 3 年部署养老机构建设，贵州省民政厅统筹世界银行和法国开发署贷款资金、省级财政一般预算、福彩公益金共 7 亿元投入标准化养老机构改造，确保养老机构床位达到护理型床位标准。目前，全省城市投入运营的 314 家养老机构中，公建民营养老机构有 112 家，占机构总数的 35.7%；民建民营养老机构有 116 家，占机构总数的 36.9%。贵州全省共有 151 家城市养老机构进行了标准化改造，占城市养老机构总数的 48%，21%的城市养老机构有持证养老护理员，85%的城市养老机构的护理员经过民政部门培训。全省 48%的城市养老机构能够提供专业的生活照料、康复护理、作业治疗、物理治疗、失智介护等专业养老服务。在实践中，不断加大品牌企业和行业龙头引进的力度，先后引入了美国魅力花园、广东华邦美好、吉林幸福里等行业优强企业，培育了本土乌当区爱玺、云岩区皇钻、南明区福顺康、安顺市金太阳、三穗县中医医养中心等一批专业运营品牌。在 227 家公建民营和民办养老机构中，有 68 家分布在县、自治县，占比为 30%，其余 159 家均分布在各地市、州、中心城市，占比为 70%。部分县引入专业运营商十分困难，贵州全省还有 7 家公办养老机构装修配套后无运营商愿意进入，主要是因为当地经济支撑能力弱，运营商担心入住机构老年人少、老年人支付能力弱等问题。二是农村机构养老服务。截至2023年，贵州省农村特困老年人共有9.2万人，其中0.4万人为重度失能老年人、0.8万人为中度失能老年人、约2.4万高龄特困老年人需要机构集中养老，由特困供养机构提供基本生活照料、康复护理、文化娱乐等兜底养老服务。目前，全省88个县（区）中，共有县级特困供养机构74家，其中52家县级特困供养机构进行了标准化改造，护理型床位7554张。乡镇区域养老服务中心功能覆盖周边2个以上乡镇，床位80张以上，能够护理中度失能老年人。目前，贵州省在运营的农村敬老院有582家，总床位数3.55万张，护理型床位1.36万张。全省22个县级特困供养机构有待标准化改造，2个县（区）需要申请中央预算内投资新建或扩建县级特困供养机构，25个县（区）需要申请中央预算内投资改造乡镇区域养老服务中心。建设完成后，全省县级特困供养机构护理型床位预计达1.2万张，可满足农村特困供养对象需求并有多余床位供养农村社会老年人。农村特困供养对象基本生活费平均达到每月945元，重度失能、中度失能特困人员照料护理费分别达到每月1637元、每月917元。贵州省统筹运用基本医疗保险、大病保险、医疗救助和社会救助政策，农村保障特困供养对象有病得到及时救治。目前，已经与分散供养的6857名农村失能、半失能特困人员委托照料人全部签订照料服务协议。对具备自理能力的农村分散供养特困人员，进行定期探访。服务人员大多是聘用当地3~5名农村留守人员或四五十岁人员，普遍不具备专业照护技能，专业化照护服务开展少。目前，贵州省建有农村幸福院4177家，覆盖全省31%的行政村，实际在运营的约3082家，可供农村老年人开展文化娱乐、老年社交、手工编织等活动。

四、贵州省养老服务实践探索及主要成就

（一）养老服务政策体系框架

近10年，贵州省高度重视养老工作，省委、省政府将发展养老服务业作为重要社会事业、民生工程和新常态背景下高质量发展的重要工作来抓，先后出台了一系列养老服务政策，架构起较完整的政策体系框架。发布《省人民政府关于加快发展养老服务业的实施意见》（2014）、《省人民

政府办公厅关于建立健全养老服务综合监管制度促进养老服务高质量发展的实施意见》（2015）、《关于支持社会力量发展养老服务业的政策措施》（2015）、《贵州省进一步扩大旅游文化体育健康养老教育培训等领域消费实施方案》（2017）、《省人民政府办公厅关于加快发展商业养老保险的实施意见》（2018）、《省人民政府办公厅关于全面放开养老服务市场提升养老服务质量的实施意见》（2018）、《省卫生健康委等八部门关于建立完善贵州省老年健康服务体系的实施意见》（2019）、《关于加快推进医疗健康服务和养老服务融合发展的实施方案》（2020）、《贵州省养老服务创新发展工程专项行动方案》（2020）、《省人民政府办公厅关于建立健全养老服务综合监管制度促进养老服务高质量发展的实施意见》（2021）、《贵州省养老服务条例》（2021）、《贵州省关于加强社区养老服务设施规划建设工作的通知》（2022）、《贵州省居家老年人医养服务工作方案》（2022）、《2023 年贵州省失能老年人“健康敲门行动”实施方案》（2023）等 10 余个文件作为配套的政策体系，内容覆盖土地、财政、金融、保险、税费、医疗、人才、产业等方面，推动了贵州省养老服务的发展。

（二）养老服务规划先行

为促进全省养老服务高质量发展，必须规划先行。近年来，贵州省出台一系列养老设施专项规划，旨在消除养老服务“痛点”，努力实现养老服务创新发展。这些专项规划是：《省人民政府关于印发“十四五”贵州省老龄事业发展和养老服务体系规划的通知》（黔府发〔2022〕11 号）、2021 年，贵州省发布《贵州省“十四五”公共卫生体系建设规划》、《省人民政府办公厅关于转发省卫生健康委卫生健康服务能力提升“八大工程”行动计划（2019—2022 年）的通知》（黔府办函〔2019〕12 号）、《省人民政府印发〈关于支持健康养生产业发展若干政策措施的意见〉、〈贵州省健康养生产业发展规划（2015—2020 年）〉的通知》（黔府发〔2015〕8 号）、《贵州省健康养老产业发展三年实施计划》、《健康药食材产业发展三年实施计划》、《健康运动产业发展三年实施计划》。据贵州省民政厅最新数据，截至 2022 年底，贵州省共有养老机构床位 83281 张，各类养老机构 938 家；社区养老服务机构和设施 9325 个，社区养老服务机构和设施床位数 69896 张，日间照料社区养老机构和设施 4408 个（含农村日间照料社区养老机构和设施4374个），互助型社区养老设施3377个（含农村互助型社区养老设施2852个）；其他社区养老服务设施65个。

（三）养老服务事业与产业并举

贵州省为进一步推进养老服务事业进步，依托世界银行、法国开发署联合融资贷款开发贵州养老服务体系建设项目，在老年人能力评估、基本养老服务清单、养老服务质量标准体系建设等方面积累了丰富经验。《贵州省养老服务条例》将这些经验、政策总结上升为法律制度，这在全国都是开创性的。积极引导有条件的物业服务企业向养老领域提供延伸服务，探索"物业+养老"的新模式、新业态，合理利用既有设施或配合盘活闲置设施，探索开展社区养老餐厅、日间照料中心等服务。为充分激发社会活力，加快推动贵州省养老服务发展，通过精简审批环节、完善价格形成机制、明确公办养老机构兜底保基本职能、推进公办养老机构改革等一系列措施，保障了基本养老服务需求的满足，繁荣了养老市场，全省9个市、州60%以上社区的养老服务设施交由社会力量运营，全省由社会力量建设或运营的养老机构床位数提高至60%。《省人民政府关于印发"十四五"贵州省老龄事业发展和养老服务体系规划的通知》（黔府发〔2022〕11号）、《贵州省健康养老产业发展三年实施计划》要求全省依托大数据产业优势，统筹生命健康产业专项资金，支持老年人专用智能产品和服务发展，培育形成新的经济增长点。在金融养老方面，强化资金支持，补齐养老服务和老龄事业基础设施短板。

（四）城市养老机构建设不断加强

贵州全省有151个城市养老机构进行了标准化改造，占城市养老机构总数的48%，按照标准配置了居室卫生间、洗浴间、厨房、餐厅等生活设施，配置了能力评估室、康复训练室以及养老护理床、助浴设备、轮椅、扶手、防滑地面等长期照护和康复护理设施。21%的城市养老机构有持证养老护理员，85%的城市养老机构的护理员经过民政部门培训。全省48%的城市养老机构能够提供专业的生活照料、康复护理、作业治疗、物理治疗、失智介护等专业养老服务。国有企业贵阳工商康养产业投资发展有限公司通过盘活闲置厂房、闲置物业等资产，在贵阳市城区打造了5家标准化养老机构，提供护理型床位 540 张，既盘活了国有资产，又增加了养老服务优质供给。南明区福顺康研发了一种专门护理阿尔茨海默病老年人的方法，在延缓老年人病情进展上取得良好效果。

（五）农村基本养老服务质量有保障

对于照料难度较大的失能、半失能特困对象，贵州省各地大多采取集中入住中心敬老院的方式予以保障。中心敬老院为集中供养特困对象提供生活照料、康复护理、医疗、精神慰藉等服务。对失能、半失能特困人员提供助餐、助洁、助浴等照料服务，适当开展康复训练。通过设置医务室、与医疗卫生机构签约等方式提供医疗服务。乡镇敬老院大多收住具备自理能力的特困对象，为他们提供日常生活照料服务，并结合实际组织开展棋牌、电视、种花种菜等活动。对不愿集中供养的失能、半失能特困人员，由政府与其亲戚、邻居等照料护理人签订协议并委托照料。

五、贵州省养老服务高质量发展面临的困难和挑战

（一）政策支撑力弱

贵州省从步入老龄化社会以来，先后制定出台了《贵州省养老服务条例》《“十四五”贵州省老龄事业发展和养老服务体系规划》等文件，出台了养老服务领域综合监管制度，制定了支持公办民营和民办民营养老机构补贴政策，制定了对养老机构的水电、税费优惠等政策，但是这些政策大多是零敲碎打，尚未形成养老服务的总体解决方案。从发达国家和发达地区经验看，一般需要制定老年人长期照护政策，明确失能等级评定、服务提供、责任划分、资金保障、服务标准、服务输送衔接等制度。例如，长期护理保险制度尚处于试点阶段，老年人长期照护缺资金。目前，全省只有黔西南布依族苗族自治州开展了长期护理保险制度试点，每月能为每位参保的重度失能老年人提供 1000 元左右的服务资金支持，在很大程度上缓解了老年人的长期照护支付压力。省级尚未出台支持社区养老服务站运营政策。2015 年贵州省出台支持社会力量提供养老服务的政策，但补贴对象主要是面向民办非企业养老机构，企业性质的养老机构无法获得补贴。

与周边的云南、广西等地相比，补贴范围狭窄，补贴额度也较小。云南、广西等地的运营补贴标准最高可达每年每床补贴 3360 元，贵州省运营补贴标准仅为每年每床补贴 200 元。

（二）养老观念传统

相关调研情况显示，贵州省老年人特别是大部分农村老年人仍然持有养儿防老、家庭养老的传统养老观念，不少老年人还不习惯接受社会化养老。在支付能力上，贵州全省养老金每月高于 3000 元的有 100.9 万人，全省机构照护平均价格每月 3500 元，能购买机构照护服务的老年人约为 11%，不能购买机构照护服务的老年人约为 89.2%。目前，贵州省落实了特困老年人供养政策，落实了完全失能的低保老年人集中照护政策，其中完全失能老年人的保障标准在每月 2500 元左右，同样护理等级在专业养老机构的收费标准为每月 5000 元以上，二者悬殊巨大。保障标准低，同时地方运营管理经费不到位，导致对保障对象的服务质量普遍较低，90%的公办养老机构只能提供基本生活保障，不能提供专业化康复护理等服务，导致公办养老机构服务质量差、口碑差，政策保障对象普遍不愿意入住。另外，虽然经济困难的老年人养老服务补贴和经济困难的失能老年人护理补贴制度已经建立，但地方由于缺乏资金，基本没有落实。目前，全省还没有对经济困难的失能老年人提供照料护理类基本养老服务的项目。

（三）机构养老服务供给质量还不高

在设施供给方面，目前全省城区还有 5 个县没有老年养护楼，33 个县老年养护楼需要改造提升。农村特困供养机构大部分是“十二五”期间建设的，规模小、标准低、设施设备陈旧、居住条件差，22 个县级特困供养机构有待标准化改造，2 个县（区）需要申请中央预算内投资新建或扩建县级特困供养机构，25 个县（区）需要申请中央预算内投资改造乡镇区域养老服务中心。在服务供给方面，部分经济发展落后的县城发展社会化养老困难，7 个县老年养护楼已经装修配套完毕，但尚无专业运营商愿意承接运营。在农村，部分敬老院运营经费没有落实，管理服务力量薄弱，大部分敬老院是聘请 3~8 个当地四五十岁人员做饭和打扫卫生，基本不能开展专业照护服务。由于高质量需求与低质量供给、市场价格高与老年人支付能力不足等多方面矛盾叠加，导致贵州省机构床位使用率近年来一直在30%左右。

（四）居家养老服务尚未真正破题

一是居家养老服务供需结构性矛盾尚未破解。重度失能老年人如厕、翻身、应急等需求需要全天候监测响应，居家上门服务的失能照护难以实现全天候监测响应要求，并且由于失能照护需要专业化设备和环境，居家上门服务对失能照护的经济性、专业性、及时性、持续性都很难达到要求。同时，贵州省街道嵌入式养老机构和社区养老服务站缺口大，对居家上门服务的支撑作用不足。二是居家养老服务供需精准匹配问题尚未破解。居家上门服务需要了解老年人身体情况、具体服务需求、家庭住址等信息，需要深入老年人家庭，而贵州省养老服务智慧云平台还未投入使用，难以实现供需精准匹配。三是居家养老服务成本高的问题尚未破解。居家上门由于涉及上门交通、入户风险防范、有效工作时间等问题，导致总成本较高。以上门助浴服务为例，一般至少需要 2 人同时上门，加上交通时间，单次服务老年人洗澡、理发、剪指甲需要 3~4 小时，单人次成本达到 250 元。四是老年人对居家上门服务支付意愿和支付能力弱的问题尚未破解。很多老年人反映每次服务收费 200~300 元难以承受，与每天花费 250 元购买上门服务 3 小时相比，不如请家庭保姆划算。保姆全天候服务，照顾更全面，虽然专业性不如上门服务，但是服务质量也可以接受。

（五）政府购买服务力度弱

2023 年起，贵州省开始执行对民办养老机构、公建民营养老机构的补贴政策，其中对符合条件的机构按照每张床位 1 万元的标准进行建设补贴，每张床位按照 5000 元的标准进行运营补贴，全省补贴资金每年约 4000 万元。市州、县区对本级社会化养老基本没有财政资金投入，特别是各地社区养老服务站普遍缺乏政府购买专业化运营，主要依靠群众自治运营或者社区工作人员简单管理。贵州省居家上门服务基本没有补贴，居家上门服务因而迟迟不能破局。相比较而言，山东省青岛市对开设家庭养老床位的老年人每月补贴 300 多元，养老床位达 3. 8 万张。目前，贵州省只有少数县（区）开展了政府购买服务。

（六）未形成整体性的资金保障方案

从世界各国和国内上海、青岛等地发展养老服务的经验来看，社会化养老一般需要依靠长期护理保险来解决资金筹集问题，经济困难人群养老需要财政资金托底解决，形成长期护理保险+经济困难老年人养老基金的总体解决方案。目前，贵州省长期护理保险仅有黔西南布依族苗族自治州开展试点，经济困难老年人救助政策标准低，不能支持老年人获得机构照护服务。

六、贵州省养老服务高质量发展总体思路和策略

（一）“十四五”养老服务体系规划及2035年远景发展目标

人口老龄化和经济社会互动协调、良性发展，全面建成不分年龄、人人共享、充满活力的“不老社会”是我们追求的目标。

到2025年，应对人口老龄化的制度框架初步建立，高水平养老服务体系基本形成，人人享有基本养老服务，老年人及其家庭获得感、幸福感不断提升。

到2030年，应对人口老龄化的制度框架更加科学有效，高质量、可持续的养老服务模式基本形成，养老服务水平走在我国西部省份前列。

到2035年，与经济社会发展水平相适应的可持续养老服务模式成熟完备，人人享有高品质的养老服务，全国“老有所养”民生幸福标杆省基本建成。

（二）贵州省推进“养老服务”高质量发展策略

坚持理念引领。我国已经进入并将长期处于人口老龄化社会。人口老龄化是我国的基本国情，积极应对人口老龄化的挑战，是我国的一项长期战略任务。贵州省与国内其他省份处于不同的老龄化发展阶段，在“老有所养”使命的驱动下肩负着更高的发展目标，不能简单照搬国内其他省份、城市的经验模式，需要在充分借鉴国内外有益经验的基础上，立足本省实际，走出一条有别于东部、不同于西部其他省份的具有中国特色的老

龄化发展新路。因此，贵州省亟须加快推动养老智库建设，在学习贯彻习近平总书记关于老龄工作重要论述的基础上，加强对人口老龄化的前瞻性和战略性研究，加快探索老龄社会的特点与规律，为应对人口老龄化、实现“老有所养”提供理论和理念指导。加快推进老龄创新服务中心建设，打造本土理论指导下养老服务实践创新的“贵州样板”。推动制度引领。立足我国基本国情，尽力而为，量力而行，妥善处理人口老龄化背景下福利刚性和经济发展波动的关系，统筹推进“健康贵州”和“老有所养”高质量发展，努力走出一条低成本、高成效、可持续的老龄社会治理之路。一是构建养老服务指标体系。对标国际一流，编制养老服务发展和评价指标体系，明确近期和远期的发展目标，以指标评价为抓手，压实政府各部门的工作任务。二是加快建立基本养老服务制度。发布基本养老服务清单，编制基本养老服务设施专项规划，构建长期照护服务体系，稳步推进基本养老服务均等化，重点保障失能、失智人员长期照护需求。开展老年友好示范社区建设。加快推进住宅公共设施无障碍建设，推动医养康养结合，提升老年人社会参与度，开展“智慧助老”行动。三是健全家庭养老支持政策，推进家庭护老者培训，推动家庭养老床位建设，支持家庭承担养老功能。四是完善基本养老服务“贵州标准”，完善基本养老服务标准、产品标准和设施标准，在大力推动地方标准制修订的同时，支持市场主导的团体标准和企业标准的制定和实施。五是对标国际一流养老服务标准体系，打造养老服务“贵州品牌”，推动“贵州品牌”和管理模式输出，加快养老服务标准的国际化进程，提升标准的国际影响力和竞争力。六是打造本土养老培训品牌，坚持品牌引领，建立健全培训机制。七是培养老年社会工作者、志愿者队伍，支持慈善组织、公益团体等为老年人提供专业服务，丰富老年服务供给。

（三）促进养老服务高质量发展的建议

1. 厘清政府社会市场权责边界

在《“十四五”公共服务规划》等文件指导下，借鉴东部地区经验，结合贵州省实际，界定政府、社会、市场在养老服务中的权责边界，明确基本养老公共服务项目、服务对象、服务方式、服务标准和责任主体，拟设置基本养老公共服务项目，做到清单之内项目以政府责任为主，清单之外项目以社会、市场责任为主，构建政府主导、社会参与、市场运作的基本养老公共服务格局。建立基本养老公共服务清单发布制度，根据经济发展水平和老年人需求，适时调整清单项目并定期发布，建立基本养老公共服务清单定期发布机制和动态管理机制。创新城市土地空间供给方式，建设嵌入式综合型养老服务设施。贯彻落实《贵州省养老服务条例》《贵州省推进基本养老服务体系建设实施方案》，完善养老服务网络。加大养老服务设施供给，加快推进全省民政民生设施规划建设，稳步推进街道社区服务中心、社区养老服务站点建设。创新城市土地空间供给方式，开展社区配套养老用房“四同步”（同步规划、同步建设、同步验收、同步交付）督查项目，建设嵌入式综合型养老服务设施，保障社区养老服务空间，为老年人提供便捷优质养老服务。探索利用存量资源加大养老服务设施供给，加强对政府和事业单位的空置房屋、国有企业的闲置资源、符合改造条件的工业园及旧厂房等场所的整合和利用，明确实施路径，优化操作流程，保障设施改造和服务供给。打造连接政府、机构和运营商、老年人的综合平台，在全面放开养老服务市场的基础上，全面推进公建民营模式，建立以服务质量为核心的运营商遴选机制，引入省内外专业运营商运营公办养老机构。

2. 前瞻性建设智慧养老服务平台

坚持科技支撑，发挥贵州省大数据优势，夯实养老服务“数字治理”基础，实施“互联网+养老”工程，建立全省统一智慧养老服务平台。鼓励、支持优秀科技企业参与养老服务智能化建设，依托互联网、物联网、云计算、大数据、智能养老设备等，利用5G、AR、8K等先进技术，前瞻性打造具有贵州地方特色的综合智慧养老服务平台，实现老年人口统计数据查询、健康状况统计评估、养老服务需求审批、养老补贴管理、照料中心运营监控、医养结合服务等平台功能，促进需求方、服务提供方、管理部门、监护方的信息共享，实现智能化服务、大数据应用、全流程监管，有效提升养老服务管理的智能化、信息化、精准化、科技化水平。大力破解居家上门服务难题，依托机构和社区养老服务设施提供上门服务。示范推动居家上门服务，在全省打造10个左右居家上门服务示范点，实现老年人及家人“在家下单、服务上门”。推广“机构+站+居家上门服务”“上门接送+机构服务”等服务模式。

3. 健全老有所为的社会参与机制

借鉴日本等国家鼓励老年人就业措施，倡导积极老龄化，鼓励健康活力老年人再就业。探索并逐步实施渐进式延迟退休制度，加强老年人劳动权益保障；健全老年教育体系，加强对老年人的就业技能培训，提升老年人就业能力；建立老年人就业信息发布制度，重点关注餐饮、零售、家政等非技术性、低体力劳动行业就业信息，实现老年人与企业之间职业供需对接；制定雇用老年人企业奖补制度，鼓励企业为老年人提供适合的就业岗位并采取弹性工作机制。构建贵州省养老服务标准体系，提升养老服务供给质量。强化养老服务标准化研究，完善养老服务基础通用标准、服务提供标准、服务管理标准和服务保障标准四个子体系，结合标准体系框架，分析养老服务现行标准分布情况，加快推进养老服务基础标准、重点标准、缺失标准、创新标准的研究和制定，推动养老服务标准全领域、全流程、全周期覆盖，实现贵州省养老服务有标可依。同时，引导养老服务标准导入各养老机构，推进标准实施，强化标准实施监管，切实做到“以标准促质量”。高水平建设健康养老学院，打造养老服务人才培养高地。高水平建设贵州健康养老学院，强化学院建设对全省养老服务的功能支撑；完善“以事定费”“以事定岗”等管理模式，为贵州乃至国家深化体制改革提供可借鉴方案；加强“老年服务与管理”专业人才培养工作，创新“双元制”人才培养模式，为贵州养老服务人才教育工作提供样板；丰富学院功能主体，建设贵州健康养老学院附属养老院。

4. 持续完善养老政策体系

以大数据为依托，以政策评估为依据，持续优化政策，形成更为综合的政策体系。持续开展基线调查和追踪调查，动态掌握全省老年人口结构变化和关键指标变化，精准配置养老资源，真正实现以需求为导向的养老服务供给模式。优化养老服务扶持政策和评估机制，实现养老服务供给以维护老年人的体面与尊严为追求。推进金融、保险、房地产、税费等各项政策改革，全面促进老龄化社会发展。建立社区养老生活圈，打造“养老服务样板”。一是打造社区综合照护服务设施，提供融合医疗、护理、养老等定制化、整合式服务，让老年人留在熟悉的社区中“安老”，最大限度保持老年人的社会交往空间和身心活力。二是持续打造贵阳为国际老年友好城市，高质量养老服务离不开老年宜居的物理环境和公共服务，离不开完善的社区为老服务设施，离不开配套的居家养老支持系统。进一步优化公共空间的适老化环境，丰富为老服务设施和服务内容，形成“养老服务”标准。三是建立和完善包括健康教育、预防保健、疾病诊疗、康复护理、长期照护、安宁疗护等在内的综合性的、连续性的老年健康服务体系。推动贵州省与全国各地的异地养老服务合作，构建沿黔养老服务“一带一路圈”。贵州是我国西部陆海新通道的重要节点。西部陆海新通道是物流通道，更是经济走廊，是连通“一带”与“一路”的“金纽带”，它北接“丝绸之路经济带”，南连“21 世纪海上丝绸之路”，协同衔接长江经济带，破解了西部地区的地理困局，推动了贵州深度参与国内国际双循环，打造了沿黔养老服务带，鼓励企业发展综合性养老社区、度假型养老社区。与此同时，推动与广西、云南、湖南、四川等省份的合作，打造西南养老服务圈，立足贵州养老服务合作辐射周边省份，形成西部养老示范效应。创新智能养老应用，打造健康养老产业高地。持续加大科研和产业扶持力度，强化科技创新能力。引导一批高新技术、5G 技术服务健康服务业和老龄产业，发展生物医药、康复辅具、信息技术、机器人、AI 技术等健康养老产业，在贵阳贵安新区形成一定规模效应的老龄科技产业。利用贵州省独特的自然地理优势和民族文化优势，打造贵州“健康养老”和“旅居养老”高地。建立多元参与的老年金融服务体系，完善老年金融相关政策法规，规范老年金融市场，保障老年人财产安全；优化老年金融产品供给体系，发挥银行金融媒介、商业保险公司风险管理等优势，鼓励、引导市场参与老年金融服务，开发更多风险低、保值功能优异的金融产品，满足中老年群体的投资需求；强化科技支持，结合老年人特点，提升老年金融技术和产品的简易性、可及性。四是完善基本养老服务政策。争取出台针对低保中的重度失能老年人购买机构照护服务的政策，逐步把低保中的重度失能老年人纳入基本养老服务保障范围。逐步完善基本养老服务清单制度，拓展基本养老服务项目。积极争取实施长期护理保险制度。配合医疗保障局加强对长期护理保险制度试点地区指导，争取保险范围从职工基本医疗保险对象拓展到城乡居民基本医疗保险对象，让广大农村老年人也能享受到长期护理保险。争取逐步提高护理保险支付标准，重度失能老年人支付标准达到每人每月 1500 元，切实缓解重度失能老年人家庭照护负担。争取全省更多地区纳入试点范围，逐步实现全覆盖。推进购买服务制度。积极争取出台为特困老年人购买服务政策，参照社会养老服务平均服务标准，补齐特困老年人照护费用缺口，让特困老年人能够享受到社会平均服务质量的照护服务。推进政府为街道嵌入式养老机构、社区养老服务站购买运营服务的政策，让居家社区养老服务设施能够正常运转。出台为低保中的重度失能老年人购买养老服务政策，重点购买上门照料服务、家庭喘息服务。

5. 将技术创新作为积极应对人口老龄化的第一动力和战略支撑

实施科技赋能战略，促进生物技术和信息技术融合发展，加强老年辅助技术研发和应用，融合移动互联网、大数据、可穿戴、云计算等新一代信息技术，发展以主动健康技术为引领的信息化老年健康服务，建成全球老龄科技产业研发与交易中心。充分发挥科技创新引领带动作用，依靠科技创新引领产业升级，成为经济社会发展新引擎和转变经济增长方式的重要支撑。打造民族中医药高地，依托贵州省独特的民族中医药优势，打造国际中医医疗中心、中医药文化交流中心、中医药产业中心和中医药大数据中心，形成中医和传统文化国际交流的重要枢纽。

6. 健全完善养老服务供给体系

一是完善机构养老服务供给。力争到 2025 年每个县都有 1 栋标准化的老年养护楼和 1 家标准化的县级医养结合特困供养机构。优先在全省老年人口超过 5000 人的街道打造标准化区域嵌入式养老机构，确保新建小区养老服务设施配建率达到 100%，老旧小区到 2025 年逐步补齐养老服务设施。推进农村乡镇区域性标准化养老服务中心建设，到 2025 年实现每个县至少有 1 个乡镇区域性标准化养老服务中心，着力推进农村互助幸福院建设。二是着力完善养老服务保障体系。持续强化组织领导，争取把养老服务工作纳入省委、省政府每年重点工作进行部署安排，争取省人大持续关注《贵州省养老服务条例》执行情况，适时启动执法检查。发挥省养老服务联席会议制度，及时协调解决养老服务领域重点问题。持续强化财政保障。根据财政情况，逐步加大省级财政一般预算安排。养老服务设施建设基本完成后，争取将目前的养老服务设施建设经费转为购买基本养老服务。鼓励市、县两级逐步增加财政投入。持续做好督查考核激励。做好省对市、州高质量发展评估，压紧压实地方抓养老服务的责任。每年对养老兜底保障、发展普惠养老、完善社区居家养老服务网络等工作成效显著的地方进行奖励。

参考文献

[1] 贵州省民政厅．关于全省养老服务工作情况的报告，2024.

[2] 贵州省民政厅．贵州省养老服务体系建设研究分析报告，2024.

[3] 省人民政府办公厅关于建立健全养老服务综合监管制度促进养老服务高质量发展的实施意见（黔府办发〔2021〕33 号）.

[4] 省人民政府办公厅关于印发贵州省促进养老托育服务高质量发展实施方案的通知（黔府办发〔2022〕6 号）.

[5] 省民政厅关于报送“十四五”贵州省老龄事业发展和养老服务体系规划中期评估情况的报告（黔民呈〔2023〕21 号）.

[6] 省民政厅等九部门关于开展特殊困难老年人探访关爱服务的实施方案（黔民发〔2023〕9 号）.

[7] 关于加快发展农村养老服务的指导意见（民发〔2024〕20 号）.

Ⅱ 分报告篇

B.2 贵州省养老服务供需分析报告

郭 勇*

摘要： 随着贵州省人口老龄化进程加快，老年人基本性、多样化、个性化的养老服务需求正在呈现不同速度的增长。本文对贵州省老年人消费能力情况、养老服务需求分析、养老服务供给现状进行系统分析，从政策、保障和供给体系三个维度指出存在的问题，并提出具体对策建议。

关键词： 贵州省 养老服务 供需分析

贵州省人口正在快速老龄化，老年人口规模、空巢老年人数量、失能失智老年人口规模、高龄老年人比例正在迅速提高，老年人基本性、多样化、个性化的养老服务需求呈现不同速度的增长。积极应对人口老龄化，必须坚持以人民为中心的发展思想，顺应老年人养老服务需求发展趋势，大力发展多元化养老服务供给，不断健全养老服务体系，满足广大老年人规模不断扩大、质量要求不断提高的多层次养老服务需求，不断增强老年人的获得感和幸福感。

一、贵州省老年人基本情况

（一）贵州省正在快速走向中度老龄化

新中国成立以来，贵州省的人口再生产类型经历了由高出生、高死亡、高增长到高出生、低死亡、高增长再到低出生、低死亡、低增长两次转型过程，自 2003 年开始步入人口老龄化社会。贵州省在 2000 年、2010

* 郭勇，贵州省社会组织服务中心副主任。

年和2020年60周岁及以上老年人口占比分别为9.38%、12.84%和15.38%，65周岁及以上老年人口占比分别为5.97%、8.57%和11.56%。同时期，全国60周岁及以上老年人口占比分别为10.2%、13.26%和18.7%，65周岁及以上老年人口占比分别为7%、8.9%和13.53%，贵州省数据与全国数据比较，老龄化程度低于全国水平。但通过观察测算，贵州省2000—2020年60周岁及以上老年人口年均增长率为2.64%，同时期全国该指标年均增长率为3.24%；贵州省2000—2020年65周岁及以上老年人口年均增长率为3.54%，同时期全国该指标年均增长率为3.53%，说明贵州省与全国的老龄化速度相当，尤其是65周岁及以上老年人口占比增长情况，参照国际标准（老龄社会的标准：65周岁及以上人口比重超过14%），贵州省已经超越了人口老龄化向老龄社会转型的中点，预计2029年进入中度老龄化社会，2038年进入深度老龄化社会。

（二）老年人口抚养比大幅上升

随着贵州省人口老龄化程度的不断提高，全省老年抚养比也在大幅上升。按65周岁及以上老年人口与15~64周岁劳动年龄人口比率计算，全省老年抚养比从1990年的7.35%缓慢提高到2000年的9.35%后，提高幅度加大，2010年提高到12.94%，2020年大幅提高到17.93%。同期，少儿抚养比从1990年的52.11%下降至2000年的47.24%后，下降幅度加大，2010年下降至38.09%，2020年平稳下降至37.18%。老年人口的养老问题将成为贵州省社会抚养负担的主要因素。

（三）老年人口高龄化速度正在加快

在人口老龄化进程加快的同时，贵州省老年人口高龄化趋势也明显加快。2010年，全省80周岁及以上老年人口为42.36万人，其中：80~84周岁老年人有28.94万人，85~89周岁老年人有9.81万人，90~94周岁老年人有2.82万人，95~99周岁老年人有0.72万人，100周岁及以上老年人有831人；2020年，全省80周岁及以上老年人口为81.96万人，其中80~84周岁老年人有51.91万人，85~89周岁老年人有22.12万人，90~94周岁老年人有6.43万人，95~99周岁老年人有1.18万人，100周岁及以上老年人有3171人；10年时间，80周岁及以上老年人口增长至原来的

1.93 倍，年均增长率 7.61%，80 周岁及以上各年龄段分别增长至原来的 1.79 倍、2.25 倍、2.28 倍、1.64 倍、3.82 倍，80 周岁及以上老年人在全体老年人中的占比从 9.49%提高到 13.82%。同期，65～69 周岁低龄老年人口规模从 256.65 万人扩大到 310.61 万人，年均增速为 2.14%，在全体老年人中的占比从 57.53%下降到 52.37%。70～79 周岁中龄老年人规模从 147.12 万人扩大到 200.56 万人，年均增速为 3.5%，在全体老年人中的占比从 32.98%提高至 33.81%；其中：70～74 周岁老年人规模从 90.71 万人扩大到 118.33 万人，年均增速 3%，在全体老年人中的占比从 20.33%下降至 19.95%；通过比对发现，贵州省 75～79 周岁老年人在全体老年人中的占比在 2010—2020 年间是增加的。75 周岁及以上老年人规模在 2010—2020 年，从 98.76 万人扩大到 164.19 万人，年均增速 5.81%，在全体老年人中的占比从 22.14%扩大到 27.68%。

（四）空巢化老年人口规模快速扩大

随着经济的发展和城镇化的深入推进，家庭小型化、年轻子女与老年人异地分居现象日益普遍。平均每个家庭户的人口从 1990 年的 4.41 下降至 2000 年的 3.74，随后下降至 2010 年的 3.24、2020 年的 2.81。2020 年居住本乡（镇、街道）但户口在外乡（镇、街道）且离开户口登记地半年以上的人数为 1169.48 万人，占总人口 3856.21 万人的 30.33%。老年夫妇户和独居老人独立生活的老年人口空巢化现象日益严重，第七次全国人口普查数据显示：在全省家庭户 1269.66 万户中，1 个老年人独自居住的户数为 81.69 万户，只有一对 60 周岁及以上夫妇居住的户数为 75.81 万户，有 3 个 60 周岁及以上人口的户数为 2.71 万户，纯老年人家庭占总家庭户数的 12.62%。[①] 这些现象造成家庭成员之间的日常互助合作功能降低，生活自理能力下降的老年人得不到子女的及时照护，对传统家庭养老模式将带来巨大冲击，未来社区、机构养老助老服务需求会迅速扩大。

（五）失能、半失能老年人口规模不断扩大

老年人处于健康衰减期，随着年龄的增长，老年人的生活自理能力逐

---

① 资料来源：贵州省民政厅。

步下降，发生失能、半失能的概率会不断上升。目前，贵州省老年人口健康缺乏全面准确的统计数据，2020年第七次全国人口普查对60周岁及以上人口的健康状况进行了普查，该普查数据显示，贵州省2020年60周岁及以上老年人失能（不健康，生活不能自理）比例为1.89%、人数为11.21万人，半失能（不健康，但生活能自理）比例为7.35%、人数为43.6万人，合计失能、半失能老年人比例为9.24%、人数为54.81万人。第七次全国人口普查数据对各年龄段老年人失能、半失能统计情况为：60~69周岁失能、半失能老年人占该年龄段老年人的5.8%；70~79周岁失能、半失能老年人占该年龄段老年人的10.89%；80~89周岁失能、半失能老年人占该年龄段老年人的19.24%；90周岁及以上失能、半失能老年人占该年龄段老年人的34.24%。这说明，随着年龄的增长，尤其是80周岁以后，老年人失能的概率在迅速增加。

（六）城乡老年人状况分化日趋严重

1. 城镇老年人口规模迅速扩大

随着城镇化的推进，贵州省城镇老年人口规模快速扩大，从2010年的124.25万人增加到2020年的244.97万人，同时期在老年人中的占比也从27.85%提高到41.3%。乡村老年人口规模也在持续扩大，从321.88万人增加到348.17万人，但乡村老年人口占比持续下降，从2010年的72.15%下降到58.7%。城镇迅速增加的老年人口规模，也对居家、社区与机构养老的供应提出了量和质的要求。

2. 乡村老龄化程度高于城镇

改革开放以来，大量农村年轻人口持续流向城镇，对城乡常住人口结构产生了重大影响，贵州省城镇人口比重从1982年的18.92%平缓增长至1990年的19.24%、2000年的23.96%，随后增长幅度加大，2010年增长到33.81%，2020年更是大幅增长至53.15%。按照常住人口计算的贵州省乡村人口老龄化程度明显高于城镇，2010年乡村常住人口的老龄化程度为14%，城镇常住人口的老龄化程度为10.58%，到2020年乡村常住人口的老龄化程度已提高到19.27%（已超2020年全国的平均老龄化率18.7%），城镇常住人口的老龄化程度仅为11.95%，这说明当前乡村常住人口的老龄化程度即将进入中度老龄化，而城镇还在轻度老龄化的边缘。

3. 乡村养老负担高于城镇

贵州省城乡人口之间存在着密切的亲缘关系，家庭养老为主的传统养老模式意味着农村年轻人口流向城镇后，仍会承担起生活在农村的老年亲人的养老负担，但城乡人口老龄化日趋严重的分化走势，加之贵州省典型的山地地貌特点，意味着乡村老年人口的养老问题远比城镇更为复杂严重。从宏观层次看，乡村人口老龄化更为严重，意味着乡村人口老年抚养比更高，乡村劳动年龄人口与老年人口之间的代际平衡关系比城镇更不平衡，乡村社会养老负担更为沉重。2010 年到 2020 年，乡村常住人口的老年抚养比已从 15.12%提高到 24.73%，同期城镇老年抚养比仅从 9.01%提高到 12.68%。从未来发展趋势看，乡村老年抚养比还会持续大幅度提高，与城镇老年抚养比的分化会日益严重，未来乡村养老问题仅仅依靠乡村劳动年龄人口是难以承担的，农村家庭养老为主的传统养老模式也将难以持续。

（七）老龄人口分布不均衡

从第七次全国人口普查数据来看，贵州省老年人口分布不均衡。老年人口规模方面，排序为遵义市、毕节市、贵阳市、黔东南苗族侗族自治州、黔南布依族苗族自治州、铜仁市、黔西南布依族苗族自治州、六盘水市、安顺市，其中遵义市老年人口总数为 112.65 万人，居全省之首。老龄化率方面，铜仁市、黔东南苗族侗族自治州、遵义市居全省前三位，分别为 17.56%、17.09%、17.05%；黔南布依族苗族自治州、安顺市、黔西南布依族苗族自治州居中；毕节市、六盘水市、贵阳市位列后三位，分别为 13.84%、13.52%、13.30%。老年抚养比方面，铜仁市、黔东南苗族侗族自治州、遵义市居全省前三位，分别为 22.21%、21%、20.88%；黔南布依族苗族自治州、安顺市、毕节市居中；黔西南布依族苗族自治州、六盘水市、贵阳市位列后三位，分别为 16.48%、15.52%、13.16%。失能、半失能老年人占比方面，从高到低的排序为铜仁市、黔东南苗族侗族自治州、遵义市、毕节市、六盘水市、安顺市、黔西南布依族苗族自治州、黔南布依族苗族自治州、贵阳市，介于 7.17%~11.66%。

二、贵州省老年人消费能力情况

根据第七次全国人口普查统计，2020年末贵州省60周岁及以上老年人主要生活来源为“依靠劳动收入”人员的占比19.9%，主要生活来源为“离退休金/养老金”人员的占比18.97%（其中，企业职工基本养老保险退休人员月人均基本养老金2969元，全省城乡居民基本养老保险基础养老金128元），主要生活来源为“最低生活保障金”人员的占比6.89%，主要生活来源为“失业保险金”人员的占比0.01%，主要生活来源为“财政性收入”人员的占比0.75%，主要生活来源为“家庭其他成员供养”人员的占比47.22%，主要生活来源为“其他”人员的占比6.26%，与全国同类项的21.97%、34.67%、4.29%、0.01%、0.88%、32.66%、5.52%的数据相比，主要生活来源为“离退休金/养老金”人员的占比低于国家平均水平15.7个百分点，主要生活来源为“最低生活保障金”人员的占比高于全国平均水平2.6个百分点，主要生活来源为“家庭其他成员供养”人员的占比高于全国平均水平14.56个百分点。数据表明：当前贵州省老年人的自主消费能力远低于全国平均水平。“家庭其他成员供养”能力直接影响老年人养老的方式、养老质量的高低。当前由贵州省政府兜底保障的老年人占比高于全国平均水平，再加之巨大债务压力，贵州省基本养老服务供给压力高于全国平均水平。

从9个市、州老年人主要生活来源来看：贵阳市依靠“离退休金/养老金”生活的老年人占比最高为57.3%，比全省平均水平高38.3个百分点，这说明贵阳市的老年人大部分有自主消费能力，且消费能力相对较强；毕节市、铜仁市依靠“离退休金/养老金”生活的老年人占比较低，不足10%，意味着毕节市、铜仁市的老年人大多没有自主消费能力，主要依靠外部资源支持。毕节市依靠“最低生活保障金”生活的老年人占比最高为11.89%，比全省平均水平高5个百分点；贵阳市依靠“最低生活保障金”生活的老年人占比最低，不足2.5%，从侧面反映出毕节市基本养老服务保障和公共养老服务设施建设压力高于其他地区。黔东南苗族侗族自治州、黔西南布依族苗族自治州、遵义市、黔南布依族苗族自治州、毕节市依靠“家庭其他成员供养”生活的老年人占比超过50%，意味着这些地区的老年人养老方式、养老生活质量取决于家庭其他成员的认知、收入水平等，鉴于当前养老机构的收费水平及地方习俗影响，可以预测依靠“家庭其他成员供养”生活的老年人大多会依托家庭养老和居家社区养老模式养老。

消费水平方面，截至2022年，全省领取退休金人员共有627.35万人（其中一部分是60周岁以下人员，不属于法定意义老年人）。其中，全省机关企事业单位退休人员43.36万人，人均基本养老金每月5085元；执行企业养老保险制度退休人员121.99万人，人均基本养老金每月2861元；领取城乡居民养老金462万人，人均基础养老金每月110元。从收入区间看，退休金在每月5000元以上的有26.98万人，占4.3%；退休金每月在3001~5000元的有73.88万人，占11.78%；退休金每月在1000~3000元的有64.49万人，占10.28%；退休金每月低于1000元的有461.97万人，占73.64%。具备购买机构养老服务、社区养老服务的老年人（主要是月收入高于5000元的）约有26.98万人，占全体老年人的4.3%，约占城市老年人的13.5%；近95.7%的老年人难以依靠自身能力购买养老服务，农村老年人普遍无力购买养老服务。近年来，贵州省养老服务领域投入主要依靠世行项目贷款资金、省级一般预算和福彩公益金，且主要集中于基础设施的提质改造，基本没有开展养老服务领域购买服务。

三、贵州省老年人养老服务需求分析

（一）特困人员兜底供养服务需求

特困人员主要是指无劳动能力、无生活来源且无法定赡养、抚养、扶养义务人或者其法定义务人无履行义务能力的老年人、残疾人和未成年人，当前特困老年人主要依靠政府的救助金维持基本生活、医疗、住房及丧葬保障。截至2023年底，贵州省共有特困人员11.08万人，其中：城市0.99万人、农村10.09万人，失能0.56万人、半失能0.99万人、自理9.52万人。2023年全年救助金共计支出15.39亿元。2023年底失能、半失能人员集中供养率50.1%，所有特困人员的集中供养率17%，即：2023年底自理特困人员集中供养人数1.07万人，占所有自理特困人员的 11.28%。

随着人们思想观念的转变及机构养老服务质量的提高，预计未来 10 年，失能、半失能老年人有望全部动员入住养老机构，全自理特困人员有望动员 30%入住养老机构。按照农村、城市失能、半失能同比例测算，2023 年底的 0.99 万名城市特困人员中，有失能人员 500 人、半失能人员 885 人、全自理人员 0.85 万人，在特困人员总数和结构变化不大的情况下，预计 10 年后入住机构的特困人员为 3935 人，需要城市机构床位 3935 张；10 年后居家社区养老的特困人员 5950 人，这些人员需要社区养老、探访关爱、家庭适老化改造等服务。以同样的方式测算，2023 年底的 10.08 万名农村特困人员中，有失能人员 5100 人、半失能人员 9015 人、全自理人员 8.67 万人，在特困人员总数和结构变化不大的情况下，预计 10 年后入住机构的特困人员为 4 万人，需要农村机构床位 4 万张；10 年后居家社区养老的特困人员 6.07 万人，这些人员需要社区养老、探访关爱、家庭适老化改造等服务。

（二）低保失能老年人兜底供养服务需求

2023 年底，贵州省有城乡低保人员 182.8 万人（其中老年人 60.7 万人），城乡低保标准分别为每人每月 734 元、每年 6086 元，低保金以资金形式发放到低保人群，低保人群是否入住机构由其自由选择。2023 年底，贵州省向国家争取到中央专项资金 1.1 亿元，对全省 4200 余名经济困难全失能老年人按照每人 3200 元左右的标准（含国家补助+绩效补贴+个人低保金）组织入住养老机构集中照护。按照这一政策趋势，预计未来几年全省完全失能老年人可实现免费入住机构。在城市、农村失能比例相同情况下，4200 名完全失能低保老年人中，有 3356 名在农村、844 名在城市，需要农村机构床位 3356 张、城市机构床位 844 张。

（三）城市社会化的机构养老服务需求

全失能老年人、部分半失能老年人、失智老年人需要机构专业的照料护理、康复护理、失能失智介入干预等。入住机构的数量与失能老年人数量成正比，与收费价格成反比。参照我国台湾、上海等地经验，在有支付能力的情况下，全失能老年人一般选择入住机构，半失能老年人约 1/3 选择入住机构、约2/3选择居家社区养老服务，少部分自理老年人会选择入住机构。第七次全国人口普查数据显示，贵州省城市社会老年人232.13万人（未包含城市低保12.2万老年人），根据有关研究结果，其中城市半失能老年人占比1.74%、约4.04万人，失能老年人占比3.69%、约8.57万人。考虑到半失能照护价格在每月4500元左右，收入在每月4500元的老年人约有45.45万人，其中有支付能力的半失能老年人约7900人，按照1/3入住机构，则需要2534张床位；全失能照护价格每月5500元左右，收入在每月5500元以上的老年人约有9.4万人，其中全失能老年人约3400人，入住机构需要3400张床位。考虑到子女赡养支持老年入住机构等情况，目前城市社会老年人入住机构总需求的测算数为9000人（目前城市社会化养老机构实际入住8900人），且主要集中于贵阳市、遵义市等地区。贵州省老龄化正在逐步加深，老年支付能力也在逐步提高，按照每年8%的需求增长进行测算，到2035年，全省城市社会老年人入住机构约2.45万人。参照上海等地70%的机构床位使用率测算，全省到2035年约需社会化护理型床位3.5万张。

（四）城市社会化的居家社区养老服务需求

当前贵州省城市居家养老的老年人约243.6万人，占城市老年人总数的99.44%。居家养老的老年人中，有一部分是因为支付能力不够，有一部分是传统家庭养老观念尚未转变。在居家养老的老年人中，一部分是半失能、全失能和失智老年人。经测算，居家养老的老年人中，约12万人是半失能、全失能或者失智老年人，大多依靠子女照护、聘用住家保姆服务等解决照料护理难题。这些老年人中大约有2.5%的人愿意到街道养老服务中心获得照料服务。按照每个街道养老服务中心30张床位测算，至少需要100个街道养老服务中心。居家养老的老年人中，生活自理的占绝大部分。经测算，约231.6万名老年人是生活完全自理、基本能够自理，他们大多具有养生保健、休闲旅游、运动等方面的养老需求。老年人中还有部分是高龄、独居、空巢等特殊老年人，具有关爱、应急救援、助餐助医助行等需求。

（五）农村社会化养老服务需求

农村社会化老年人341.6万人（不含特困人员），其中失能老年人占

1.82%，约6.2万人；半失能老年人占7.8%，约26.7万人；自理（健康、基本健康）老年人约308.7万人。由于农村老年人缺乏入住机构的支付能力，农村社会化机构养老床位难以精确测算，初步按照失能老年人5%、半失能老年人1%测算，约需要护理型床位5770张，可以通过把具备条件的农村敬老院改造为乡镇区域化养老服务中心来解决。

（六）农村社会化的居家养老服务需求

居家养老的老年人大部分是自理或基本能够自理，但由于贵州省属丘陵地带，农村的村落大部分高度分散且条件各异。农村失能、半失能老年人绝大部分仍然需要依靠子女照料，自理老年人大多进行农务劳作。自理老年人在农闲时间有社交娱乐需求，特别是少数民族聚居村寨有集体活动的传统。全省农村人员外出务工普遍，据不完全统计，农村留守老年人多达50%~70%，约180万~250万人，需要提供探访关爱、助医助行等服务。

四、贵州省养老服务供给现状

近年来，贵州省委、省政府高度重视养老服务工作，大力加强标准化养老机构建设，构建具备失能失智照护能力的专业化养老机构，积极推进居家社区养老服务，打造就近就便的社区养老服务网络。

（一）专业化养老服务水平逐步提高

1. 推进失能照护机构科学布局

制定出台《“十四五”贵州省老龄事业发展和养老服务体系规划》，按照“三级六类”规划布局，在城市建设县级标准化老年养护楼、街道建设嵌入式养老机构（街道养老服务中心）、社区建设养老服务站的三级城市设施供给体系。在农村建设县级标准化特困人员供养服务机构、乡镇层面建设标准化区域养老服务中心、村级建设示范性农村互助幸福院三级农村设施体系。一是在县级层面打造的县级标准化老年养护楼主要为失能、半失能老年人提供长期照护服务，打造的县级标准化特困人员供养服务机构主要为经济困难的重度失能老年人提供长期照护等综合性服务，目前全省老年养护楼、老年公寓等县区综合性养老机构有 152 家，县级特困供养机构有 82 家。二是在街道（乡镇）层面打造的街道养老服务中心是建设在全省 66 个人口数量较大、老年人口密集的街道，床位一般为 30 张，就近就便为社区老年人提供长期照护、短期托顾、临时照护等服务。在街道（乡镇）层面打造的区域性乡镇敬老院主要为周边乡镇的半失能、政府兜底自理老年人提供生活照护，目前有街道（乡镇）层面养老服务中心 91 个、乡镇敬老院 433 所，床位数基本能够满足需求。

2. 推进失能照护机构设施设备配置专业化

强化全方位规范化实施养老项目，委托专业设计公司进行专业化设计。机构设施设备省级统一招标采购，有效保障设施设备质量。截至 2023 年底，全省累计提质改造 329 个标准化养老机构，新增护理型床位 3.85 万张，护理型床位占比从 2019 年的 6.44%提升到 63.9%，达到 4.28 万张。标准化改造后的养老机构按照标准配置了居室卫生间、洗浴间、厨房、餐厅等生活设施，配置了能力评估室、康复训练室以及养老护理床、助浴设备、轮椅、扶手、防滑地面等长期照护和康复护理设施，同时还配置了电视、棋牌室、书画室和室内外活动空间等文化娱乐设施设备，配置了监控、定位、呼叫、安全报警、消防等应急设施设备，为老年人提供专业化的服务。

3. 推进失能照护机构运营管理专业化

全面放开养老服务市场，强化优秀运营商遴选和培育，深入推进公建民营，建立以运营质量为核心指标的公建民营政策，推进养老机构和设施运营全面专业化。截至 2023 年 3 月，全省投入运营养老机构 758 家，床位 6.71 万张。其中：在运营公办养老机构 408 家，床位总数 2.78 万张，护理型床位总数 1.61 万张，护理型床位占比 57.91%；在运营公建民营养老机构 217 家，床位总数 2.67 万张，护理型床位总数 1.91 万张，护理型床位占比 71.54%；在运营民办养老机构 133 家，床位总数 1.25 万张，护理型床位总数 0.76 万张，护理型床位占比 60.80%。贵阳市观山湖区、遵义市习水县等 28 个县（市、区）的公办养老机构已全部实现公建民营。全省涌现出工商康养、皇钻、柯瑞、康宁世纪等一批专业化的运营商。

4. 推进护理员队伍专业化

强化养老服务各类人才队伍培训，发展壮大养老服务人才队伍。对

4000余名养老服务从业人员进行专业化培训，2327名养老护理员通过初级技能等级认证。严格要求机构认真按照护理员与全失能、半失能老年人1∶3.1∶6配备比例要求配备护理员，确保照护质量。截至2023年底，全省有养老护理员5550人，持证护理员占比达到31%。“十四五”期间，贵州省还计划培训在职在岗养老护理员、管理人员、相关专业毕业生1.9万人，在职护理员计划接受4~5次不同等级的培训。

5. 推动医养结合健康发展

贵州省民政厅、卫生健康委等部门出台加快推进医养结合机构发展的30条措施，支持医养结合机构发展。2021年以来，投入老年健康与医养结合服务补助0.43亿元，以满足老年人多层次、多样化的健康养老服务需求，加快推进医疗卫生与养老服务相结合，促进医疗卫生与养老服务的有效对接；全省所有养老机构与医疗机构建立包保关系，建立养老机构老年人就医绿色通道。截至2023年底，全省有医养结合机构135家，其中双证齐全87家、养办医39家、医办养48家，医养签约1015对

（二）积极推进居家社区养老服务网络建设

1. 强化社区养老服务设施建设

为满足居家老年人的养老服务需求，近几年贵州省大力推进居家社区养老服务发展，督促各地制定养老服务设施布局专项规划。在社区层面打造社区养老服务站，主要为社区老年人提供社交娱乐服务的公共养老服务设施，有条件、有需求地延伸开展日间照料、助餐、助洁、助医、助行、康复理疗、法律援助、链接资源等服务。在村级层面打造的农村互助幸福院，主要为村里生活自理的老年人提供交流、餐饮、文体娱乐等服务。在实施城市更新等行动中，认真落实国家关于社区养老服务设施配建要求，建立社区养老服务设施同步规划、同步审核、同步验收、同步移交“四同步”配建工作机制，做好居住区养老服务设施配建工作。同时，支持物业服务企业延伸发展基础性、嵌入式服务，促进物业服务与包括失能老年人照护等养老服务业融合发展，切实增加居家社区服务有效供给，更好满足广大居民日益多样化、多层次的服务需求。截至2023年底，全省新建小区全部配套建设养老服务设施，2014—2021年已建居住区养老服务设施配建率达到82.8%。全省有在运营社区养老服务站918个、村级互助幸福院1010个。

2. 拓展居家社区养老服务内容

一些规模化、连锁化的市场主体，依托社区养老服务设施为社区老年人提供文化娱乐、学习教育、健康管理、数据采集等基本公共养老服务，开展以活力老年人教育、失能防范、养老咨询、健康养生为服务内容的康养服务。尤其是需求较为旺盛的助餐服务，除了常规的公益助餐、低偿助餐、上门服务，还开展了定制餐服务，提供中医体质辨识膳食，为患有慢性疾病的老年人提供食疗餐。

3. 大力开展特殊困难老年人家庭适老化改造和家庭养老床位建设

在全省支持开展以生活场所改造、适老化家具配置为主要内容的特殊困难老年人家庭适老化改造工作，提升失能等老年人居家生活设施设备安全性、便利性和舒适性。截至 2023 年底，全省累计实施 2.3111 万户居家适老化改造，完成“十四五” 5.6532 万户居家适老化改造目标任务的 40.9%。开展上门服务 2.35 万余人次。2024 年将完成 6000 户、启动 2 万户特殊困难老年人家庭适老化改造工作。2022 年以来，支持贵阳市、遵义市、六盘水市、黔南布依族苗族自治州开展全国居家和社区基本养老服务提升行动，争取中央专项彩票公益金 12920 万元，累计建设家庭养老床位 11746 张，提供居家上门养老服务 23491 人次。

4. 积极开展特殊困难老年人探访关爱

对特殊困难老年人特别是失能、半失能老年人开展常态化探访关爱，及时了解老年人状况并提供帮助。2023 年全省共探访关爱分散特困供养、低保重度失能、高龄独居老年人 16.4241 万人次。2024 年将对独居、空巢、留守、失能、重残、计划生育特殊家庭等特殊困难老年人进行常态化探访，确保到 2025 年特殊困难老年人月探访率达到 100%。

5. 大力开展老年助餐服务

聚焦老年人特别是特殊困难老年人就餐难问题，目前，全省已投入运营老年助餐服务点 151 个。2024 年，省政府安排资金 3150 万元，在全省打造 100 余个示范性社区老年助餐服务点，进一步方便广大老年人特别是失能老年人便捷就餐。

6. 推动出台基本养老服务清单

以省人民政府名义出台《贵州省推进基本养老服务体系建设实施方案》，发布《贵州省基本养老服务清单（2023 年版）》，主要包括特困人员救助供养、80 周岁及以上老年人高龄津贴、100 周岁及以上老年人长寿保健补贴、特殊困难老年人巡访关爱、老年人健康管理、老年人就医优待、老年人文体旅游活动优待及老年人出行优待 8 个方面内容，并将基本养老服务清单重点项目纳入推动市、县高质量发展考核，纳入政府向社会购买服务指导性目录，推动基本养老服务落地落实，提升基本养老服务便利化、可及化水平。

（三）积极发展康养产业

1. 大力开展招商引资

全省各级民政部门积极开展养老产业招商引资工作，省民政厅安排专项资金对全省 20 个健康养老项目进行精包装，编制 4 个区（县）“两图两库两池”。举办包括全省康养产业现场观摩暨项目推介会、第二届贵州省健康养老产业现场观摩暨项目推介会、贵州养老服务体系建设项目成果宣介会暨第二届中法（贵州）养老服务国际交流会等活动，参展 2023 中国国际老龄产业博览会，为产品、市场、企业搭建展示交流平台。省民政厅领导多次带队赴北京、上海、广东、江苏、四川、重庆等地开展招商引资工作，成功引进美国魅力花园、泰康集团、吉林幸福里、河南恒康、湖南普亲、上海和佑等一批国内外知名养老机构运营商落户贵州。2020—2022 年，累计招商引资规模突破 443. 23 亿元，累计到位资金达 111. 59 亿元。

2. 积极推进康养项目建设

在省服务业创新发展十大工程领导小组办公室的大力支持下，自 2020 年以来，累计申报现代服务业发展专项资金 8800 万元支持 8 个养老服务产业项目和 12 个社区居家养老服务设施建设，争取城企联动专项资金 11847 万元支持 15 个养老服务产业项目。截至 2022 年底，全省累计建设各类健康养老项目 45 个，总投资达 200. 31 亿元，累计对其中 15 个健康养老小镇、10 个产业集聚区进行了授牌。2023 年，发布《省民政厅关于印发〈贵州省健康养老基地验收指南〉和〈贵州省健康养老示范县（市、区）验收指南〉的通知》，结合工作新要求规范健康养老产业项目发展，组织各地开展申报，拟将兴义市则戎镇纳具村康养小镇、遵义益养苑颐康养中心、贵州工商康养矿山苑等 34 个康养项目确定为 2023 年贵州省健康养老基地。

3. 探索推进养老和金融融合发展

分别同中国银行贵州省分行、中国建设银行贵州省分行和建信养老金管理有限责任公司签署《中国银行支持贵州省养老服务行业持续发展的专属金融服务方案》《战略合作协议》，出台“黔十条”，包括合计提供60亿元专项信贷资金支持、优化普惠养老授信条件、降低养老服务供应商融资成本等内容，加强养老服务体系建设、政策研究及培训等方面合作。

五、贵州省养老服务存在的问题

（一）在政策体系上，保障对象仅限于特困人员，政策系统性、协同性与发达地区差距明显

在上海、广州、安庆、合肥等地调研时发现，这些地区都不同程度地将养老公共服务对象从特困老年人拓展到普通的失能老年人，建立从能力评估、政府补贴、政府购买服务、长期护理保险、居家社区机构养老服务、行业监管相贯通的政策体系。目前，贵州省的养老基本公共服务主要还是面向特困人员兜底养老需求，普通老年人的失能照护仅处于零星探索阶段，尚未建立面向失能老年人长期照护的政策体系。《贵州省养老服务条例》虽然提及家庭、政府、社会多方责任，但过于宏观，实际操作中无法明晰政府和市场边界，存在普惠型基本养老服务缺位的情况。对养老服务的基本性质理解把握不深，基本养老服务的内涵外延、服务内容、服务标准、资格条件、供给方式等尚未明确。

（二）在保障体系上，市、县财政投入不足，老年人支付能力弱

全省养老金能够支付机构、社区居家养老的人数仅为26.98万人，很大一部分老年人不能消费，难以依靠自身收入购买机构照护服务；此外，受传统思维的影响，老年人为自己消费、年轻人为老年人消费的意识尚未形成，造成不愿消费；再加上层出不穷的新骗局，导致老年人不敢消费。长期护理保险制度尚处于试点阶段，老年人长期照护缺资金。贵州省只有黔西南布依族苗族自治州在开展长期护理保险制度试点，每月能为每位参保的重度失能老年人提供1000元左右的服务资金，很大程度上缓解了老年

人长期照护的支付压力。但贵州省其他市、州尚未被国家医保局纳入试点，老年人不能享受保险支付，长期照护压力大。近年来，贵州省养老服务领域投入主要是依靠世行项目贷款资金、省级一般预算和福彩公益金，市、县财政基本无力投入养老服务，养老服务领域购买服务基本没有开展，尚未形成财政预算投入机制，养老服务亟待建立中央、地方、家庭、个人的责任分担机制。

（三）在供给体系上，机构入住率低，居家社区养老服务发展缓慢，养老服务标准化、规范化、信息化薄弱

目前，全省投入运营的机构床位 6.7 万张，入住老年人 2.8 万人，床位使用率为 41.8%。其中，面向社会老年人的床位 3.92 万张，入住社会老年人 1 万人，床位使用率为 25.5%。总体上入住率较低，主要是由于老年人到机构养老的意愿不强，机构照护费用较高，部分养老机构设施设备条件差。此外，已经运营的机构，尤其是特困供养机构，存在设施落后、安全隐患突出、运营管理滞后、照护人员短缺、服务能力不足等问题。公建民营机构没有发挥好公益性作用，兜不住、管不好的问题依然存在。运营机构普遍存在管理水平低的问题，如运营性质不明确、管理责任不清晰、缺少评估机制、床位利用率低、供给服务内容较少且单一。居家社区养老服务零星开展，发展缓慢，主要是社区养老服务设施尚未探索出可持续的运营模式，老年人普遍不愿意支付居家社区养老服务费用，市、县政府无力投入，导致市场主体无法形成可持续的商业模式。农村养老破题难，全省农村老年人口多、老龄化率高、支付能力普遍较低、居住高度分散，绝大多数农村老年人口选择家庭养老，农村失能老年人照护面临照护成本高、专业队伍少、资金筹集难等多重困难。此外，贵州省养老服务设施配置、服务质量、能力评估等方面标准规范刚刚发布或尚在制定过程中，省级智慧养老服务云平台还处于设计阶段，养老服务标准化、规范化、信息化水平与国内发达地区相比差距很大。

六、对策建议

（一）提高老年人消费支付能力，优化养老服务营商和消费环境

发挥商业保险保障作用，推动建立保险、福利和救助相衔接的长期照护保障制度，切实降低养老服务成本。支持发展商业养老保险，多渠道为老年人提供保障；加强长期护理保险制度与长期照护体系有机衔接，积极引导发挥社会救助、社会福利、慈善事业、商业保险等的有益补充作用，解决不同层面照护服务需求；进一步落实养老机构、社区养老服务机构税收优惠政策，确保相关行政事业性收费减免政策和水电气热居民价格优惠政策落实到位；采取购买服务、建设补贴、运营补贴等措施，推动将社区养老服务设施低偿或无偿用于社区养老服务，切实降低社区养老服务成本和价格。优化养老服务营商环境，全面建立开放、竞争、公平、有序的养老服务市场，放宽养老服务市场准入，支持社会力量参与提供养老服务；加强养老服务消费市场监管，切实保障老年人合法权益；强化养老机构综合监管，建立健全养老机构服务标准和评价体系。

（二）鼓励护理养老机构发展，提升专业照护能力

设置护理型养老机构在于解决老年群体的刚性住院问题。照顾失能失智老年人以及患病老年人是家庭和社区化养老服务的难点。医院资源面向全体公众，无法形成对老年人群体的长期照顾，并且医院护理资源有限、价格较高，早已将低收入老年人拒之门外。正是在这种情况下，护理型养老机构应运而生。它建立在养老院的平台之上，辅之以医疗护理等特殊服务，借助市场和社会的力量为老年人提供价格较低的持续照护，能够成功地解决老年人养老和护理的双重问题。但目前贵州省的老年养护楼、中心敬老院虽然重点服务于失能人群，实际上除了皇钻、康园等少数实质性医养结合机构，很多机构的专业设备及照护能力严重不足。鼓励护理型养老机构的发展要保证机构运营的收支平衡，不能一直用“医来补养”，可以大面积试点长期护理险制度，借鉴养老保险与医疗制度相结合的体系，通过个人、社会、政府三方共同缴费的“三位一体”方式予以解决，还可以

建立商业保险加以补充。与此同时，政府应对护理型养老机构大力补贴，对具有简单护理功能的养老机构进行设备更新，定期检修监督，落实专项经费；明确护理型养老机构定位，建立医院式护理管理体制，每个护理型养老机构应该细化功能，根据自身的硬件和人员情况设置特色功能。在管理体制上，护理型养老机构可以按照医院的效率指标和考核标准进行管理，促使机构和医院有效对接，有助于未来护理事业的规划和发展。对于行业本身的管理还可以增加老年人评估、床位周转率、住院天数以及费用核算等环节。

（三）扶持社会养老机构发展，释放活力

随着“普惠养老”的提出，社会福利社会化浪潮在不断推进，社会办养老机构在大幅度增加，政府办养老机构也在努力转型，只有明确两种机构在未来养老服务中的定位，才能更好地应对老龄化的复杂性和差异性。政府办养老机构属于政府财政直接拨款，为此接收入住的老年人主要集中于特困对象，但应探索低费拓展客源到低保半失能、低保自理、低保边缘半失能等群体。社会办养老机构则要以市场需求为导向，以全体老年人为服务对象，确定服务定位，为高需求的老年人设立综合性、多功能的养老项目，为普通老年人提供较为全面的基础服务。

（四）突出补齐居家社区养老服务供给短板

清晰界定政府、社会、家庭在居家社区养老中的职责，明确将基本养老服务界定为长期照护服务的基础上合理界定政府责任、合理界定政府保障目标人群范围并动态调整，采取多种方式保障基本养老服务公平可及。政府逐步减少养老服务的直接提供，更大力度支持社会和市场养老服务发展，制度化支持家庭养老发展系列政策，支持家庭更好地承担养老责任。大力发展街道养老服务中心、养老服务站，加大政府购买服务力度，逐步推广“中心+站”服务模式，实现社区养老服务设施常态化运营。因地制宜拓展、丰富站点服务内容，通过站点链接多方资源。积极发展老年人助餐、助医、助浴等服务，研究设立“一键呼叫综合为老服务平台”，及时响应老年人需求。推进设立家庭养老床位，“十四五”期间为5.6万户符合条件的老年人提供家庭适老化改造。

（五）完善养老服务政策保障体系

强化养老服务资金、政策、组织、人才、监管保障。一是积极开展长期护理保险。总结梳理黔西南布依族苗族自治州推行长期护理保险的经验，先行在贵阳市、遵义市推开试点，探索长期护理保险与商业保险的衔接。稳妥有序地扩大政府保障对象。清晰界定基本养老服务范畴，精准定位服务人群，结合地方财力，有序扩大政府保障对象。二是加强养老服务人才建设。短期内可以对一些下岗职工进行培训，组织志愿队伍弥补养老服务人才缺口。但从长远来看，政府必须加大资金投入，重视专业护理人员及社会工作者的培养，吸纳更多高学历、高水平的护理人员及社会工作者进入机构养老服务行业。政府和社会要构建科学、有效、可操作性强的照护人员管理体系，加强人员管理，制定职业守则，推行持证上岗，积极组织培训，鼓励照护人员参与再培训。要与高校联盟，组织实习和建设实习基地。提高照护人员的社会地位以及福利待遇。打造全省智慧养老服务云平台。三是建设精准对接需求和供给，开设贯通市场、政府和个人的养老服务云平台，实现网上供给、网上下单、网上监管、网上补贴的“一站式”服务。四是加强养老服务行业管理。落实贵州省养老服务综合监管制度，落实养老机构登记备案、消防监管、食品安全、日常运营、非法集资监管、资金监管、突发事件应对、失信联合惩戒、机构权益保护9项机制。五是加强养老机构日常服务质量监测，每年至少监测1/3的养老机构，3年实现机构监测全覆盖。

B.3 贵州省医养结合服务发展报告

杜双燕[*]

摘要： 贵州省医养结合服务始于“十二五”，“十三五”时期正式发力，经过多年努力，已在建立健全政策体系、拓展医养结合服务路径、多元构建养老机构、筑牢医养资源融合根基、提升医养结合服务质量、增强医养结合助力保障等方面取得较大成效。但仍存在医养边界不清、主体责任不明、政策制度不完备、操作指引不明晰等管理困境，经济支撑不给力、机构运营力不足、服务质量不平衡、居家医养不深入等供给困境，居民认知与政策目标不相符、实际利用与现有资源不匹配等需求困境。为此，本报告提出完善政策配套体系，以需求为导向，提高医养结合服务实效性；以居家医养为重点，推进医养结合服务本土化；夯实医养人才支持体系；明确医养边界，强化服务监管等对策建议。

关键词： 医养结合　健康养老　服务体系

2000年我国开始进入老龄化社会，此后20年间，我国老龄人口增长很快，老龄化速度远快于西方发达国家，2020年已经接近中度老龄化，人口老龄化问题不断加重。随着老龄人口规模持续扩大，老年人及其家庭的养老服务需求也不断增加，不仅包括最基本的日常生活照料需求，还有更多的医疗保健服务需求和心理需求等。随着人均预期寿命的持续增长，“高龄化”现象越加突出，长寿社会来临。我国75%的老年人患有一种及以上慢性病，慢性病的医疗负担正在加重，远高于美国、英国和日本等发达国家。随着高龄化、慢病化、长寿化的叠加，高龄照护和医养结合的需求持续增加，失能、半失能老年人的医疗护理需求也相应增长。如何更好

---

* 杜双燕，贵州省社会科学院社会研究所研究员，博士研究生，研究方向为人口社会学。

地满足老年人医养服务的多样化需求，不断提高老年人的身体健康水平和生活质量，不仅是积极应对人口老龄化问题的必要组成，也是赋予人民美好生活向往的前提和基础。

一、贵州省医养结合发展背景

与全国相比，贵州省于2003年进入老龄化社会，时间稍晚，进程稍慢，但是在大量劳动力外流的助推下，人口老龄化的速度不断加快，60周岁及以上人口占比从1982年第三次全国人口普查时的6.86%上升到2020年第七次全国人口普查时的15.4%，65周岁及以上人口占比从第三次全国人口普查时的4.66%增加到2020年第七次全国人口普查时的13.5%。贵州省人口老龄化呈现出短期加速、流动人口影响大、总体轻度、部分中度、农村老龄化程度明显高于城镇、“西北低，东北高”、老龄化严重超前于经济发展水平的“未富先老”等特征。2020年，贵州省人口的人均预期寿命为73.5周岁，80周岁及以上的高龄常住人口为81.96万，占全部老年人口的13.82%。[①] 面对“未富先老”与高龄化、慢病化的叠加，贵州医养结合服务任重道远。

为高质量满足老年人多样化、多层次和持续增长的养老、医疗服务需求，国家、贵州省陆续出台了一系列医养结合政策文件。国家层面以2015年出台的《关于推进医疗卫生与养老服务相结合的指导意见》为标志，陆续发布了《医养结合重点任务分工方案》《关于做好医养结合服务机构许可工作的通知》《关于遴选国家级医养结合试点单位的通知》。2017年国务院办公厅印发《关于推进医疗联合体建设和发展的指导意见》、2017年国务院办公厅印发《关于支持社会力量提供多层次多样化医疗服务的意见》、2017年国家卫生计生委办公厅印发《关于养老机构内部设置医疗机构取消行政审批实行备案管理的通知》、2019年国家卫生健康委、民政部等10部门联合印发《关于深入推进医养结合发展的若干意见》《医养结合示范项目工作方案》、2022年国家卫生健康委等11部门联合印发《关于进一步推进医养结合发展的指导意见》、2023年国家卫生健康委办公厅等3

① 根据第七次全国人口普查数据计算而来。

部门联合印发《关于印发居家和社区医养结合服务指南（试行）的通知》等一系列政策文件①，为医养结合不断向高质量发展提供了强有力的政策保障。与国家战略相呼应，针对老年健康供给不平衡、不充分问题的日益凸显，贵州省立足实际，努力创新，不断完善医养结合的政策体系，在全省大力实施“健康养老提升工程”“医养结合质量提升工程”等，持续提升服务能力，大力助推医疗和养老资源的共建共享，不断完善医养结合、深化医疗和养老服务改革，积极推动医养融合，为满足全省老年人医疗和养老服务的多样化、多层次需要提供全力支持和保障。

二、贵州省医养结合发展成效

我国医养结合的发展经历了酝酿萌芽阶段（2011—2013 年）、起步探索阶段（2013—2014 年）之后，于 2015 年由卫生计生委、民政部、发展改革委等 9 部门联合印发《关于推进医疗卫生与养老服务相结合的指导意见》，文件首次明确提出“医养结合机构”的概念，是医养结合政策发展历程中重要的里程碑。② 自此，全国医养结合服务进入落实发展阶段，不断推进，深化完善。“十二五”时期贵州省的养老工作仍然停留在“只养未医”的“家庭养老+社区居家养老+机构养老”服务模式。“十三五”时期，贵州省在国家战略指导下开始布局发力，印发了《贵州省“十三五”养老服务体系建设规划》，计划投入 100 亿元资金用于养老服务体系建设。③ 发展至今，贵州省全面建成了以居家为基础、社区为依托、机构为补充、医养相结合的多层次养老服务体系，探索创新了诸多适宜地方发展的医养结合模式，不断推进医养结合服务老年健康的质量提升。

（一）建立健全政策体系，打通医养结合难点堵点

贵州省将医养结合工作纳入《贵州省国民经济和社会发展第十三个五年规划纲要》，不断建立健全政策体系，建立省级医养结合工作联席会议

---

① 张涛，张华玲，褚湜婧，等．我国医养结合政策发展历程分析［J］．中国医院，2018，22（6）：35-38.

② 同①.

③ 尹邦明．“医养结合”养老服务体系再升级［J］．当代贵州，2017（Z2）：64-65.

制度，出台系列实施方案，不断完善医养结合制度的顶层设计。自2016年起先后出台、印发了《关于加快推进卫生与健康事业改革发展的意见》《贵州省"十三五"健康老龄化规划》《关于加快推进医疗卫生与养老服务相结合的实施意见》《关于加快推进医疗健康服务和养老服务融合发展的实施方案》《卫生健康服务能力提升"八大工程"行动计划（2019—2022年）》《"十四五"贵州省老龄事业发展和养老服务体系规划》《贵州省养老服务条例》《关于建立完善贵州省老年健康服务体系的实施意见》《老年健康服务专项行动方案》《贵州省加快推进医养结合机构发展若干措施》《贵州省医养结合机构服务质量提升行动方案》等政策文件和地方法规，建立起贵州省应对人口老龄化和推进健康养老制度体系的"四梁八柱"。这些政策体系提出了诸多核心举措来推进医疗健康服务与养老服务融合，包括大力推动康养服务、健康养老等产业发展。提出了大力发展旅游健康养老、森林康养、体医康养、温泉康养、中医康养、医养结合综合体、健康养老产品等健康养老服务的七大产业。提出了逐步建立适合省情的长期护理保险制度，2020年9月黔西南布依族苗族自治州被确定为第二批全国长期护理保险试点城市，成为贵州省首个试点地区。加大政府购买服务力度，支持符合条件的社会办医养结合机构承接当地公共卫生、基本医疗和基本养老等服务；用于社会福利事业的彩票公益金要适当支持开展医养结合服务；切实保障医养结合机构建设发展用地，各地在当地编制国土空间规划时统筹考虑，做好用地规划布局和优先安排土地利用计划；鼓励金融机构根据医养结合特点，创新产品和服务，多元化拓展投融资渠道，解决医养结合机构建设资金问题。一直强调医疗卫生与养老服务衔接，从体制机制上打通医养结合的难点堵点。2022年6月29日，印发《贵州省加快推进医养结合机构发展若干措施》，结合新问题、新情况提出30条支持措施，进一步打破医养结合的政策壁垒。深化"放管服"改革要求，及时转发和落实国家卫生健康委办公厅、民政部办公厅、市场监管总局办公厅、国家中医药局办公室联合印发的《关于做好医养结合机构审批登记工作的通知》，取消行政审批，实行备案管理。

（二）建立完善医疗服务体系，拓展医养结合服务路径

推进医疗卫生与养老服务融合发展，鼓励养老机构与周边的医疗卫生

机构开展多种形式的合作，推动医疗卫生服务延伸至社区、家庭。养老机构和协议合作的医疗卫生机构普遍开通双向转介绿色通道，推动医疗卫生机构与养老机构协作，为入住老年人提供医疗巡诊、健康管理、保健咨询、预约就诊、急诊急救、中医养生保健等服务。一是支持养老机构设立医疗机构。深化“放管服”改革，对养老机构内部设置的诊所、卫生所（室）、医务室、护理站取消行政审批，实行备案管理。对符合规划的养老机构兴办医院，根据医养结合实际需要设置科室和人员，实行绿色通道，优先审批。支持社会力量开办非营利性医养结合服务机构。支持医疗机构设立养老机构。将医疗机构设立养老机构或养老床位纳入《贵州省资助民办养老服务机构暂行办法》资助对象，并取消床位数设置限制，促进医疗服务嵌入养老产业。二是推动医疗卫生机构、养老机构、社区、医养结合属地产权单位等根据实际，大胆探索符合本单位实际的医养结合改革路径，制定推进医养结合的政策措施、规划制度、具体方案，创新医养结合管理机制和服务模式。三是鼓励、支持基层医疗卫生机构开设老年病科、康复保健科、安宁疗护科或其他相关科室。推动基层医疗卫生机构与养老机构，特别是民政部门举办的养老机构、设施建立合作关系或者签订合作协议，提供医疗服务；推进基层医疗卫生机构和医务人员与社区、居家养老结合，与老年人家庭建立签约服务关系，为老年人提供连续性的健康管理服务和医疗服务。四是支持医疗机构与养老机构开展签约服务。县级医院、社区卫生服务中心、乡镇卫生院与现有养老机构合作，开展签约服务，解决养老机构和医院床位供给缺口，提升养老照护服务功能。推动医疗养老联合体发展。探索建立由养老机构和医疗机构组成的医疗养老联合体，医疗机构为养老机构开通快速就医绿色通道，养老机构可作为医疗机构收治老年人的后期康复护理场所，支持医疗机构将服务延伸至医疗养老联合体的养老机构，鼓励医务人员在医疗养老联合体多点执业。

（三）多元构建养老机构，筑牢医养资源融合根基

在政策保障支持下，全省采用多种方式着力推进养老机构建设，以筑牢医养结合发展根基。全省坚持强化示范引领，积极探索医养结合服务路径，创新医养结合管理机制和服务模式，采取多部门“共同建”、因地制宜“毗邻建”、挖掘优势“扩容建”、引入社会力量“助力建”、医疗机构

和养老机构“联合建”、公建民营、委托医疗机构托管等多种方式，有效推进医养结合机构的建设发展。支持养老机构设立医疗机构，支持医疗机构设立养老机构，支持新建医养结合机构，支持医养结合机构更好地发展。2017 年全省医养结合机构只有 22 家，① 2018 年全省医养结合机构也仅有 40 家，② 年度医养结合监测数据显示，到 2020 年 9 月底，全省已建成 109 家医养结合机构，其中具备医疗机构资质和民政许可备案的 70 家；政府办机构 63 家，社会办机构 13 家，个人办机构 33 家；三级医院 1 家，二级医院 26 家，一级医院 51 家，未定级 31 家。70 家两证齐全（指具有医疗机构执业许可或进行备案并进行养老机构备案）的医养结合机构中，养办医 42 家，医办养 28 家；医养结合机构服务人员 10761 人，其中医疗卫生服务人员 9030 人，养老服务人员 1731 人。医养结合机构床位总数 19602 张，其中医疗床位 8561 张，养老床位 11041 张。截至 2021 年 9 月底，全省累计建成 142 家医养结合机构，其中两证齐全的医养结合机构 89 家。全省医养机构签约量达 1056 对，医养结合机构以不同形式为入住老年人提供医养结合服务。截至 2022 年 9 月底，全省建成两证齐全的医养结合机构 95 家，服务人员 7974 人、床位总数 16881 张。截至 2023 年底，全省两证齐全医养结合机构 107 家，③ 如图 1 所示基本实现了养老机构以不同形式为入住老年人提供医疗卫生服务。各地医养结合机构开展健康指导、用药管理、慢病调理、中医理疗、中医康复、安宁疗护等服务，满足了老年人的养老医疗需求，充分发挥了医养结合机构的作用。

（四）合力促进机构发展，提升医养结合服务质量

贵州省在按照国家《医养结合机构服务指南（试行）》规范医养结合机构服务内容的同时，会同相关部门开展为期 3 年（2020—2022 年）的医养结合机构服务质量提升行动，督促服务机构严格落实标准规范，强化内部管理，重点提升传染病防控能力，推动医养结合机构规范开展医疗卫生

---

① 128 家！45 家！贵州省医养结合与“医办养”机构数量大大增加［EB/OL］.（2021-09-30）［2024-06-28］. https://sme. gxt. guizhou. gov. cn/news/show-147196. html.

② 贵州：医养结合制度框架基本建立［EB/OL］.（2021-09-24）［2024-06-28］. http://gz. people. com. cn/BIG5/n2/2020/0924/c398670-34315117. html.

③ 数据来源：贵州省卫生健康委员会提供。

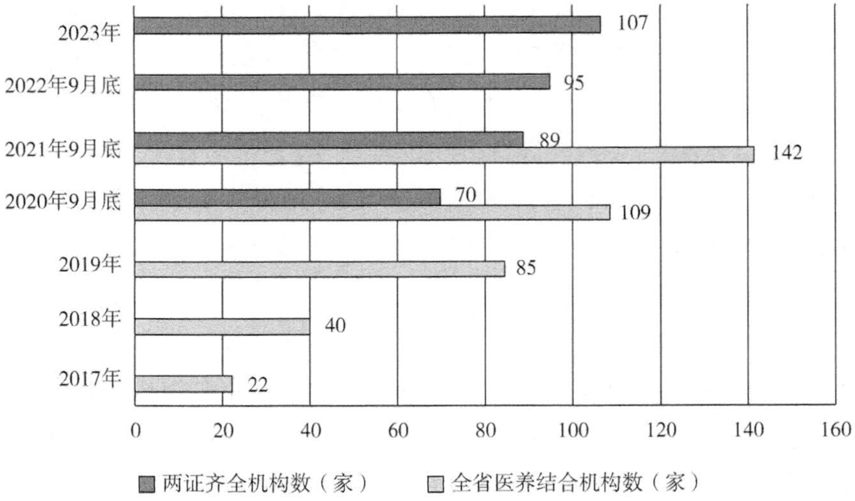

图 1　2017—2023 年贵州省医养结合机构数

数据来源：网络数据与贵州省卫生健康委员会提供数据。

服务和养老服务。开展老龄健康医养结合远程协同服务试点，为老年人提供优质高效的远程医疗服务。

2020 年 1 月，贵州省转发国家卫生健康委办公厅、民政部办公厅、国家中医药管理局办公室联合发布的《关于印发医养结合机构服务指南（试行）的通知》，要求全省各地规范医养结合机构的服务内容，提高医养结合机构的服务质量；编写了《贵州省医养结合机构服务规范（征求意见稿）》，建设老年健康医养结合远程协同试点，提高医养结合服务质量。2021 年，贵州省卫生健康委员会联合省中医药管理局共同制定《贵州省医养结合机构服务质量提升行动方案》（黔卫健函〔2021〕2 号）。在全省开展为期 3 年的服务质量提升行动，全省医养结合机构开展自查，对自查发现的制度机制不健全、规范管理存在的短板等问题进行了整改，持续提升医养结合机构服务质量。黔南布依族苗族自治州独山县，2018 年以来先后获批建立贵州省第一批十大养老服务示范园区、国家重点研发计划医养服务模式与应用示范基地。[①] 该县统筹县中医医院、养老机构等资源，在阳光康养产业园区内设县中医医院康养分院，配备了多种先进医疗康复设

① 贵州独山："医养结合" 提升养老服务质量［EB/OL］.（2022-09-23）［2024-05-28］. https：//gz. cri. cn/n/20220923/b5bef32c-2c6c-9f9d-20ff-82cfb335394e. html.

备，形成了集“养老照护+慢病管理+康复服务+智慧养老+社工服务+生命救护”于一体的中医药医养结合模式。同时，该县与民营企业柯瑞康养产业开发有限公司共同出资，对养老机构内的设施进行提质改造和完善，为老年人提供生活照料、医疗保健、应急帮扶、精神慰藉、文化娱乐、临终关怀等标准化服务。截至 2022 年 9 月，园区内共设置养老床位 800 张，利用率 100%，入住率 100%。

（五）项目带动试点示范，推动医养结合提质增效

我国从 2016 年起组织开展医养结合的试点工作，先后确定了两批共 90 个国家级试点单位，分别在居家社区服务、机构服务、长期护理保险、专业人才队伍建设、人才激励等方面探索创新，积累了诸多典型经验。[①] 2016 年贵阳市、铜仁市被确定为首批国家级医养结合试点单位，2017 年遵义市被确定为第二批国家级医养结合试点单位；同时，贵州省将贵阳市、铜仁市确定为省级首批试点示范市，规划建设一批特色鲜明、示范性强的医养结合试点项目，实现医疗和养老资源的有效融合。2023 年 12 月，贵州省黔东南苗族侗族自治州三穗县、黔西南布依族苗族自治州兴义市成功入选全国医养结合示范县，贵阳市云岩区皇钻老年护理院入选全国医养结合示范机构。在省级层面，分批确定了贵阳市修文县、遵义市习水县、六盘水市六枝特区、铜仁市江口县、贵阳市观山湖区、黔南布依族苗族自治州独山县等县、区为贵州省医养结合示范县；分批确立了贵阳市乌当区曜阳养老服务中心、贵阳市观山湖区养老服务中心等单位为省级医养结合试点示范单位，多年来成效显著。

一是试点先行，多措并举推动了医养结合机构建设和服务质量提升。通过多年持续开展的医养结合服务示范创建，包括国家级医养结合试点单位、省级医养结合服务示范单位、基层医疗机构医养结合服务试点、医养结合示范县创建，试点先行引路，多措并举共建，推动各地医养结合服务的开展，不断提升医养结合机构服务质量、增加医养结合机构建设数量，以项目推动各地医养结合机构、医疗卫生机构、社区等的建设，满足多样

---

① 国家级医养结合试点取得积极成效［EB/OL］.（2023-03-21）［2024-06-28］. https://health.cnr.cn/jkjrjd/20230321/t20230321_526189070.shtml.

化、个性化健康养老需求。2019年培育省级医养结合服务示范单位19家，成功将贵阳市、六盘水市申报为国家安宁疗护试点，全省各市、州推动建设安宁疗护中心11家；安顺市成功申报“老年健康西部行”项目试点城市，六盘水市钟山区申报为国家失能老年人健康服务试点单位。二是试点推动突破。在国家级医养结合试点单位中，有17个城市开展了长期护理保险制度试点，黔西南布依族苗族自治州作为贵州省唯一的“双试点”，为解决失能老年人照护问题发挥了重要作用；贵州省经批准设立的贵阳康养职业大学，属于全日制公办本科层次职业学校，彰显了贵州省对老年健康的重视程度。在示范创建过程中，严格遵循组织领导好、政策支持好、机构建设好、健康服务好、环境建设好、群众满意好的“六好”创建标准。例如公建公营的黔东（三穗）医疗健康养老服务中心，以三穗县中医医院为支撑，以“医、养、康、托”为建设运营理念，采用“以医带养、以养带旅、以旅带城”的模式，为空巢老人、残疾人、省内外失能和半失能的老年人提供照护、养老、康复、慢性病管理、健康管理等一体化的医养服务，深得百姓好评。三是通过医养结合示范和试点项目，充分发挥其示范带动作用。医养结合示范创建一直作为推动医养结合深入发展的重要抓手。截至2021年底，全省创建省级医养结合示范县9个，2022年创建5个，到2025年拟共创建20个医养结合示范县。同时，建成一批省级医养结合服务示范单位。“十三五”以来，着力补齐基层医养结合短板，支持各地整合优化基层医疗卫生和养老资源。全省超过90%的养老机构以不同形式为入住老年人提供医疗卫生服务。持续开展医养结合典型案例宣传活动，以“推进医养结合高质量发展”为主题，积极征集典型宣传案例，向国家卫生健康委老龄健康司推荐了贵州省人民医院“健康老龄化视角下三甲医院医养结合服务模式的实践探索”等10个图文案例及贵州省卫生健康宣传教育中心“让老年生活更有质量”等5个视频案例，起到了强大的典型示范作用。铜仁市德江县卫生健康局“创新‘三区三院三联’模式，推进医养结合工作”、毕节市社会福利院“创新机制，多措并举，推进医养结合工作”、凯里市中医医院“以‘患者需求’为导向探索医养结合服务新体系”、六盘水市钟山区黄土坡社区卫生服务中心“夯实基础创新模式，助力医养结合健康养老”4个医养结合案例入选国家卫生健康委评选的医养结合典型经验。

（六）人才培训调研推进，增强医养结合助力保障

在政策机制完善、医疗服务体系健全、机构建设推进和发展、项目带动示范等“量质并举”的医养结合服务格局下，医养监测、人才培训、调研推进、部门协作、信息支撑等都是促进医养结合高质量发展的重要助力保障。一是做好年度监测，摸清家底。全省按照国家要求，历年坚持做好医养结合监测，充分掌握全省医养结合机构底数以及变动情况，对历年累计建成的医养结合机构数、签约对数、服务内容等了如指掌，便于适时而动。二是持续开展人员培训，提升医养结合软实力。2020 年，组织 440 人参加全国医养结合人才能力提升培训项目；举办全省医养结合机构医疗护理人员培训班，对来自全省 60 家医养结合机构的 60 名医疗护理人员进行了培训。2021 年，组织全省医养结合机构 300 人参加国家卫生健康委医养结合机构服务质量提升行动网络培训班；举办了老龄健康管理人员培训班、全省医养结合机构护理人员培训班、医养结合人才能力提升线上培训项目、国家安宁疗护试点地区安宁疗护人才能力提升项目、全国老年医学人才培训项目等，进一步提升了全省老龄健康管理服务人员和医养结合人才在传染病防控、综合评估、功能康复、营养支持、心理疏导、人文关怀、舒适照护、营养支持、医养结合机构服务与管理等方面的业务能力。2023 年，组织全省医养结合机构负责人及相关工作人员共计 551 人参加了国家卫生健康委医管中心举办的医养结合机构高质量发展能力提升网络培训班；联合苏州大学举办贵州省老龄健康服务体系建设培训班，各级卫生健康局管理人员、老年医学工作负责人、医养结合示范县卫生健康局分管局长、医养结合机构工作人员、委属医疗机构老年医学工作负责人等 65 人参训；组织 886 人参加 2023 年全国医养结合人才能力提升线上培训，全面提升了医养结合服务的软实力。三是深入开展调研指导，着力解决实际问题。2020 年，开展了黔南布依族苗族自治州医养结合和疫情防控调研指导，老年人新冠疫情防控调研指导，老龄健康、医养结合现场调研，部分医养结合机构调研指导，三穗帮扶调研，六盘水市医养结合示范点评估，铜仁市碧江区、德江县医养结合调研等一系列调研工作，及时发现问题、解决问题。2021 年，抽调专家组成 5 个调研督导组分赴 9 个市、州，选取 36 家医养结合机构开展落实基本要求、巩固重点制度、提升服务能力、强

化人员培训和信息化建设、做好新冠疫情防控等内容的现场调研督导；以“推进老年人医养服务高质量发展”为专题开展了各种座谈交流和对贵阳市、安顺市、黔东南苗族侗族自治州和黔西南布依族苗族自治州 4 个市、州的专题调研。通过上述调研，摸清了全省医养结合服务的基本情况，详细了解了难点堵点和急难愁盼，撰写了《推进我省医养服务高质量发展》《贵州省老年人医养服务发展调研报告》等专题调研报告，在为领导决策提供有力参考的同时，也为满足老年人个性化、差异化、多样化、多层次的医养服务需求，探索老年人医养服务“政府+市场”产业化发展新路径，为全省医养服务发展打下坚实基础。

为推动全省医养结合服务高质量发展，贵州省建立了省级医养结合工作联席会议制度，高位推动、各司其职、部门联动，合力促进各项老龄健康政策落实落地，加上大数据优势的加持，全省正加速进行医养结合数据化、信息化建设，并保持高位推动，朝着高效提升、高质发展的方向前行。

三、贵州省医养结合发展困境分析

近年来，贵州省老年健康支撑体系建设、医养结合服务取得积极进展，但与高质量发展的要求还有差距，存在一些短板和不足。例如，在老龄工作方面，承担老龄工作的机构队伍建设有待加强；成员单位涉老政策的系统性、整体性、协同性有待提升；全省康养产业处于起步阶段，老龄事业发展存在较大的城乡和区域差距。在健康支撑体系建设方面，老年医疗卫生机构发展不充分，康复医院、护理院、安宁疗护中心数量不足；老年医学科建设与经济发达省份相比质量不高，老年健康服务人员尤其是基层人员缺乏。在医养结合方面，无论是在资源供给、服务需求还是在管理制度上都存在一些较为突出的问题，具体而言就是医养结合缺少专项经费，居家、社区医养结合发展不充分；老年人居家医养服务工作处于起步阶段，全省老年人居家医疗服务能力亟待加强。

（一）管理困境

1. 医养边界不清，主体责任不明

“医”和“养”的功能特性和人群特性不同，在当前老龄政策语境下，老年人的养老需求存在高、中、低不同层次的划分。既有最宽泛意义上的“养”，即“老有所养、老有所医、老有所为、老有所学、老有所教、老有所乐”，这是对老年人生活需求的高度概括，也是老龄工作的目标；中层次的“养”即养老服务，包括生活照料、医疗护理、紧急救援、精神慰藉等覆盖所有老年人的服务，还包括老年服务产业发展和环境构建等，老年健康只是“养老服务”的子领域；而狭义的“养”仅限于为老年人提供生活照料和护理服务，且区别于医疗护理的“社会性照护”。因此，“医”和“养”本身的内涵和外延都有各自不同层次的划分。而各界关于医养结合的研究和讨论，各自选取的层次、视角、认知存在较大的差异和争论，内涵和外延不同，必然导致“医”和“养”的边界矛盾，主体责任无法明确。

2. 政策制度不完备，操作指引不明晰

一是政策配套不完备，缺乏整体性规划配套。尽管贵州省一直高位推动医养结合，政策制度体系已建立，但是具体细化到用地、补贴、融资、服务、人才、保险、信息化、需求方满足等方面，则缺乏整体性规划，导致某些政策难以落地。二是行业标准不健全。目前已有《贵州省医养结合机构服务规范》，但医养结合相关行业的细化标准还不健全。三是部门职能交叉仍然存在。已经建立的联席会议制度也无法解决所有问题，医养结合发展效率受限。

（二）供给困境

1. 经济支撑不给力

一是贵州省作为西部省份，近年受经济下行压力和债务问题叠加影响，财政吃紧，医养结合又缺少专项经费，相关政策的落实缺乏筹资机制，经济支撑严重不足，严重影响了医养结合服务的高质量发展；二是养老机构医疗服务财政补贴的机制不健全，医保支付通道不能完全顺畅，养老机构开展医疗服务仍然面临较多困难；三是根据国家基本公共服务规定，财政拨付是按照医疗卫生机构辖区服务人头核定，对于服务流动老年人和非辖区老年人的医养结合机构来说，就缺乏相应的支付机制。总体上，经济支撑不给力导致医养结合服务推进难度加大。

2. 机构运营力不足

调查显示，84.62%的医养结合机构认为存在政策支持力度不够、养老专业人才缺乏等问题，而60%以上的医养结合机构存在盈利性低、服务能力有限、医疗风险高等问题，还有部分医养结合机构存在资金缺乏、医疗与养老融合不足以及多部门管理等问题。[①] 由于薪酬低，医养结合机构人力资源配置不容乐观，难以引进和留住专业人才；由于系统化和专业化培训不足，医护人员总量不足等也是当前医养结合机构人力保障存在的主要难题。基于财政、资金、人力、人才等方面的限制，总体上医养结合机构的运行都存在各种不同的困难和制约，运营力不足。

3. 服务质量不平衡

贵州省医养结合机构服务质量不平衡，表现在服务层次的不平衡和区域不平衡两方面。调研表明，入住老年人对贵州省医养结合机构服务质量的总体满意度评价一般，综合评价得分仅为3.037分（满分5分），仅处于及格水平；服务层次上，健康管理服务、医疗卫生服务与日常照料服务评价得分相对较高，但也仅为3.074分、3.094分和3.133分[②]；精神文化服务综合评价得分最低，仅为2.533分。各项评价得分均与满分5分的差距较大，说明贵州省医养结合机构服务质量还有很大的提升空间。区域视角上，城市地区服务水平远远高于农村地区，省会城市远远强于地方县域。农村地区养老机构多属于民政兜底性质，经济支撑较为薄弱，基层医疗卫生机构与养老机构的合作意愿与积极性相对较低，服务质量也不高。综合评价得分最高的一、二档机构均位于贵阳市，具有地理位置及资源分配优势的贵阳市，其医养结合机构更加重视健康管理与精神文化服务。排名第三的为六盘水市市级医养结合机构，而铜仁市县级医养结合机构则排名最后。由此可见，排名高低与当地医养结合发展进度、医疗卫生水平以及政策扶持状况都紧密相关。

---

① 周春芳，禄晓龙，何宇，等. 供需视角下贵州省医养结合养老机构运行现况研究［J］. 遵义师范学院学报，2022，24（5）：45-49.

② 毕婷. 贵州省医养结合养老机构服务质量研究［D］. 贵阳：贵州财经大学，2021.

4. 居家医养不深入

2022 年 5 月 30 日，《贵州省居家老年人医养服务工作方案》印发，按计划先在各市（州）所在地城区开展居家老年人医养服务，然后以点带面，拟于 2024 年总结提炼，2025 年实现“开展居家老年人医养服务的基层医疗机构达 70%，65 周岁及以上常住老年人规范化健康管理率达 65%”的目标，逐步推广。因此，目前贵州省居家医养结合尚处于起步试验阶段，受经费限制，基层医疗机构工作运行机制及居家医养还未深入开展，特别是对失能、半失能老年人的服务仍然处于起步探索阶段。

（三）需求困境

1. 居民认知与政策目标不相符

当前，贵州省居民对医养结合服务认知不足，部分居民甚至对机构养老存在较强烈的排斥情绪，对医养结合相关政策缺乏了解，对家庭医生签约服务更多的是一种被动接受，而非主动要求，思维仍然停留在传统医养独立层面，对于医养结合的接受度和信任度不够，因而在一定程度上对医养结合政策的落地实施产生阻碍。认知的缺乏不仅导致居民无法将医疗与养老需求高度融合，而且影响居民医养结合需求的完全释放。

2. 实际利用与现有资源不匹配

贵州省近年来依照“一老一小”落地要求和医养结合指导要求等开展工作，医养结合机构数量逐年增多，但普遍存在利用率低的问题，相关医养结合政策落地缺乏群众基础。居民对医养结合认知的局限在一定层面上制约了其对相关服务的积极主动利用。例如，许多老年人根本不了解何为家庭医生签约服务，要么被动签约，要么直接拒签。即使有些养老机构能够实际享有周边社区健康服务中心的协议医疗服务，但对家庭养老和居家社区养老的老年人而言，则较难享受协议医疗机构的医养结合服务。因此，各种原因导致医养结合政策落地的群众基础相对薄弱。

四、贵州省医养结合发展建议

医养结合涉及“医”“养”“康”“护”各个层次和环节，是将传统养老保障与现代医疗有机结合的新型养老方式，也是一种跨越式的养老新理念，既符合现代老年人的医养供需基本需求，又能弥补失能、半失能老年人在传统养老模式中得不到良好照料的缺陷。医养结合作为一种新理念，必须符合省情、走本土化道路才能得到长足发展。

（一）完善政策配套体系，增强医养结合政策整体性

近年来贵州省出台的相关政策制度、地方性法规等较为完备，关键在于政策落地过程中的实际效用，未来应围绕如何促进现有政策落地和增强医养结合服务相关政策的整体性，合力推进医养结合服务的高质量发展。一是深入调研全省目前唯一的黔西南布依族苗族自治州长期护理保险试点的运行情况，总结提炼相关经验，疏通贵州省实施长期护理保险存在的痛点、堵点，制定配套的服务方案和支付办法，为全面推广长期护理保险做好衔接准备，提高老年人支付能力，整体推动和提升服务落实。二是建立健全医养结合工作机制，包括统一的需求评估机制、服务质量监控机制、精准资源分配机制、服务转介衔接机制等。三是进一步扩大政策扶持力度，真正落实优惠政策。着重落实好与医养结合服务相关的土地供应、投资融资、税收优惠、财政补贴等政策，增强服务供给的有效性。调整制约医养结合推进的关键政策，如医保报销、服务定价、对社会资本和民营养老机构的支持优惠政策等。四是进一步推进医养结合联席工作机制，落实部门职责，明晰责任主体也即牵头部门的主责，也要确立好各相关部门的落实责任措施，避免推诿应付。同时还应加强医养领域相关行业、协会、服务机构之间的协调与合作，合力促发展。

（二）以需求为导向，提高医养结合服务实效性

尽管“60后新老人”的退休潮已来临，但根植于中国乡土社会的传统思想、认知在短期内难以改变，当前贵州省的养老机构、资源配置与实际利用率相比是过剩的，多为应对未来严峻的人口老龄化而提前预设。基于此，贵州省在制定养老服务规划和实施方案中，不应完全以国家量化指标为导向，而应根据省情，以适度超前的需求为导向，提高医养结合服务的整体性。

1. 健康服务需求的细分化与动态化

一是细分不同类型老年人的健康服务需求，按照疾病预防型、日常保

健型、慢病治疗型、急病治疗型、长期照护型、安宁疗护型等不同类型人群提供适宜的服务；二是针对老年人需求类型的变化，依托养老护理员和智慧信息平台，适时将其转介至相应的医疗、养老机构，使其获得经济、专业、适宜的服务；三是改变传统“自上而下”的制度导向，引入“自下而上”的思维，深入调研不同类型老年人的医养实际需求，以需求为导向提供针对性服务，避免政策制度的强行介入。

2. 健康养老服务体系的整合化

一是按照健康老龄化战略要求，贯彻“全生命周期”管理，实现日常保健、疾病预防、急病治疗、慢病管理、长期照护、安宁疗护6个环节的有机衔接，实现各环节健康养老服务体系的整合；二是通过省级层面统一部署、高位推动，建立“省—市（州）—县—区—街道—社区—居家”7级服务设施的衔接机制，实现不同服务设施间的互认评估、转诊服务、共享设施，打造全省“医养联合体”。

（三）居家医养为重点，推进医养结合服务本土化

基于当前贵州省居家医养的薄弱环节，应将机构养老的成功经验与各区域实际相结合，推进医养结合服务的本土化发展。一是推动家庭病床与家庭养老床位的政策衔接，实现“一床两用”，重点通过长期护理保险来解决失能、半失能老年人的居家照顾问题。二是充分调动各种社会力量的深度参与，利用社区社会组织、党群服务中心、民生项目等公共服务资源，开展医养结合政策宣传，提升居民的认知，营造良好的氛围环境，加强慢病宣教管理、社区互助服务等项目，合力提升居家老年人医养服务质量。三是深入推进家庭医生签约服务的常态化，拓展和延伸传统的体检、慢病管理等服务内容，提供更加具有针对性和个性化的健康服务，用好用活签约服务，提高基层群众就近获取优质医疗资源的可及性和便利性。开发具有特色的“居家养老医养结合服务包”，持续开发推进个性化家庭医生签约服务包，既保证居家养老人群足不出户即可解决基本健康保障问题，又能根据个人需求选择个性化的签约服务，促进医养结合服务的本土化发展，使之更加实用高效。四是开发居家养老服务管理系统，提升居家养老的智慧化水平。综合运用大数据、“互联网+”、云计算、人工智能、区块链等先进技术，建设一体化医养结合智慧服务平台，推动更多事项

“互联互通”。开发医养结合服务小程序，为居民提供一站式服务。充分利用各种智能设施设备和管理平台，助力线上线下融合发展，特别是针对独居老年人、失能和半失能老年人的居家医养服务更需利用智能化、智慧化手段提高其获取服务的及时性、安全性和有效性。

（四）加大人才培养力度，夯实医养人才支持体系

1. 建立分级分类的人才培养体系

人才培养和调研推进一直以来都是贵州省推进医养结合的重要抓手，未来应以老年人医养需求为导向，建立分级分类的医养服务专业人才培养模式，提高人才培养的针对性，明确各级人才的资质标准，着力构建更加系统化和专业化的人才培养体系。

2. 完善人才培养机制

充分发挥贵州医科大学、贵州护理职业技术学院、贵阳康养职业大学等高校和职业院校的人才培养功能，加大医养人才培养力度，继续在资金安排和引导就业方面向医养人才倾斜，提高福彩公益金用于养老机构从业人员培训的资金比例，统筹安排公益性岗位，向社区居家养老服务方面适当倾斜；鼓励医养大型机构与职业院校合作，创建医养结合服务护理人才培训基地，重点培养医疗保健、老年健康管理、护理康复、营养调配等专业人才，在学历教育之外开展更多的职业技能竞赛，实现学历、技能双提升人才培养。

3. 加大养老护理员、医务社工等人才队伍建设

养老护理员和医务社工是活跃在养老领域和医疗领域的先锋，在对接医养资源、提供转介服务方面发挥着重要作用。鼓励通过政府购买服务的形式，提升养老护理员技能，增设养老专员岗位和义务社工岗位，并提供相应培训，使其快速掌握医养系统工作要求及其资源分布，发挥其作为个案管理者和资源链接者的作用，丰富完善医养结合工作机制。

（五）明确医养边界，强化服务监管

建立健全医养合作管理机制。加强养老机构和医疗机构之间的协同发展，实现医养机构联合服务。在付费机制上可以对医养服务项目进行精细划分，如可按人数、服务天数或者按服务品质、诊疗级别、服务档次等多

种方式支付，促进医养结合模式的可持续发展。建立健全医养结合监管机制，在明确部门权责的基础上，通过聘请第三方机构对相关部门和机构进行常态化的监督和评估，倒逼政府部门加强医养结合服务的落实。

B.4 贵州省居家社区养老服务发展报告

王义飞*

摘要： 经过多年发展，贵州省居家社区养老服务在制度建设、基本服务体系、覆盖面等方面取得了明显成效，但同时也应看到，区域分布及发展不均、养老服务供给不足等仍然是制约养老服务发展的问题和短板，应着重从养老服务的体制机制、供需、社会环境等方面予以重点关注，提升服务水平，助推未来贵州省居家社区养老服务高质量发展。

关键词： 贵州省 居家社区 养老服务

党的二十大报告指出："实施积极应对人口老龄化国家战略，发展养老事业和养老产业，优化孤寡老人服务，推动实现全体老年人享有基本养老服务。"当前，以居家养老为基础、社区养老为依托、机构养老为补充、医养康养相结合的多元一体养老服务体系逐步完善。本研究把居家和社区养老服务作为一个整体看待，家庭作为养老的"内环境"，是老年人最熟悉和最舒适的环境，基于居家的"外环境"即为社区，也是老年人获取物质资源、满足其精神需求的来源和途径。因此，居家社区养老服务既能在老年人熟悉的环境中进行，并且更能为居家养老的老年人提供多样化的服务，实现个体需求和群体资源的兼顾与整合。

* 王义飞，贵州省社会科学院社会研究所副研究员。

一、贵州省居家社区养老服务发展的制度基础

（一）涉老政策支撑体系不断健全

贵州省委、省政府高度重视老龄工作，将积极应对人口老龄化国家战略纳入全省国民经济和社会发展重要内容，出台了一系列促进全省老龄事业和养老服务体系发展的法律法规、规章制度和政策措施，基本形成了党政齐抓共管的格局。“十四五”时期，贵州省人民政府出台《“十四五”贵州省老龄事业发展和养老服务体系规划》，进行顶层设计，为全省居家社区养老服务发展指明了方向。贵州省人民政府办公厅制定并印发《贵州省推进基本养老服务体系建设实施方案》，同时制定公布《贵州省基本养老服务清单》，在服务项目、覆盖范围和实现程度上不低于《国家基本养老服务清单》要求，并督促全省各地各有关部门严格落实。基本养老服务清单更加完善，服务对象、内容、标准等更加清晰明确，服务供给、保障、监管等机制不断健全，基本养老服务体系覆盖全体老年人，全省基本养老服务制度政策支撑体系持续健全。

（二）养老服务标准逐步建立

聚焦长期照护服务和经济困难的失能、失智等特殊困难老年人服务需求，会同有关部门完善长期照护服务清单，明确分类、分层的照护服务内容。颁布实施了《老年人照护需求等级评定规范》《养老机构等级划分与评定规范》《居家社区养老服务质量日常监测评价规范》《养老机构服务质量日常监测规范》《农村特困供养机构（敬老院）服务规范》5 项养老服务领域贵州省地方标准，全省养老服务更加标准化、规范化。

（三）特殊困难老年人制度保障健全

贵州省民政厅、省委政法委、省精神文明建设指导委员会办公室等 9 部门联合印发《省民政厅等九部门关于开展特殊困难老年人探访关爱服务的实施方案》（黔民发〔2023〕9 号）明确指出，开展特殊困难老年人探访关爱服务是养老服务的重要内容，是支持家庭养老，帮助解决居家养老

困难，预防和减少老年人居家养老安全风险，扎实推进基本养老服务的重要工作。强调要更好地提升独居、空巢、留守、失能、重残等特殊困难老年人的日常生活安全指数，进一步强化养老服务兜底线、保基本的服务功能。印发《关于开展特殊困难老年人家庭适老化改造和居家养老上门服务试点工作方案》，2023 年在安顺、毕节、铜仁、黔东南 4 个市（州）对 1300 户分散供养特困老年人家庭、低保对象中的重度失能老年人家庭及其他困难老年人家庭实施家庭适老化改造，并为符合条件的低保重度失能老年人提供居家养老上门服务。颁布实施《贵州省老年人权益保障条例》《贵州省老年人优待办法》等系列法规政策文件。建立省、市、县、乡四级老年人法律援助中心（站），县级老年法律援助覆盖率达 100%，为维护老年人权益提供法治保障。可以说，通过一系列建章立制，贵州省居家社区养老服务政策体系的“四梁八柱”基本构建。

二、贵州省居家社区养老服务发展现状分析

党的十八大以来，贵州省养老服务体系建设进入了“快车道”。2021 年 1 月至 2023 年 6 月，贵州省在积极争取中央基本建设补助资金、中央彩票公益金支持基础上，进一步加大省级一般公共预算和福利彩票公益金投入，以及新增地方政府专项债券、争取国外贷款资金支持，用于支持老龄事业发展和养老服务体系建设的资金规模达 40.5 亿元。自 2019 年起，世界银行、法国开发署给予联合融资结果导向型贷款项目支持，使贵州省实现了养老服务大踏步前进，取得了一系列成果。

（一）居家社区养老服务格局更加明晰

贵州省民政部门结合全省养老服务发展实际，提出今后一段时期贵州省养老服务将呈现“90-9-1”格局，即全省老年人中，居家养老的约占 90%，涉及生活能够自理的老年人；在社区养老的约占 9%，主要针对轻度和部分中度失能老年人、部分自理老年人；在机构养老的约占 1%，主要针对重度失能老年人、部分中度失能老年人。社区养老服务主要依托社区嵌入式养老机构、社区养老服务站，为重度失能、中度失能和自理老年人提供长期照料、短期托顾、日间照料、助餐助浴助医助行助洁助急、文化

娱乐等养老服务，并且为居家养老服务提供支撑，解决“90-9-1”养老服务格局中9%部分老年人的养老服务需求。贵州省“90-9-1”养老服务发展格局及思路表明，居家和社区养老服务占比为99%，反映出居家和社区养老服务是贵州省养老服务发展体系中的重中之重，是未来全省养老服务发展的主要领域。老年健康支撑体系逐步完善，基本建立起“预防、治疗、照护”三位一体的老年健康服务模式，65周岁及以上老年人在基层医疗卫生机构免费获得健康管理服务。

（二）城市居家社区养老服务网络织密兜牢

2008年，全国老龄办、国家发改委等10部门联合发布《关于全面推进居家养老服务工作的意见》，明确规定了推行居家养老服务的工作任务和保障措施，并将居家养老界定为政府和社会力量依托社区，为居家的老年人提供生活照料、家政服务、康复护理和精神慰藉等方面服务的一种服务形式。居家养老可以为老年人提供多方面的上门养老服务。与传统家庭养老模式相比，居家养老会根据服务对象特点提供有针对性的服务内容，具有成本较低、覆盖面广、服务方式灵活等特点。贵州省开展城市居家社区养老服务工作，一是重点完善城区老年养护楼、街道嵌入式养老机构、社区养老服务站等基础养老服务设施。例如，贵阳贵安打造“15分钟养老服务圈”，让社区范围内的老年人享受到便捷周到的服务。截至2024年6月，该新区建有福利院2家、养老院80家、街道养老服务中心42家、社区养老服务站337个，实现了140个生活圈设施全覆盖，让更多老年人尽享养老生活、乐享养老服务。二是加强服务供给。第一，发展助餐服务。贵阳市、遵义市、六盘水市、黔南布依族苗族自治州依托居家和社区基本养老服务提升行动，探索开展助餐等上门服务，其中贵阳市对为社区老年人提供助餐服务的站点每年给予1万~10万元不等的补贴。黔东南苗族侗族自治州、安顺市等市（州）也在试点助餐服务，如黔东南苗族侗族自治州2023年下拨200万元资金开展助餐服务试点，安顺市2021年、2023年共下达福彩公益金105万元补助7个社区“长者食堂”试点建设。第二，发展助浴服务。印发《关于开展特殊困难老年人家庭适老化改造和居家养老上门服务试点工作方案》，为符合条件的特殊困难老年人提供助浴服务。贵阳市、遵义市等以社区养老服务站点为依托，探索开展居家上门助浴服务。第三，发展“互联网+养老服务”。积极推进全省养老服务云平台项目（一期工程）建设，为掌握养老服务发展情况和制定政策提供决策依据，平台于2021年12月上线运行。按照新国发2号文件提出的“将贵州建设为数字经济发展创新区，推动数字经济与实体经济融合发展”的要求，正在统筹推进贵州省智慧养老云平台（二期工程）有关建设工作。第四，鼓励智能化养老产品的开发。鼓励企业积极参与共同建设“乌江实验室”重大平台项目，通过政产研学用“五位一体”的有效合作，加强与清华大学等高校的深入合作，实现公共技术研发和产业资源对接服务。积极申报2021年、2022年智慧健康养老产品及服务推广目录，其中贵州贵铝现代城市服务有限公司被命名为“智慧健康养老示范企业”。三是同步推进居家适老化改造。《贵州省推进基本养老服务体系建设实施方案》中明确，提升基本养老服务便利化、可及化水平，以满足居家生活照料、起居行动、康复护理等需求为重点，对纳入分散特困供养的失能、高龄、残疾老年人家庭实施居家适老化改造，积极推进居家适老化改造和无障碍环境建设。家庭养老床位建设主要分为适老化改造、智能化改造。建设内容主要包括：适老化改造，服务机构根据需要对老年人住所的卧室、卫生间、浴室等关键位置进行适老化改造，配备必要老年用品，改善老年人的居住环境，营造无障碍空间，为老年人居家安全和上门服务有效开展提供保障；智能化改造，服务机构为老年人住所安装必要电子信息服务设备，包括无线紧急呼叫设备、睡眠监测设备、烟雾/燃气报警器、自动感应灯具、门磁感应等智能化设备，增强老年人居家生活的安全性、便利性和舒适性。

（三）农村居家社区养老服务水平逐步提升

一是健全县乡村居家社区养老服务设施建设。打造“县级中心敬老院—乡镇区域性敬老院—村级农村幸福院”设施体系，在县级打造能够照护重度失能老年人的县级标准化特困供养机构，在乡镇打造能够照护中度失能老年人、自理特困老年人的乡镇区域性养老服务中心，在村（寨）打造可供居家老年人开展社交娱乐、老年教育等活动的养老服务站点。目前，全省运营的农村幸福院1707家，可供农村老年人开展文化娱乐、老年社交、手工编织、助餐等活动。二是开展农村居家养老服务试点工作。首先，积极争取居家和社区基本养老服务提升行动项目，2021—2023年连续

3 年，贵阳市、遵义市、六盘水市和黔南布依族苗族自治州被纳入试点范围，获得中央资金补助 1.29 亿元，建立政府购买服务制度，为特殊困难老年人提供助餐、助浴、助洁、助医以及代办代购、精神慰藉等上门服务。黔南布依族苗族自治州制定《黔南州提升农村养老服务质量若干措施》，聚焦分类施策，个性化开展养老服务供给，推进农村养老服务管理能力升级。其次，创建村级示范养老服务设施。坚持省级抓示范、市州抓统筹、县级落实社区养老服务设施建设主体责任，在全省创建 100 个示范性农村互助幸福院，由省、市、县统筹资金给予运营补贴，引领带动农村居家社区养老服务生态形成。最后，印发《关于开展特殊困难老年人家庭适老化改造和居家养老上门服务试点工作方案》，为 1300 户特殊困难家庭提供居家养老上门服务。

（四）老年友好型社区建设稳步推进

贵州省积极推动全国示范性老年友好型社区创建。2021—2023 年，全省成功创建全国示范性老年友好型社区 77 个，老年人社会参与的渠道不断拓宽，老年教育、文化、体育等设施和服务明显改善，建成老年大学省、市、县、乡、村五级办学网络，实现县级以上老年体育活动中心全覆盖。持续推进全省城乡社区不断改善老年人生活环境，提高为老服务水平，推进老年友好社会建设，切实提升老年人的获得感、幸福感和安全感。

表 1　贵州省全国示范性老年友好型社区分布及数量

市（州）	2021 年	2022 年	2023 年	小计
贵阳市	3	4	5	12
遵义市	3	1	1	5
六盘水市	3	3	3	9
安顺市	3	2	2	7
毕节市	3	3	2	8
铜仁市	3	2	2	7
黔东南苗族侗族自治州	3	4	4	11

续表

市（州）	2021 年	2022 年	2023 年	小计
黔南布依族苗族自治州	3	4	3	10
黔西南布依族苗族自治州	3	2	3	8
合计	27	25	25	77

数据来源：2021—2023 年国家卫生健康委、全国老龄办《关于命名全国示范性老年友好型社区的通知》。

从表 1 可以看出，贵阳市、黔东南苗族侗族自治州和黔南布依族苗族自治州创建的全国示范性老年友好型社区数量分别位列贵州省前三位，而从全省各市（州）的老龄化率来看，铜仁市、黔东南苗族侗族自治州、遵义市老龄化率居于全省前三位（分别为 17.56%、17.09%、17.05%）。因此，除黔东南苗族侗族自治州外，部分市（州）老龄化率和示范性老年友好型社区数量呈现出一定程度的倒挂现象，应引起相关市（州）重视，以创建全国示范性老年友好型社区为重要契机，补齐居家和社区养老服务的短板。

三、贵州省居家社区养老服务存在的问题

（一）体制机制有待完善

贵州省发布了一系列关于居家社区养老服务的制度、方案等文件，但尚未形成养老服务发展的总体方案。从地方实践看，部分市、州也只是在局部进行了零星探索，尚未形成老年人全生命周期解决方案的政策链和服务链。由于全省区域发展不平衡、不充分，各市（州）、各县（市、区）缺乏养老服务设施规划的总体谋划，导致当前养老服务设施布局相对零散、不成规模。虽然国家有相关规定，但部分新建小区养老服务设施配套用房移交政策落实难，老旧小区养老配套用房协调难或面积不达标等，制约了社区居家养老服务工作的开展。按照《贵州省推进基本养老服务体系建设实施方案》的要求，各地养老服务设施布局专项规划目前仅有个别

市、县编制完成。与此同时，养老服务设施布局专项规划并没有与市（州）、县、乡镇级国土空间总体规划进行充分衔接，对养老服务设施设计和施工过程中项目的合规性造成一定影响。

（二）社区养老机构建设缺口较大

全省社区养老服务主要依托街道嵌入式养老机构和社区养老服务站，但存在建设不足、缺口较大的问题。省民政厅数据显示，在街道嵌入式养老机构数量上，目前全省有 173 个街道嵌入式养老机构，3 个区拥有超过 5 个街道嵌入式养老机构，74 个县（区）拥有 1~4 个街道嵌入式养老机构，仍有 9 个县没有街道嵌入式养老机构，全省街道嵌入式养老机构共缺口 90 个。在社区养老服务站数量上，存在总体普遍不足问题，尤其是老旧小区缺口较大。2013 年，国务院发文要求，必须按照人均用地不少于 0.1 平方米的标准配齐社区养老服务设施。贵州省有 4623 个城市社区，社区养老服务设施共缺口 2219 个，缺口比例达 48.0%，特别是老城区配齐养老服务设施成本高、难度大，补齐养老服务设施短板的任务较为艰巨，需要逐步配齐社区养老服务设施。

（三）社区养老服务供给不足

贵州省尚未出台购买社区养老设施运营服务政策，没有形成制度化的政府购买社会服务机制，社区养老服务功能作用尚未充分发挥。从当前的社区养老服务供给来看，仍然存在不平衡、不充分的问题，部分区域的城市社区养老服务设施覆盖面不够，自 2019 年实施普惠养老城企联动专项行动以来，共获得中央预算内投资支持的养老服务领域项目 73 个，其中普惠养老城企联动项目 18 个，仅占 24.66%。社区养老服务设施运营存在较多困难，服务能力有待进一步优化提升。部分社区养老服务设施缺乏运行资金和专业管理团队，建设和管理脱节、养老服务设施闲置等现象不同程度存在，难以满足托老、助餐、助洁以及医疗保健等专业化服务需求。当前，已经投入运营的 173 个街道嵌入式养老机构中，91 个引入了专业运营团队，能够提供日间照料、助餐等专业化养老服务，其余的由居委会或者个人运营，只能提供基本的场所维护、卫生保洁服务。社区养老服务设施主要是面向活力老年人的公益服务，老年人更愿意接受免费服务，不愿意花钱购买增值服务，社区养老服务站缺乏盈利点和稳定的盈利模式，市场主体参与提供养老服务意愿低，难以提供丰富多元的服务内容，可持续性受到影响。目前，大部分街道嵌入式养老机构只发挥了就近长期照护功能，没有发挥资源整合、日间照料、健康监测、上门服务、支持社区养老服务站等“枢纽”功能。社区养老服务站大多只发挥了老年人助餐和文化娱乐功能，成为健康状况良好的老年人的文化娱乐活动场所，基本不具备上门服务、健康监测、养老咨询等服务前哨功能，缺乏动力发展满足失能失智老年人照护刚需的相关服务。此外，社区养老服务站普遍未建立服务质量标准，距离标准化、规范化要求差距较大。投入运营的 716 个城市社区养老服务站，仅有 241 个由专业运营商运营，仍然有大量街道嵌入式养老机构和社区养老服务站尚未实现专业化运营，社区养老服务设施设备配置、服务质量等尚未制定实施省级标准，存在缺乏服务标准、规范化不足的问题。

（四）养老服务需求旺盛但消费不足

随着老年人口的逐年增加，对养老服务的需求与日俱增，不论是社区还是居家养老，重点和落脚点都在于提供专业舒适、方便可及的养老服务，但市场很大、消费不足仍然是目前以及今后存在的问题。总体来看，社区居家养老服务普遍存在供需不平衡问题。一方面，老年人有较强的服务需求，但未得到充分满足；另一方面，由于老年人消费不足、支付能力有限，居家养老服务的利用率较低。贵州省民政厅数据显示，贵州省养老金每月高于 3000 元的有 100.9 万人，全省机构照护服务平均价格每月 3500 元，依靠自身收入购买机构照护服务的老年人约占 11%，不能依靠自身收入购买机构照护服务的老年人约占 89.2%；全省养老机构开展的居家上门助餐服务每天 500 人次左右，老年人自费的助浴、助医、助行、助洁、助急和居家适老化改造等上门养老服务项目实际需求稀少，只有零星开展。目前，城市运营的 716 个城市社区养老服务站、173 家街道嵌入式养老机构、314 家养老机构，以及其他大量家政服务类机构，都具备提供居家上门服务的潜力，但从社会化居家上门服务试点的情况看，由于成本高、老年人支付能力有限、老年人支付意愿不强，难以解决失能照护问题，加之不同地区、不同机构的服务水平参差不齐，难以满足大多数老年人的居家社区养老服务需求，居家上门养老服务潜在需求大多没有转化为实际需求，导致业务不可持续。多数市、州由于有效需求少，供给没有充分释放，大部分还没有开展社会化居家上门服务，加之服务标准化、规范化水平低，居家上门养老服务目前尚在形成和发展初期。此外，在农村地区，大规模的人口乡城迁移，相比于城镇地区，农村地区已经提前步入中度老龄化社会，人口老龄化速度更快、程度更高，形成农村人口老龄化程度超过城镇人口程度的老龄化“城乡倒置”现象。随着第一代农民工超龄回乡，农村面临的老龄化进程将进一步加深，给农村老年人的养老、医疗、照料等带来新的压力和挑战。

四、助推居家社区养老服务高质量发展的对策与建议

（一）完善顶层设计和体制机制

体系完备、运行良好的体制机制是贵州省居家社区养老服务工作行稳致远的重要支撑。一是树立全生命周期是积极应对人口老龄化顶层设计的核心理念，着力完善养老服务的供给体系、政策支撑体系、保障体系，推进养老服务政策创制。争取以省委、省政府名义出台“关于推进贵州养老服务体系建设高质量发展的意见”等文件，对基本养老、居家养老、社区养老、机构养老、医养康养、养老服务监管、养老服务保障等方面作出系统性、全面性、工程化的部署安排；同时以多个配套文件为支撑，细化今后全省养老服务的工作目标、任务清单、实现路径、各级责任和验收标准等，突出解决养老服务供需匹配、服务质量、体系融合、资产优化盘活、资金保障、风险防范等方面的困难问题。二是进一步发挥省养老服务联席会议制度的作用，形成跨部门的涉老配套政策设计，在规划制定上加强部门之间的沟通协调，编制居家社区等养老服务设施建设专项规划，做好并优化与相关的上位、同位及下位规划之间的衔接；同时，发挥社会力量，征求并采纳相关部门和社会公众、利益相关方等各方意见，达成各有关部门推进养老服务有序健康发展的共识，树立养老服务体系建设的“一盘棋”思维，形成全社会的合力，积极应对贵州省城乡人口老龄化的发展，及时协调解决养老服务领域重点问题。三是完善资金保障和考核监督机

制。加大在养老领域基本公共服务的资金投入，保障基本养老服务供给和支出；落实贵州省养老服务综合监管制度，持续将养老服务重点指标纳入省对市、县高质量发展绩效评价，定期开展工作检查，及时解决困难问题。

（二）加强城乡居家社区养老服务供给力度

一是加快补齐基础性养老服务设施建设短板。持续推进社区、街道养老服务设施和社区养老服务站建设，完善居家养老服务支持网络。大力推进社区嵌入式养老服务，探索依托社区设施提供方便可及的养老服务，满足老年人原居安养的需求，在老年人口超过 5000 人的街道建设集日托、全托、助餐、辅具推广等功能于一体的枢纽型街道养老服务中心，满足老年人的养老服务需求。大力发展社区养老服务站，基本形成遍及街镇、村（居）的社区养老服务设施网络；探索推进家庭照护床位，充分依托机构的专业资源，将专业照护服务延伸到家庭，满足老年人居家照护需求。完善农村乡镇区域中心养老院、村居示范型农村互助幸福院的养老服务网络建设。根据具体条件和需要，提升改造农村区域性养老服务中心，发展具有农村特色且具有一定专业水平，提供托养、助餐等服务的区域性中心养老院。积极推进老年人居家环境适老化改造。采取政府补贴的方式，对纳入分散供养特困人员和经济困难的高龄、失能、残疾老年人家庭进行适老化改造，重点改造符合条件的老年人家庭物理环境，提升居家生活的舒适度和便利度。二是加强养老服务供给主体的积极性。社区养老服务主要定位为公益性质，从保基本的层面看，制定和实施以公益性为核心的居家社区养老服务运营政策，加大相关经费投入力度，由政府购买社区养老服务设施的专业化运营服务，加强政府对社区养老服务购买力度，在世行项目覆盖的贵阳、遵义、六盘水、黔南、黔西南 5 个市（州），对低保家庭中 60 周岁及以上重度失能老年人购买居家上门照料、家庭“喘息”等方面的服务，确保社区养老服务设施公平、免费向老年人提供基本公共服务。与此同时，加大市场化供给和运营奖补和优惠力度，政府建设的养老机构尽量零租金、低租金提供给运营商，减轻运营商固定资产投入，最大限度实现轻资产运营，支持鼓励市场化养老服务运营商细分养老服务市场，精准对标服务对象，设计开发出符合目标群体的服务和产品。三是加强人才队伍建设。加大专业人才培养力度，在省内本科高校和职业院校开设康复治疗学、中医康复技术、社区康复和护理等专业，确保人才培养的梯度性和层次性；落实就业补贴发放政策，鼓励和引导毕业生从事养老服务行业相关工作，按规定给予企业吸纳高校毕业生一次性就业补贴、社会保险补贴等政策扶持，在待遇、补贴发放、荣誉感等方面予以一系列政策和资金支持。

（三）更好满足城乡居家社区养老服务需求

一是根据贵州省各地社会经济发展水平、养老服务需求实际，制定符合当地特色的居家社区基本养老服务政策及清单，更好地满足属地老年人多样化、多层次的养老服务需求；聚焦失能失智、高龄独居、特困人员、计划生育特殊家庭等特殊困难老年人长期照护需求，兼顾自理老年人养老服务需求，持续推进基本养老服务均等化。二是更加注重多元化和个性化需求。随着老年群体结构的变化，出生于 20 世纪 60 年代的人口群体逐渐进入老年阶段，并将在未来 10 余年间保持每年 2000 万人以上的增量，被称为“新老人”群体。这个年龄段的人群具有更高的受教育水平、更强的消费能力、更新潮的消费理念以及更丰富多样的需求，对养老服务的需求逐渐从生存型向享受型转变升级。三是建设完善精准对接需求和供给，贯通市场、政府和老年人的智慧养老服务云平台，继续推进贵州省养老服务云平台（一期）项目建设，完善服务内容，实现网上供给、网上下单、网上监管、网上补贴的“一站式”服务，进一步提升养老服务及管理水平。在服务及产品的设计和研发层面，应更加注重满足这一群体的多元化需求及个性化体验，融合应用大数据、物联网等信息技术，采集居家环境、人体体征等数据，实现养老机构、医疗、家庭资源信息互联互通共享，提供智能化、个性化、多样化的产品和服务，更好地促进银发经济的高质量发展。

（四）营造良好社会氛围

一是完善城市社区老年人优待服务。在实施《2022 年推行适老化交通出行服务工作实施方案》《2023 年持续提升适老化无障碍交通出行服务等 5 件更贴近民生实事工作方案的通知》等文件的基础上，继续为老年人提供“便利老年人打车”“打造敬老爱老城市公交车线路”“新增及更新低地板及低入口城市公交车”“城市公交车站台适老化改造”“地铁上下车无障碍渡板配备”等优待服务。二是加大无障碍设施改造力度。结合人行道净化等工作，抓好人行通道、人行天桥、人行地下通道无障碍设施改造。三是以创建“全国示范性老年友好型社区”为契机，启动创建“省级示范性老年友好型社区”工作，在提质扩面的同时，让服务资源下沉，弘扬敬老、养老、助老的社会风尚，推动全龄友好家庭的建设，努力构建积极有效的代际沟通模式，实现相互尊重、相互理解、相互关爱和相互支持。

Ⅲ 专项报告篇

B.5 贵州省养老产业发展报告

黄德林*

摘要： 本报告以贵州省统计局2023年养老产业相关数据为基础，结合贵州省各级政府尤其是养老产业部门工作报告和相关公开数据与资料，全面回顾贵州省进入老龄化社会以来养老产业发展历程。紧紧围绕贵州省养老产业现状、优势、机遇、挑战等方面展开深度分析，对全省养老产业发展提出相关对策建议。

关键词： 贵州省　养老产业发展　分析研究

养老产业是随着经济社会和人口老龄化发展、老年人收入保障水平提高、消费能力增强后得到快速发展的新兴产业，涵盖了第一产业的老年食品生产、加工，第二产业的老年产品、用品制造，第三产业的老年消费等养老服务，具有涉及面宽、产业链长、促进就业效果明显等特点。发展养老产业、不断满足老年人多样化养老服务需求，不仅是积极应对人口老龄化的长久之计，更是新常态下促进经济增长的重要途径。

一、贵州省养老产业发展现状

党的二十大报告提出，实施积极应对人口老龄化国家战略，发展养老事业和养老产业，优化孤寡老人服务，推动实现全体老年人享有基本养老服务。这为养老产业发展指明了方向。2003年贵州省迈入老龄化社会，经过21年的发展，全省老龄人口不断增长，"十二五"以来，全省人口老龄化进程加速并走向峰值。近年来，贵州省委、省政府积极应对贵州省人口

---

* 黄德林，贵州省社会科学院拔尖人才工作室首席专家，二级研究员，博士研究生导师。

老龄化，把握经济发展新常态，大力推进全省养老产业高质量发展。

（一）养老产业发展服务供给能力不断增强

截至2024年上半年，全省城市投入运营的314家养老机构中，公建民营养老机构有112家，占机构总数的35.7%；民建民营养老机构有116家，占机构总数的36.9%。227家公建民营和民办养老机构中，有68家分布在县、自治县，占30%，其余159家均分布在各市、州中心城市，占70%。结合贵州省实际，今后一段时期全省养老服务可能呈现“90-9-1”格局，即居家养老的老年人约占90%，主要是自理老年人；社区养老的老年人约占9%，主要是轻度和部分中度失能老年人、部分自理老年人；机构养老的老年人约占1%，主要是重度失能老年人、部分中度失能老年人。全省以居家为基础、社区为依托、机构为补充的多层次养老服务体系不断健全。

（二）养老产业发展政策日趋完善

贵州省委、省政府高度重视养老事业和养老产业的发展，近年来，先后出台《贵州省城乡居民基本养老保险实施办法》（黔府发〔2014〕20号）、《关于支持社会力量发展养老服务业的政策措施》（黔府办发〔2015〕5号）、《贵州省老年人优待办法》（黔委厅字〔2015〕83号）、《贵州省老年人权益保障条例》（2016年11月24日贵州省第十二届人民代表大会常务委员会第二十五次会议通过）、《关于全面放开养老服务市场提升养老服务质量的实施意见》（黔府办发〔2018〕17号）、《省养老服务工作联席会议关于印发贵州省深化养老服务改革发展若干措施的通知》（黔养老联发〔2020〕1号）、《贵州省养老服务条例》（贵州省人民代表大会常务委员会公告，2021第15号）、《省人民政府办公厅关于建立健全养老服务综合监管制度促进养老服务高质量发展的实施意见》（黔府办发〔2021〕33号）、《省人民政府办公厅关于印发贵州省促进养老托育服务高质量发展实施方案的通知》（黔府办发〔2022〕6号）、《省人民政府关于印发“十四五”贵州省老龄事业发展和养老服务体系规划的通知》（黔府发〔2022〕11号）、《省民政厅等九部门关于开展特殊困难老年人探访关爱服务的实施方案》（黔民发〔2023〕9号）、《省人民政府办公厅关于印发贵州省推进基本养老服务体系建设实施方案的通知》（黔府办发〔2023〕21 号）、《关于加强养老服务人才队伍建设的意见》（民发〔2023〕71 号）、《关于加快发展农村养老服务的指导意见》（民发〔2024〕20 号）等政策文件，贵州省养老产业发展政策体系日趋完善。这些政策文件概括起来有三个特点：一是发布频度密集；二是涉及范围广泛；三是强调部门合作上下联动。这些政策文件为贵州省养老产业发展提供了政策支撑。

（三）养老产业发展模式不断创新

贵州省积极探索创新"养中有医""医中有养""医养协作"等医养结合模式。截至 2023 年 6 月 30 日，贵州全省城市投入运营的 314 家养老机构中，公建民营养老机构 112 家、民建民营养老机构 116 家，社会力量运营的养老床位占床位总数的 52.93%；探索建成皇钻养老中心与皇钻老年护理院、康园老年公寓与康园中西医结合医院等一批集养老、专业护理、慢性病管理、疾病康复于一体的多功能综合养老、康复模式。

二、贵州省养老产业发展优势

（一）养老环境得天独厚

1. 气候宜人，特别适宜避暑养老

贵州属亚热带湿润季风气候，大部分地区年平均温度在 15℃左右，冬无严寒、夏无酷暑，适宜四季养老。大部分地区夏季 6～8 月凉爽舒适，是避暑胜地。2022 年贵阳市再次获得"中国最佳避暑旅游城市"殊荣，这已是该市自我国 2017 年开展这项评选活动之后第三次获得该称号，足以看出贵阳确实气候宜人。六盘水市拥有"中国凉都"称号，安顺市、毕节市被评为全国避暑旅游城市，适宜避暑养老。

2. 空气质量好、水质条件优，特别适宜健康养老

贵州空气质量居全国前列。2024 年 4 月，全省 9 个中心城市环境空气质量平均优良天数比率为 97.8%，同比上升 1.9 个百分点，PM2.5 平均浓度为 22 微克/立方米，同比下降 15.4%；2024 年 1～4 月，全省 9 个中心城市环境空气质量平均优良天数比率为 98.2%，同比上升 1.3 个百分点，

PM2.5 平均浓度为 26 微克/立方米，同比下降 18.8%。2024 年 3 月，在全国 168 个重点城市空气质量排名中，贵阳市位列第 4，仅次于拉萨市、海口市、张家口市。2023 年，全省 9 个中心城市环境空气质量平均优良天数比率为 98.6%、PM2.5 平均浓度为 23.4 微克/立方米，119 个地表水国控断面水质优良比率为 99.2%、247 个地表水省控断面水质优良比率为 98.4%，无劣Ⅴ类水体；主要河流出境断面水质优良率为 100%，县级及以上集中式饮用水水源地水质达标率为 100%。

3. 海拔适中、纬度适宜，特别适宜全域养老

贵州属云贵高原，地处北纬 24°37′~29°13′，平均海拔约 1000 米，绝大部分地方处于人体对大气压感觉最佳的 500 米到 2000 米海拔高度，最适合人居住、生活。其中，威宁是“贵州阳光城”，罗甸是“贵州最佳避寒地”，花溪是“一级气候养生地”，平塘是“云上大塘·最美茶乡”，铜仁梵净山、赤水市、凤冈县是“中国天然氧吧”，这些气候旅游品牌逐渐显现效应，特别适宜全域养老。

贵州宜人的气候，优质的空气和水源，适宜的海拔和纬度，形成了有益于老年人身心健康，促进老年人长寿，适宜老年人四季居住、生活的良好环境。

一是有益于老年人身心健康。由于身体机能的原因，老年人对气候、空气质量、海拔高度敏感，高温或低温、高海拔、雾霾都可能对他们的生活和身体产生不良影响，容易使人疲劳、烦躁和发怒，引发老年人脑血管病、心脏病和呼吸道等疾病，加大了老年人死亡风险。良好的气候、优质的空气质量、适宜的海拔高度可以让老年人生活愉悦，减少疾病发生，促进老年人健康长寿。

二是深化拓展老年健康服务。贵州空气好、水质好、生活习惯好，癌症发病率明显低于全国平均水平，这与贵州的好山好水分不开，同时与贵州养老健康服务密不可分。2023 年，贵州省两证齐全医养结合机构 102 家，二级及以上综合性医院设立老年医学科比例达 74%、老年友善医疗机构比例达 90%，提前完成国家 2025 年目标任务。三级中医医院全部设置康复（医学）科，204 家基层医疗卫生机构开展居家老年人医养服务。超额完成 65 周岁及以上老年人健康体检、白内障筛查任务。遵义市、黔东南苗族侗族自治州、黔南布依族苗族自治州获批国家第三批安宁疗护试点。

创建全国医养结合示范县2个、示范机构1家、示范性老年友好型社区25个，新增省级医养结合示范县7个。“健康敲门行动”为12.19万名失能老年人提供免费服务。

三是促进老年人长寿。随着经济发展、医疗保障水平提高，贵州省良好生态环境促进了健康长寿。根据贵州省统计局公布的《贵州省第七次全国人口公报》，截至2020年末，贵州省常住人口达到3856.21万，其中60周岁及以上人口占比15.38%，达到593.14万；65周岁及以上人口占比11.56%，达到445.65万。与2010年第六次全国人口普查相比，65周岁及以上人口比重上升了2.99个百分点。此外，贵州省人均预期寿命达到75.2岁，而在“十四五”规划期间，贵州省预计人均寿命提升至78周岁左右。全省涌现出石阡县、印江土家族苗族自治县、罗甸县、兴仁市、赤水市等一批“中国长寿之乡”“贵州长寿之乡”。第七次全国人口普查数据显示，贵州全省共有60周岁及以上老年人593.14万人，占人口总数的15.38%，比全国老龄化率平均水平（18.7%）低3.32个百分点，老龄化率居全国第24位。其中，铜仁市、黔东南苗族侗族自治州、遵义市老龄化率居全省前三位，分别为17.56%、17.09%、17.05%。遵义市城乡老年人总数112.65万人，居全省之首，占全省老年人总数的19%。毕节市、六盘水市、贵阳市老龄化率位列全省最后三位，分别为13.84%、13.52%、13.30%。

四是适宜老年人四季居住、生活。贵州大部分地区年平均温度在15℃左右，冬无严寒，夏无酷暑，处于最适合人居住的湿度范围；4月至10月自然生活舒适度好，5月至9月生活舒适度高，6月至8月气候凉爽、适宜避暑。同时，贵州山地气候明显，红水河、赤水河、都柳江等河谷地带冬季气温高，适宜冬季避寒。可以说，贵州省的一年四季都适宜老年人居住、生活，特别适宜避暑养老。

（二）养老资源独一无二

1. 生态资源独特

贵州山美水美，适宜发展田园生态养老和老年旅游等生态养老服务。贵州省是国家生态文明试验区，2023年全省森林覆盖率达63%，拥有众多自然保护区、风景名胜区、地质公园、森林公园、湿地公园、世界自然遗产地、生态示范区、生态示范村、森林康养基地，正在建设“多彩贵州公园省”。全省河流数量较多，八大水系（乌江、沅水、都柳江、牛栏江—横江、南盘江、北盘江、红水河、赤水河）长度在10千米以上的河流有984条，现有大中型水库2630座，水面面积1521.9平方千米。河流、水库风光秀美。自然风貌、田园风光、山水风情灵秀俊美，空气中负氧离子浓度高、地磁辐射弱，被誉为“大氧吧”“大公园”。贵州地处云贵高原，山地众多，温泉资源尤其是“山地温泉”资源丰富，目前已探明237处单体温泉旅游资源涵盖全省10个行政区划地、72个县（区），包括遵义市（46处）、铜仁市（44处）、贵阳市（26处）、黔西南布依族苗族自治州（21处）、黔东南苗族侗族自治州（18处）、安顺市（15处）、毕节市（15处）、黔南布依族苗族自治州（15处）、六盘水市（14处）以及贵安新区（1处）等。其中，三级以上优良级天然资源68处，优良级天然温泉资源77处，属我国温泉资源较多省份之一。贵州温泉富含多种有利于人体健康长寿的微量元素，拥有“国泉神汤·息烽温泉”、石阡“中国温泉之乡”、保利“中国十大温泉度假区暨温泉度假饭店”等品牌，息烽温泉、遵义海龙温泉、剑河温泉等温泉具有独特的保健养生功效。利用丰富的自然生态、景区、公园、田园、山水等生态资源优势和条件，发展田园生态养老、森林生态养老、景区生态养老和老年旅游服务等生态养老服务，能很好满足异地老年人亲近生态环境，享受自然、和谐、乡土之美的养老服务需要。

2. 民族医疗独特

夜郎无闲草，黔地多灵药。贵州苗族药、侗族药、布依族药、水族药等民族药种类繁多、效果独特。苗族、布依族、侗族、水族等少数民族拥有不少疗效独特、健康养生的民族单方、验方、医技、食谱。发挥丰富、独特的民族医药、医疗资源优势，开展老年病治疗，可以促进老年康复、老年健康，造福老年人。

3. 民族文化独特

贵州独特的民族文化，适宜发展民族健康养老产业。贵州独特的民族节庆文化，如苗族“药王节”、布依族“六月六”、水族“端节”、瑶族“盘古节”等民族传统节日包含各类健康养生文化。独特的民族饮食文化，适合老年人口味。贵州拥有多元饮食习俗，特色农产品、食药材资源丰富、优质、价廉，9个市（州）饮食各有特色，如贵阳肠旺面、水城羊肉粉、遵义米皮、贞丰糯米饭等地方特色饮食，凯里苗族的酸汤鱼、兴义布依族狗肉汤锅等民族特色食品均具有调节血压、开胃健脾、滋补提神等作用，对促进老年康复、老年健康、老年养生等有独特效果，是老年人养生、保健的理想食品。

4. 农产品独特

贵州特色农产品资源丰富，有富硒米、富硒萝卜干、富锌富硒茶等系列特色农产品。有全球最主要的薏仁米种植、加工和销售集散地，有全国最大的茶叶生产基地、火龙果生产基地，有南方最大的夏秋反季节蔬菜基地、蓝莓生产基地。这些农产品，可以通过标准化生产、加工处理，针对老年人特点生产成老年食品，满足老年人生活消费需求。

（三）养老特色突出

近年来，贵州省着力推进山区新型城镇化建设，建成了数量众多的生态环境与生活环境好、出行便捷的特色城镇、特色村寨。截至 2023 年，贵州全省已拥有国家级和省级历史文化名城 9 座、名镇 16 个、名村 28 个，中国传统村落 757 个，国家级和省级少数民族特色村寨 1640 个，全国重点文物保护单位 81 家，国家工业遗产 6 项，全球和中国重要农业文化遗产 5 项，国家级和省级非物质文化遗产代表性项目共 727 个 1184 处。共核定公布历史文化街区 20 片、确定公布历史建筑 1600 处。与 2015 年相比，历史文化街区的数量翻了 10 倍，历史建筑的数量翻了近 50 倍。其中遵义市、镇远县分别于 1982 年、1986 年获得第一、二批国家历史文化名城称号。这些特色城镇、村寨资源丰富、基础条件好，通过适老化改造，可以建设“老年宜居社区（养老社区）”“老年宜居村寨（养老村）”“老年宜居镇街（养老小镇）”，成为老年人宜居场所，接待外地老年人前来避暑养老、异地养老。

（四）旅居养老出行便捷

贵州省是中国生态最好的省份之一，这里有质量良好的空气，迷人的山水和浓郁的民族风情，交通便捷，越来越多的人在饱览秀美风光的同时，希望在这里找个地方旅居养老。贵阳市引领的黔中经济区，北邻成渝，东近长株潭，南靠北部湾经济区，西接环东盟经济区，区位优势突出，是中国西部的“十字路口”。全省铁路总里程达 4256 千米（其中高速铁路 1808 千米），实现了与全国主要城市的无缝衔接；2023 年底，全省高速公路通车总里程达 8784 千米，总规模排全国第 5 位、西部第 3 位，实现了县县通高速公路；建成了贵阳龙洞堡国际机场和遵义、毕节等“一干九支”民用机场网络。“十四五”期间，贵州省还将建成环贵州高速公路网、省会贵阳市至市（州）中心城市 2~3 小时高铁交通圈。交通出行条件的改善，为省外老年人来贵州居住、生活、旅游提供了便利。

（五）劳动力资源丰富

养老服务业为主的养老产业，是劳动密集型产业。国际公认的护理人员与老年人之比是 1∶3。发展养老服务，既需要高端的现代企业管理人员、中端的专业护理人员，也需要大量护工、家政服务等人员，可以吸纳不同教育背景的人员就业。同时，养老服务业受经济周期影响较小，从业人员波动不大，对缓解就业形势、促进灵活就业等具有很好的效果。贵州省是劳动力大省和劳务输出大省，2023 年全省农村劳动力在省外务工人数超过 350 万人，现有劳动力足够满足养老产业发展需要。同时，通过养老产业发展，促进就地就业，还能减少外出成本，减少两地分居、老少分离，促进家庭与社会的和谐。

三、发展要求、机遇与挑战

（一）发展要求

1. 习近平新时代中国特色社会主义思想要求我们要加快发展养老产业，使养老产业成为贵州省调结构、惠民生、促升级的重要力量，成为经济的重要支柱

习近平总书记指出：“一个社会幸福不幸福，很重要的是看老年人幸福不幸福。”① 党的二十大报告提出：“实施积极应对人口老龄化国家战略，发展养老事业和养老产业，优化孤寡老人服务，推动实现全体老年人享有

① 李昌禹．老有所乐：丰富老年人精神文化生活［N］．人民日报，2023-05-22.

基本养老服务。”这为新时代新征程推动养老服务高质量发展指明了前进方向、提供了根本遵循。养老产业成为贵州省调结构、惠民生、促升级的重要力量，成为经济的重要支柱。我国是老年人口大国，2001 年步入老龄化社会，目前已步入老龄化社会加速期。第七次全国人口普查数据显示，2020 年，我国 65 周岁及以上人口占比达到 13.5%。联合国预测，2025 年，中国将进入深度老龄化社会，2040 年进入超老龄化社会。预计到 2050 年前后，我国老年人口数将达到峰值 4.87 亿人，占总人口的 34.9%。2020 年，第七次全国人口普查数据显示，贵州全省 60 周岁及以上老年人口 593.14 万，占比 15.38%；65 周岁及以上老年人口 445.65 万，占比 11.56%。老年人口抚养比由 2010 年的 12.94%提高到 2020 年的 17.92%。习近平总书记指出，“要着力发展养老服务业和老龄产业”①。我国老年群体数量庞大，老年人用品和服务需求巨大，老龄服务事业和产业发展空间十分广阔。要积极发展养老服务业，推进养老服务业制度、标准、设施、人才队伍建设，构建居家为基础、社区为依托、机构为补充、医养相结合的养老服务体系，更好满足老年人养老服务需求。要培育老龄产业新的增长点，完善相关规划和扶持政策。2024 年 3 月 5 日，国务院总理李强在十四届全国人大二次会议上作《政府工作报告》，全文共 13 次提到“养老”这个关键词，另有 7 次提及老年人相关内容。落实习近平新时代中国特色社会主义思想，需要我们坚持以人民为中心的发展思想，认真分析贵州省养老产业发展的基础、条件、优势、问题和不足，挖掘老年用品和服务等养老需求，找准市场、产业发展突破口，广泛吸纳社会资本参与养老产业发展，使养老产业成为贵州省调结构、惠民生、促升级的重要力量，成为经济的重要支柱。

2. 国家层面对贵州省的发展定位以及养老产业发展的系列部署，要求我们必须加快发展贵州省养老产业

《国务院关于支持贵州在新时代西部大开发上闯新路的意见》（国发〔2022〕2 号），赋予了贵州省勇敢闯、大胆试、破难题的政策机遇。贵州省委、省政府把积极应对人口老龄化纳入“十四五”国民经济和社会发展的重要内容。同时也要看到，贵州全省人口老龄化形势日益严峻，老年人

① 林丽鹂 等．因地制宜开展老年助餐服务［N］．人民日报，2024-04-10.

口比例持续上升，人口老龄化增速明显，高龄化现象逐渐凸显，老年人口抚养比进一步加大；意见明确要求贵州要制定基本养老服务清单，对不同老年群体分类提供养老保障、生活照料、康复照护、社会救助等适宜服务。《中共中央关于制定国民经济和社会发展第十四个五年规划和二〇三五年远景目标的建议》明确提出，推动养老事业和养老产业协同发展，健全基本养老服务体系，发展普惠型养老服务和互助性养老，支持家庭承担养老功能，培育养老新业态，构建居家社区机构相协调、医养康养相结合的养老服务体系，健全养老服务综合监管制度。中共中央办公厅、国务院办公厅印发的《关于推进基本养老服务体系建设的意见》《国务院办公厅关于促进养老托育服务健康发展的意见》等文件都明确要求加快养老产业发展，强化养老产品研发和创新设计。健全以企业为主体的创新体系，鼓励采用新技术、新工艺、新材料、新装备，促进“一老一小”用品制造业设计能力提升，完善创新设计生态系统。培育智慧养老托育新业态。发展“互联网+养老服务”，充分考虑老年群体使用感受，研究开发适老化智能产品，简化应用程序使用步骤及操作界面，引导帮助老年人融入信息化社会等。民政部也明确提出将贵州打造为西部养老服务基地，每年国务院大督查都将养老发展作为落实党中央、国务院重大决策部署重要内容进行督查。无论是满足发展定位、走绿色发展之路的需要，还是抓好党中央、国务院关于加快发展养老服务业重大决策部署的落实，都要求发挥贵州优势，积极应对人口老龄化，加快发展养老产业。

（二）发展机遇

1. 养老产业市场潜力巨大

消费群体庞大。根据最新资料，截至 2023 年底，我国 60 周岁及以上老年人口已经达到 29697 万人，占全国总人口的 21.1%。其中，65 周岁及以上老年人口高达 21676 万人，占全国总人口的 15.4%。据预测，2050 年我国老年人口将达到 4.8 亿人。据联合国有关机构统计，到 2050 年，世界人口将达到 90 亿~100 亿人，其中 60 周岁及以上的老年人口将达到 20 亿人，65 周岁及以上的老年人口到 2050 年将达到 15 亿人；到 2050 年，每 5 人中将会有一位老年人；到 2150 年，每 3 人中就会有一位 60 周岁及以上的老年人。这些数据充分说明养老产业市场潜力巨大。

我国老年人口规模庞大，自2000年迈入老龄化社会之后，人口老龄化程度持续加深。中商产业研究院数据库显示，2023年中国60周岁及以上人口29697万人，占全国人口的21.1%，如图1所示。[1]

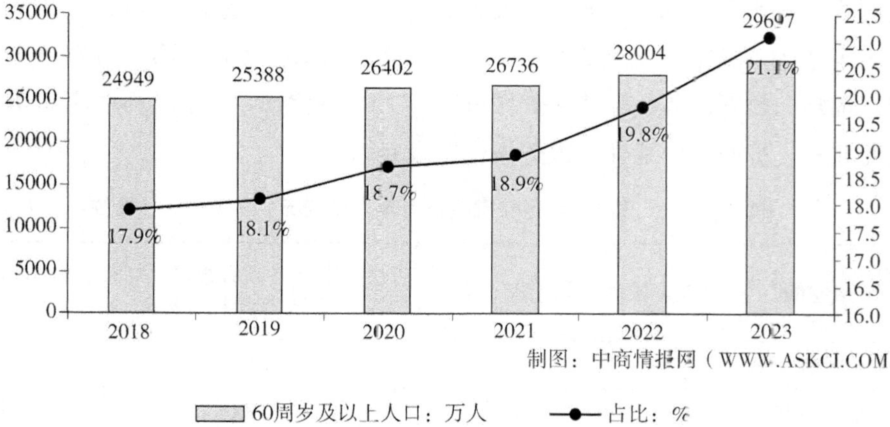

图1　2018—2023年中国60周岁及以上人口数量及占比统计

尚普咨询数据显示，2022年中国养老产业的市场规模达10.4万亿元，同比增长22.3%。养老服务行业作为养老产业的重要组成部分，占据了较大的比重。2022年，我国养老产业占GDP比重8.3%，而美国和欧洲同期的养老产业占GDP比重在24%～29%，说明我国养老产业未来发展空间极大。

2. 避暑养老消费需求日益旺盛

随着全球气候变暖，全国“火炉城市”由20世纪80年代三大“火炉城市”增加为15个，“火炉城市”的老年人已达2900余万人。由于身体机能原因，老年人对气候敏感，高温易致老年人疲劳、烦躁和发怒，同时，高温易引发老年人脑血管病、心脏病等疾病，加大了老年人死亡风险。贵州省周边除昆明市外，其他省会城市都是“火炉城市”，生活在“火炉城市”的老年人很多都有到外地避暑养老、避暑旅游的需求。随着高速铁路的开通，重庆市、四川省的老年人从最初在桐梓、赤水等地夏季避暑养老，目前已深入贵阳市、安顺市、六盘水市、黔南布依族苗族自治州等贵州腹地进行夏季避暑养老。

① 资料来源：中商产业研究院数据库。

3. 旅居养老市场空间不断拓展

近年来，贵州高速公路、高速铁路、航空运输加快发展，极大地改善了贵州出行条件，异地老年人可以经济、便捷地到贵州居住生活、旅游。据测算，贵州 1 小时航空圈（2 小时高铁圈）可覆盖成都、重庆、长沙、南宁等“火炉城市”老年人口，2 小时航空圈（4 小时高铁圈）可覆盖合肥、福州、西安、郑州等“火炉城市”，3 小时航空圈（8 小时高铁圈）可覆盖北京、济南、南京等“火炉城市”老年人口。

表 1 贵州航空覆盖老年人口状况 （单位：万人）

航空圈	“火炉城市”老年人	省会城市（含副省级以上城市、直辖市）老年人
1 小时航空圈	1300	1400
2 小时航空圈	2200	2500
3 小时航空圈	2900	4500

表 2 贵州高铁覆盖老年人口状况 （单位：万人）

高铁圈	“火炉城市”老年人	省会城市（含副省级以上城市、直辖市）老年人
2 小时高铁圈	1300	1400
4 小时高铁圈	1700	1800
8 小时高铁圈	2900	4500

4. 智慧养老服务方便快捷

近年来，贵州省积极实施大数据战略行动，大力推进国家大数据综合试验区建设，全力实施政府数据“聚通用”攻坚会战、信息基础设施会战。建成了全国第一个省级政府数据集聚、共享、开放的云上贵州系统平台，实现了政务服务网上办理，提高了政务服务效率。通过推进“满格贵州”、光纤到户、“广电云”村村通建设，大幅提高了通信、电视、无线网络等信息技术设施、服务覆盖率，方便城乡居民各类信息服务应用，为发展智慧养老提供了支撑。目前，贵州省与全国所有省份及统筹地区通过国家异地就医结算系统实现互联互通，有 182 家医院开通全国联网结算服务，每个区、县至少有一家定点医疗机构可以提供跨省异地就医住院医疗费用直接结算服务，为老年人异地就医提供了保障。

（三）挑战

当前，贵州省的养老产业发展还面临不少困难和问题：一是加快养老产业发展的领导体制和工作机制还没有形成，缺乏强有力的协调推进机制，养老政策措施不配套，政府扶持投入缺乏；二是作为养老产业发展主体的企业、机构、组织数量少、规模小、实力弱，尚未形成产业模式和产业链，市场竞争力弱；三是针对老年人的专用产品用品食品、养老服务产品、地方养老公共品牌还比较缺乏，养老产品品牌少、知名度不高；四是老年人居住、生活环境适老化水平不高，老年人异地生活的医疗保障、紧急救助保障、安全保障还比较薄弱。

四、贵州省养老产业发展对策和建议

（一）发展定位

贵州气候宜人、环境优美、交通便捷，特色农产品、民族医药资源丰富，长寿人口多，传染疫病、恶性疾病少，适宜老年人居住生活，是养老的风水宝地，具有发展老年人居住、生活、旅游等服务业为重点的养老产业得天独厚的优势，具有发展特色老年食品产品的条件。同时，城镇化建设、乡村振兴战略实施、特色村寨建设、“多彩贵州公园省”建设，为贵州养老产业发展提供了良好的基础和条件。结合养老市场需求，贵州省养老产业发展定位为大力发展以避暑养老、休闲养老、健康养老为重点的养老产业。一是重点做大“三产”，突出发展避暑消夏、休闲体验、健康疗养、四季养老、温泉养老、旅居养老等异地老年消费型养老服务业。积极发展贵州独特第一产业，扶持独特的老年食品生产、加工，满足老年人对健康食品、功能食品的需求。有选择地培育发展第二产业，着力推进老年产品用品制造。二是建设一批避暑型、生态型老年宜居社区（村寨）等养老服务基地、老年产品用品生产园区，创建一批老年宜居街镇、老年旅游服务基地，形成一批国内领先、国际有一定影响的养老服务基地、产业园区。以养老服务基地、老年旅游服务基地、养老产业园区等平台建设为抓手，加快发展避暑养老等异地老年消费型养老服务业。三是加快形成养老服务业第三产业突出，第一、第二产业融合联动的贵州省养老产业体系，将贵州省建设成面向全国的养老服务基地、国际知名的老年人宜居颐养胜地。

（二）定位依据

1. 以养老服务业为重点的养老产业发展路径有助于走出一条有别于东部、不同于西部其他省份，实现养老产业加快发展、绿色发展的发展新路

养老服务业是现代服务业的重要组成部分，是党中央、国务院关于加快发展新产业新业态新商业模式的重要组成内容。随着我国老龄化的持续发展，避暑养老、避寒养老日益成为老年人养老服务的重要选择，老年人异地居住、生活、工作、旅游等消费需求日益旺盛，养老服务业在养老产业中占有越来越重要的地位，成为养老产业的支柱。贵州是长江、珠江上游重要生态屏障，是国家明确建设的国家生态文明试验区，充分发挥夏季避暑气候、劳动力资源等优势，满足“火炉城市”老年人避暑养老、避暑旅游服务需求，确立以异地老年消费服务为重点的养老产业发展路径，符合“守住发展和生态两条底线”“绿水青山就是金山银山”的要求和理念，有利于利用贵州后发优势，奋力后发赶超，走出一条有别于东部、不同于西部其他省份的发展新路，实现养老产业的加快发展、绿色发展。

2. 发展以健康、避暑和休闲养老等为重点的养老产业，能迅速将养老产业发展成贵州省新的支柱产业

近年来，“温室效应”持续发展，高温、过热等极端天气频繁出现。随着享有退休收入保障和改革开放后富裕起来家庭老年人群的增加，“火炉城市”老年人异地避暑养老、避暑旅游的需求、消费旺盛。发展以避暑养老、生态养老、老年旅游等异地老年消费服务为重点的养老产业，具有全省可全域发展、“火炉城市”老年人消费能力强、消费用户群体大等特点。通过与山地特色新型城镇化发展、乡村振兴、脱贫攻坚战略、“多彩贵州公园省”建设有机融合，应用新理念、培育新模式，迅速建成一批养老服务基地、老年旅游服务基地，能迅速形成老年消费规模经济，将养老产业发展成新的支柱产业。

3. 发展以避暑养老等为重点的养老产业能带来环境溢价效应

海南由于环境好、宜居，特别是冬季气温高，成为全国各地众多老年人的冬季避寒目的地。老年人从短期旅游到冬季居住、购置房产，促进了海南的消费和发展，形成了海南房价远高于贵州的环境溢价效应。住房大数据联合实验室、中国社科院财经战略研究院住房大数据项目组发布的数据显示，2024 年 6 月，海南省三亚市房价中位数每平方米 2.5 万~3 万元，在 142 个样本城市中排名第 5，仅次于北京市、深圳市、上海市和厦门市。秦皇岛市充分发挥避暑胜地优势，抢抓京津冀协同发展机遇，着力建设规划控制范围约 520 平方千米、核心区域 40 平方千米的国家级健康产业创新示范区，作为承接京津养老资源、京津养老产业转移的首选空间；着力打造"健康养老"秦皇岛品牌，建设全国康养示范基地，吸引了大量北京市、天津市和南方老年人前去避暑养老，实现了老年人"南"飞过冬、北"漂"避暑，带动了当地消费。贵州省具有与海南省、秦皇岛市类似的宜居环境，特别是夏季避暑气候等综合避暑优势在我国南方独有。发展避暑养老、生态养老、老年旅游等养老服务业，打造老年人避暑胜地，通过老年消费带动综合消费，促进贵州经济社会发展，必将带来环境溢价效应。

（三）发展目标

到 2025 年，通过深化养老服务改革，积极探索避暑养老、旅居养老、景区养老、生态养老、田园养老、老年旅游等养老发展模式，基本建成一批养老服务基地、老年旅游服务基地，培育形成一批养老服务企业（机构、组织），形成"贵州避暑养老基地""贵州生态养老基地""贵州老年旅游服务基地"等品牌效应，初步形成"一核两带多区"养老产业空间发展格局（一核：黔中城市群养老服务、产业核心区；两带：高速铁路和高速公路沿线养老服务带；多区：干、支线机场周边养老服务集聚区）。以养老服务业为重点的养老产业加速发展，养老产业发展水平得到提升，养老产业增加值突破 500 亿元，影响力在全国处于前列，成为全省经济新的增长点，促进全省经济社会加快发展、加速转型的重要支撑，贵州省经济的重要支柱。

（四）发展战略

大力实施“避暑养老拉动”、“基地集聚推动”和“品牌带动”三大战略。

1. 避暑养老拉动战略

充分利用贵州夏季避暑气候等优势，在交通便捷、避暑养老服务有基础的贵阳市、安顺市、六盘水市等地，发挥“中国避暑之都”“中国凉都”“全国避暑旅游城市”等避暑品牌优势和黄果树、荔波小七孔、赤水、梵净山、兴义万峰林等国内知名风景名胜区品牌优势，优先规划建设一批避暑养老服务基地、老年旅游服务基地。通过政府搭台、基地唱戏，组织养老服务基地、老年旅游服务基地到“火炉城市”宣传、推介，吸引“火炉城市”老年人到养老服务基地避暑养老、到老年旅游服务基地旅游观光。大力发展避暑养老、老年旅游业态，积极探索长期居住避暑、短期居住避暑与旅游避暑相结合的模式，用避暑养老拉动养老产业发展。

2. 基地集聚推动战略

试点先行，建设老年宜居社区（养老社区）、老年宜居村寨（养老村寨）、老年宜居镇街（养老小镇）、养老服务综合体等养老服务基地。规划老年旅游线路，建设适老化景区、景点和适老化接待酒店等老年旅游服务基地。建设老年产品用品生产、制造等养老产业园区。健全各类养老服务基地、老年旅游服务基地、养老产业园区建设标准、建设规范，出台支持政策措施，推动养老服务基地、老年旅游服务基地、养老产业园区规范发展。强化养老服务基地、老年旅游服务基地、养老产业园区招商引资和养老企业、机构、组织培育，通过各类养老服务主体在基地、园区集聚，推动养老产业发展。

3. 品牌带动战略

系统谋划，统筹营造“生态贵州·避暑养老胜地”“多彩贵州·避暑养老胜地”公众形象，打造“贵州避暑养老基地”“贵州生态养老基地”“贵州老年旅游服务基地”等养老公共品牌，打造各具特色的老年宜居社区（养老社区）、老年宜居村寨（养老村寨）、老年宜居镇街（养老小镇）、贵州老年旅游服务等养老服务基地品牌，积极培育发展养老服务企业（机构、组织）品牌、养老服务商品品牌。加强养老公共品牌、基地品牌、企业（机构、组织）品牌与商品品牌的宣传推介，发挥养老品牌对产业发展的带动作用。

（五）发展措施

1. 规划引领、交通支撑，重点发展

分级编制养老服务设施布局和养老产业发展规划，省级出台老年宜居社区（村寨）、老年宜居镇街、避暑养老基地、老年旅游服务基地、养老服务园区建设规范、评定标准、扶持政策，用规划、政策规范和引导养老产业发展。着力强化交通运输对养老产业发展的保障作用，在规划布局上，在高速铁路、机场、高速公路等就近、便捷、综合条件好的社区、村寨、镇（街道）建设养老服务基地、养老综合体、养老产业园区，在风景名胜区、特色村寨、风光秀美地方等布局老年旅游服务基地。完善养老服务基地、养老综合体、老年旅游服务基地、养老产业园区内外交通连接，特别是公共交通保障、应急医疗救助与消防安全等应急交通保障，为养老产业发展提供经济、便捷的公共交通服务，实现养老产业的重点发展。

2. 资源整合、发挥优势，统筹发展

整合城镇化发展和乡村振兴中形成的各类特色镇街、村寨资源，整合风景名胜区、自然保护区、各类公园等资源，整合现有园区资源，因地制宜布局和建设老年宜居镇街、老年宜居社区（村寨）等养老服务基地，布局夏季避暑养老基地、老年旅游服务基地，布局养老产业园区。充分发挥夏季气候、交通出行等优势，紧紧围绕“火炉城市”等进行市场谋划，差异化发展养老产业。建立完善支持扶持政策，引导企业向养老服务基地、老年旅游服务基地、养老产业园区集中，推动集聚集约发展。加大政策引导和市场监管力度，营造有利于产业发展的良好环境。加强城乡联动、省内省外联动，推进养老产业统筹发展。

3. 深化改革、开放带动，推动发展

深入推进养老领域“放管服”改革，积极营造良好营商环境，增强市场活力，构建开放共赢的产业生态。坚持政府主导、企业主体、社会参与、市场运作，着力推动养老服务基地、老年旅游服务基地、养老产业园区发展，打造产业发展平台；着力招商引资、对外合作交流，吸引国内外养老技术、专业人才、资金等要素集聚，引进国内外知名养老产业企业来贵州投资创业；着力培育贵州养老品牌，发展壮大养老企业、机构、组织，尽快将养老产业打造成贵州新的支柱产业。

4. 完善体制、创新机制，促进发展

深化养老服务改革，建立健全加快养老产业发展的领导体制和工作机制，建立完善资金扶持等配套政策措施，健全行业规范与标准体系，加强政府监管和行业自律。

5. 建立基地、构筑平台，加快发展

到2025年，养老服务基地、老年旅游服务基地、养老产业园区平台承载能力明显提升，基本建成养老服务基地500个（老年宜居社区和村寨200个、老年宜居镇街100个、养老服务综合体100个、老年旅游服务基地100个）、养老服务园区10个。组建“贵州省养老服务产业发展基金”投融资平台、“贵州养老产业发展投资公司”发展推动平台、“互联网+智慧养老”综合信息服务保障管理平台，增强养老产业发展要素保障能力。

6. 培育主体、打造品牌，优质发展

加大招商引资和养老企业、机构、组织培育力度，开展品牌培育创建，到2025年，新增培育发展1000家以上养老服务企业（机构、组织），培育形成100家以上骨干企业（机构、组织）、10家以上知名养老服务龙头企业（机构、组织）；培育形成100个以上富有贵州特色的老年产品用品、10个以上养老领域知名品牌。

（六）建议

1. 强化组织领导

省级层面成立由党委、政府领导挂帅，相关部门参加的养老产业发展领导体制和工作机制，切实推动养老产业发展。

2. 谋划顶层设计

省级层面编制养老服务设施布局和产业发展规划。出台《关于进一步深化养老服务改革的意见》和《养老产业发展五年行动计划（2026—2030）》，通过规划引领，深化养老改革、实施养老产业发展五年行动计划，推动养老产业加快发展。

3. 加大财政投入

设立养老产业发展扶持专项资金，用于扶持养老服务基地、老年旅游服务基地、养老产业园区建设，用于扶持龙头养老企业、养老机构、养老服务组织、养老产品、养老服务品牌培育。

4. 实现融合发展

整合已有各类特色镇街、城市综合体、社区、村寨等资源，整合风景名胜区、自然保护区、产业园区、各类公园等资源，因地制宜布局和建设老年宜居镇街、老年宜居社区（村寨）等养老服务基地，布局夏季避暑养老基地、老年旅游服务基地，布局养老产业园区，通过养老产业业态嵌入、融合，统筹推进养老产业发展。

5. 提供支撑保障

在养老服务基地、旅游服务基地建设中，配套建设医疗服务、应急救助服务设施，开通异地医疗报销服务，切实保障老年人就地、就近、及时得到医疗、应急救助服务。在大中专院校开设养老管理、养老护理相关专业，加快养老人才培养，为养老产业发展提供人才支撑。

参考文献

［1］省卫生健康委、省民政厅、省中医药局关于印发2023年贵州省失能老年人“健康敲门行动”实施方案的通知.

［2］贵州省“十四五”公共服务规划，2022-12.

［3］贵州省基本公共服务标准，2021.

［4］基层医疗卫生机构发展和服务国家级绩效评价方案，2022.

［5］省服务业创新发展十大工程领导小组印发贵州省养老服务创新发展工程专项行动方案，2020.

［6］贵州省养老服务条例（贵州省人民代表大会常务委员会公告，2021第15号）.

B.6 贵州省旅居养老服务发展报告

宋鹏程*

摘要： 贵州省具备发展旅居养老产业的气候条件、资源条件、交通条件、医疗条件和政策优势。近年来，贵州省围绕“打造国内一流度假康养目的地”目标，聚焦资源、客源、服务三大要素，强化政策扶持，加强产业布局，明确区域分工和产业导向，以避暑休闲、生态疗养、温泉水疗、森林康养相融合的旅居养老产业集群初具规模。同时，贵州省存在产业链不完整和旅居养老专业人才不足等问题。为此，本研究从产品体系，延长产业链条；丰富产品供给层次，推动产品多元化；加大专业人才培养力度；加大宣传推介力度，打造特色品牌等方面提出建议。

关键词： 贵州省　旅居养老　服务

截至2023年底，我国60周岁及以上人口超过2.9亿人，占全国总人口的21.1%，其中65周岁及以上人口超过2.1亿人，占全国总人口的15.4%。人口老龄化将带动银发经济的发展。随着生活水平的提高和健康水平的显著改善，新一代老年人展现出更充裕的休闲时间、更新型的消费理念、更频繁的出游意愿和更强大的消费能力，对养老有着更多的期待和要求，渴望更加丰富多彩的晚年生活。旅居养老是融合旅游和养老的新型养老方式，可以有效满足老年人多层次、多样化、品质化的养老服务需求，成为提高老年人生活品质、增进老年人福祉的重要形式，逐渐成为老年人生活的新风尚。贵州省拥有优越的自然条件、丰厚的历史积淀、多彩的民族文化，不断完善支持旅居养老产业发展的各项政策措施，持续加强基础设施建设，发展康养旅居的条件十分优越。本报告通过梳理贵州省发

* 宋鹏程，贵州省社会科学院机关党委统战科科长。

展旅居养老产业的优势，分析发展现状，探讨面临的挑战和机遇，提出相应的对策和建议。

一、得天独厚的康养资源优势

（一）自然条件优越

一是生态环境优美。优良的生态环境是贵州省发展旅居养老产业最大的发展优势和竞争优势，生态环境质量持续稳居全国前列，负氧离子浓度超过全国平均水平，2023 年全省 88 个县（市、区）平均优良天数比例为 98.7%。自然旅游资源丰富多彩，共有 A 级旅游景区 543 个，素有“公园省”之美誉。贵州省处处是青山绿水，全境是美丽风景，山川、瀑布、峡谷、溶洞、湖泊等景观遍布，是中国世界自然遗产地最多的省份。自然风光由安顺黄果树瀑布、荔波小七孔、西江千户苗寨、赤水丹霞、兴义万峰林、铜仁梵净山谐音而成的“黄小西吃晚饭”，以其风光秀丽的山水、浓郁的民俗风情吸引越来越多的人来黔旅居养老。此外，还有景色迷人的施秉云台山、毕节百里杜鹃、花溪高坡、习水丹霞谷、赫章韭菜坪、盘州乌蒙大草原、马岭河峡谷、草海湿地、加榜梯田、织金洞等。二是气候宜人。贵州省平均海拔 1100 米，位于典型的亚热带湿润季风气候区，空气清新、日照适中、温暖湿润。夏季平均气温 23℃，无霜期长，春温秋爽、夏无酷暑、冬无严寒，拥有天然的大空调。既有很多夏日避暑胜地，也有暖冬阳光旅游带，特别是夏季，全省 3/4 的地区气候条件适合开展避暑旅游。“2023 避暑旅游优选地”中，贵州省有 3 市 4 县入选。“中国避暑之都”贵阳、“中国凉都”六盘水已成为贵州省避暑旅游的“金字招牌”；毕节、安顺等避暑胜地久负盛名；修文、开阳、习水、桐梓、兴仁、盘州等“中国避暑休闲十佳县”闻名遐迩，“避暑度假到贵州”已成为贵州省旅游的强烈标志。暖冬旅游方兴未艾，黔南、黔西南等地是人们暖冬度假旅居的重要选择。三是森林资源丰富。贵州省 92.5%的国土面积为山地和丘陵，被誉为“山地公园省”。截至 2023 年底，全省森林面积 1109.91 万公顷，森林覆盖率达 63%，共有自然保护区 88 个，其中国家级自然保护区 11 个、风景名胜区 71 个、地质公园 12 个、湿地公园 53 个、森林公园 93 个、国有林场 105 个。四是温泉资源丰富。贵州省地热资源丰富，现已探明 303 处温泉旅游资源，是全国温泉资源最丰富的省份之一。温泉分布广、水质优、环境美，在全省 88 个县（市、区）中，77 个县（市、区）有温泉资源。温泉水富含硒、锶、锂、锌、碘、偏硅酸等矿物质和微量元素，具有润肤美颜和康养保健的功效，深受人们喜爱，息烽温泉、石阡温泉、剑河温泉等声名远扬。

（二）民族文化丰富多彩

贵州省民族风情浓郁质朴，省内民族众多，少数民族人口占全省总人口的 36.44%。千百年来，各族人民依山而居、傍水而栖、和睦相处，创造了多姿多彩的山地文明，因多彩民族和谐共生衍生出多姿多彩的文化景观，创造出“一山不同族、十里不同风、百里不同俗”的民族文化奇观，世界文化遗产、国家级非物质文化遗产、中国传统村落、中国少数民族特色村寨、国家级生态文化村遍布全省。苗族的刺绣、蜡染，侗族的木构建筑、大歌，布依族的酿造工艺和音乐艺术，土家族的舞蹈和山歌，水族的水书、马尾绣和端节，彝族的节庆和太阳历，瑶族的绣花工艺等，构成了风情与风俗相融、风物与风尚交错的绚丽画面。贵州有“百节之乡”的美名，民族节日众多，每年民族集会、节庆达 1000 余次，具有代表性的主要有苗族姊妹节、苗年、侗年、彝族火把节、布依族“三月三”、三都水族端节、凯里芦笙节等，彰显多姿多彩的民族文化特色。同时，历史文化资源丰厚。贵州历史文化遗迹众多，截至 2023 年底，贵州共有世界文化遗产 1 处（海龙囤土司遗址）、国家历史文化名城 2 座（遵义、镇远）、全国重点文物保护单位 81 处、省级文物保护单位 654 处；中国传统村落 757 个、中国和省级少数民族特色村寨 1640 个；人类非遗代表性项目 3 个、国家级非遗代表性项目 99 个 159 处、省级非遗代表性项目 628 个 1025 处；全省共核定公布历史文化街区 20 片、确定公布历史建筑 1600 处；红军长征足迹遍及全省 60 多个县（市、区），留下 753 处不可移动的长征文物，2500 多件可移动文物，高等级长征文物数量居全国第一。

（三）饮食多样，住宿舒适

美食方面，贵阳的肠旺面、青岩猪脚、糕粑稀饭，安顺的小裹卷、丝娃娃、夺夺粉，遵义的豆花面、羊肉粉，六盘水的水城烙锅，黔东南的牛瘪火锅、榕江卷粉，以及苗乡的酸汤鱼等独具特色。修文猕猴桃、罗甸火龙果、都匀毛尖、湄潭翠芽、石阡苔茶、镇宁蜂糖李、威宁火腿、独山盐酸菜、绥阳空心面、金银花、杜仲等名优产品，深受广大消费者喜欢。同时，贵州拥有独具特色的中医药文化资源，素有“黔地无闲草，遍地皆灵药”的美誉，中草药品种占全国的80%，中药大品种资源和数量均名列全国第二，黔产道地药材目录有95种，56个中药材产品获得国家地理标志产品保护，是全国四大中药材主产区之一。住宿方面，贵州不断加大休闲度假、健康养生、养老酒店项目建设，积极引进国内国际知名酒店品牌落地贵州布局运营，引导建设经营具有贵州历史文化和地域特色的各类中高档酒店，共有230家旅游星级酒店。大力发展民宿产业，成立贵州省旅游民宿协会，出台《关于促进贵州民宿产业高质量发展的指导意见》《贵州省民宿产业发展三年行动计划（2023—2025年）》《支持全省民宿产业高质量发展首批政策措施清单》等政策，以专项资金的方式支持黄果树民宿集群等全省10个民宿集群建设以及18个民宿重点村镇建设。在一系列利好政策支持下，贵州民宿数量快速增长，民宿客栈总量约1.5万家，3年来增长近5倍，形成了万峰林、梵净山、黄果树等民宿集群，涌现出卧龙山隐、峰兮民宿、梵静山舍等一批本土民宿品牌。

（四）交通网络便捷通达

贵州省着力完善旅游配套和保障体系，全面提升旅游交通的通达性和便捷性。修高速、架高铁、建机场、兴港口、畅航道……贵广、沪昆、黔渝、成贵、贵南等高铁、快铁线路的陆续运营，形成了贯通京津冀、长三角、珠三角、粤港澳、川渝滇等地区的高铁通道，全面融入全国“八纵八横”高铁网。同时，贵州北入长江、南下珠江的水运大动脉正加快形成。全省高速公路通车里程达8784千米，北上川渝、南下两广、东出湖南、西进云南的大通道已经架设成形，全面形成了“以高速公路为骨架、国省干线公路为支撑、农村公路为脉络、通组公路为基础”的四级公路网络，昔日“地无三尺平”的贵州变得四通八达，综合立体交通网络仍在延伸拓展、持续完善。贵州县县通高速，高铁、火车、机场、公路、水路等交通条件跨越式发展，日趋完善的立体交通网络能满足内外出行，促进贵州形成“快进慢游”的旅游交通体系，为旅居养老产业高质量发展提供有力支撑。

（五）养老服务保障能力不断提升

一是持续增强医疗卫生服务能力。贵州省累计获批国家区域医疗中心项目5个，位列全国第五、西部第一，5个国家区域医疗中心全部开诊。推动9个市州医院实现从“规模数量”向“能力质量”的供给侧结构升级（见表1）。三甲综合医院达21家，45家县医院医疗服务能力达到国家推荐标准，79家县医院全部达到基本标准。累计建成县域医疗次中心100个，获批国家临床重点专科8个，立项省级临床重点专科220个，省级医学重点学科立项25个。二是建成一批标准化养老机构。在城市重点完善城区老年养护楼—街道嵌入式养老机构—社区养老服务站，在农村加快建设县级中心敬老院—乡镇区域性敬老院—村级农村幸福院，进一步构建完善覆盖城乡的养老服务设施网络。2020年以来，整合项目资金和各级财政资金12.9亿元，提质改造430个标准化养老服务设施，新增护理型床位2.7万张。三是发展一批医养结合示范。出台《贵州省加快推进医养结合机构发展若干措施》《贵州省居家老年人医养服务工作实施方案》等，创建5个医养结合示范县，确定53家医养结合服务试点单位、9家省级医养结合服务示范单位、20家智慧健康养老服务试点单位和8家安宁疗护试点单位。全省现有医养结合机构135家，二级及以上综合性医院设老年医学科比例从2020年的24%增长至2023年的39.18%，建成800家老年友善医疗机构。例如，贵阳市云岩区皇钻养老服务中心以医养结合为特色，专门设置医疗区，属于一级医院，标准病房、抢救室、留观室、医生办公室、护士站、治疗室、彩超室、影像室等一应俱全，并和贵阳市中医学院一附院及金阳医院开展了医联体合作，两家医院的医生会定期或不定期地到养老院为老年人提供诊疗服务。四是培育一批社会化养老服务实体。大力推进公建民营，采取承包、联营、合资、合作等方式，先后成功引入美国魅力花园、德国蕾娜范、吉林幸福里、上海和佑等国内外知名养老企业，培育了康园、百善坊、金太阳等一批本土品牌。积极开展民办公助，制定民办公助补贴政策，印发《贵州省公建养老机构委托运营管理指南（试行）》等文件，完善运营管理机制。目前，全省共有公建民营养老机构209家、民办养老机构 136 家，共有床位 3.6 万张。例如，遵义市汇川区仁和苑社区的益养·仁和养老服务驿站是由贵州省民政厅出资建设，贵州益养大健康产业有限公司和遵义市仁和新文化传播有限公司组建运营，通过政府引导、政策扶持、资金补贴、智慧监管和市场化运营方式，探索推动居家社区养老模式。驿站配备社区食堂、中医理疗室、日间照料中心、康复室、阅览室、活动中心等，开展助餐、助浴、助乐等服务，服务辐射周边社区 60 周岁以上老年人近 3000 位，使老年人在家门口就能享受安全舒适、专业实惠的养老服务。五是构建以居家社区为重点的养老服务体系。大力推进社区养老服务设施配套建设，全面开展城镇配套养老服务设施专项治理行动，依托社区养老服务设施，积极发展长期照护、短期托养、日间照料、助餐助洁等社区养老服务，鼓励支持有条件的市、县开展居家适老化改造，积极构建“15 分钟养老服务圈”，让老年人的居家生活更安全、外出生活更便捷，让社区服务更贴心。

表 1　2023 年贵州省各市（州）医院等级情况①

地区	合计	三级				二级				一级				其他
		小计	甲等	乙等	未评	小计	甲等	乙等	未评	小计	甲等	乙等	未评	
总计	1544	92	36	9	47	516	122	6	388	762	15	0	747	174
贵阳市	220	34	14	2	18	72	15	1	56	75	2	0	73	39
六盘水市	153	7	2	1	4	48	4	1	43	82	2	0	80	16
遵义市	216	19	5	3	11	67	18	1	48	120	1	0	119	10
安顺市	85	2	2	0	0	29	12	0	17	37	2	0	35	17
毕节市	334	7	2	0	5	83	14	2	67	230	3	0	227	14
铜仁市	141	10	2	3	5	61	9	0	52	58	2	0	56	12
黔西南布依族苗族自治州	142	3	3	0	0	53	10	0	43	74	0	0	74	12
黔东南苗族侗族自治州	122	4	3	0	1	54	24	0	30	26	0	0	26	38
黔南布依族苗族自治州	131	6	3	0	3	49	16	1	32	60	3	0	57	16

① 数据来源：贵州省卫生健康委员会网站 https：//wjw. guizhou. gov. cn/zwgk/zdlyxx/tjsj/202406/t20240611_ 84857531. html.

二、贵州省旅居养老产业发展现状

近年来，贵州省以国家生态文明试验区建设为契机，紧紧围绕“打造国内一流度假康养目的地”目标，聚焦资源、客源、服务三大要素，发挥自然生态和民族文化两个优势，大力发展“康养到贵州”品牌，不断完善支持旅居养老产业发展的各项政策措施，强化政策扶持、加强产业布局，丰富产业业态、延长产业链条，融合“医、养、健、管、游、食”六大板块的大健康产业体系基本成形，以避暑休闲、生态疗养、术后康复、温泉水疗、药食保健相融合的旅居养老产业集群初具规模，吸引越来越多的人来黔深度体验旅居养老。

（一）强化顶层设计

一是综合保障政策不断完善。先后出台《贵州省养老服务条例》《“十四五”贵州省老龄事业发展和养老服务体系规划》《贵州省推进基本养老服务体系建设实施方案》《关于建立健全养老服务综合监管制度促进养老服务高质量发展的实施意见》等一系列综合性政策措施，对养老服务进行全面系统规范，推动养老事业和产业协同发展，逐步确立了以《贵州省养老服务条例》为纲领、政府政策规划为基础、各种专项文件和标准为支撑的养老服务政策体系。加强标准建设，先后颁布实施了《老年人照护需求等级评定规范》《养老机构等级划分与评定规范》《居家社区养老服务质量日常监测评价规范》《养老机构服务质量日常监测规范》等多项养老服务领域贵州省地方标准。同时，细化领域，做好服务和监管。印发《关于强化养老服务领域食品安全管理的实施意见》，进一步强化养老服务领域食品安全管理，更好地保障老年人身体健康和生命安全；印发《关于做好养老机构登记备案管理工作的通知》，深化养老服务“放管服”改革，优化养老服务营商环境，完善养老机构登记备案管理；印发《贵州省养老机构预收资金管理暂行办法》，加强对养老机构预收服务费用的规范管理，有效防范养老机构采取会员卡、预付费等方式收取大额费用带来的非法集资风险；印发《贵州省基本养老服务清单》，结合老年人实际需求，将基本养老服务项目从 8 项增加到 19 项，进一步扩大基本养老覆盖面。

进一步扩大基本养老覆盖面。此外，开展养老机构服务质量日常监测和综合评估，此外，开展养老机构服务质量日常监测和综合评估，对 300 家养老机构开展日常监测，加强养老机构综合监管，推进养老服务质量标准落实。

二是强化专项政策支持。明确发展重点，确立主导产业。《贵州省大健康产业“十四五”发展规划（2021—2025 年）》提出，构建贵阳（贵安）、安顺“集散地+避暑度假”黔中旅游城市群。重点推进遵义“长征红色文化+名酒文化”、六盘水“避暑康养+冰雪运动”、黔西南“户外运动+度假康养”、安顺黄果树-龙宫“生态观光+度假康养”转型升级；全力推进毕节“山地旅游+度假康养”、铜仁“山地旅游+温泉康养”旅游功能区。印发《贵州省“十四五”文化和旅游发展规划》《贵州省推动中医药产业高质量发展攻坚行动计划（2023—2030 年）》等，明确重点打造温泉康养产业、医药医疗康养产业等 6 个康养产业新业态。结合资源条件，明确区域分工。加大产业联动的政策和资金保障力度，加大对产业融合发展的资金支持力度。2021 年以来，省级文旅基金共投入 22.57 亿元支持 14 个康养类产业项目联动发展。

（二）整合优势资源，打造特色产业

一是大力发展森林康养。贵州省将森林康养作为重点发展产业，专门成立了省级大健康产业森林康养领导小组，在工作机构建立、政策支持、资金保障和品牌创建等方面作出系列安排部署。从省级层面制定政策支持森林康养产业发展，明确建立集康复疗养、养生养老、休闲度假于一体的森林康养产业体系。编制《贵州省森林康养发展规划（2021—2025 年）》，提出构建“一核四区多节点”的空间布局。从管理、技术、品牌等方面制定制度规范，构建森林康养产业的标准体系，出台《贵州省森林康养基地建设规范》《贵州省森林康养基地规划技术规程》2 项地方标准和《森林康养小镇》《森林康养人家》《森林康养步道建设规范》3 项团体标准，同时制定《贵州省省级森林康养基地评定办法》《贵州省省级森林康养基地管理办法》《贵州省森林康养基地健康管理中心建设指南》。创建全国第一个省级森林康养公共品牌“乐享贵山贵水”及徽标。印发《关于加快推进医疗健康服务和养老服务融合发展的实施方案》，率先在全国将

森林康养基地合规性项目纳入医保报销范围，贵州景阳森林康养试点基地目前已被纳入医保报销范围。持续推进森林康养基地试点建设，初步形成了山地气候型、山地温泉型、林茶复合型、林药结合型等多种特色康养模式。着力构建产品丰富、标准完善、管理有序、融合发展的森林康养服务体系，推动森林康养与医疗养老融合发展，着力完善森林疗养中心、森林康养健康管理中心、森林康养步道、森林浴场、森林氧吧等服务设施。目前，全省已建设78个森林康养基地（点）、3家（凤冈、黄果树、江口）全域森林康养试点单位，创建全域森林康养示范县5个、森林康养人家300处。积极探索将职工疗休养与森林康养及健康管理等相结合，开展森林康养式疗休养活动并纳入职工休假体系试点，逐步将全省森林康养基地纳入工会疗休养体系，目前已有息烽温泉森林康养试点基地、息烽南山森林康养试点基地、龙里云从朵花森林康养试点基地和兴义则戎纳具森林康养小镇纳入工会疗休养体系。

二是大力发展温泉康养。印发《贵州省温泉产业发展规划（2017—2025）》《关于加快温泉旅游产业发展的实施意见》《贵州省温泉旅游发展行动方案》《温泉度假地等级划分与评定》等，加快基础设施建设，丰富旅游业态，着力打造温泉旅游精品，推动“温泉+”多产业融合，提升和推出一批温泉景区、温泉小镇、温泉民宿和温泉康养中心，推动一批“温泉+冰雪”“温泉+音乐”“温泉+美食”等融合业态，形成健康、养生、休闲、娱乐、运动于一体的贵州温泉康养特色模式，涌现出息烽温泉康养中心、兴义云屯沐云温泉、贵阳乌当温泉群、修文黔贵六广温泉等一批“温泉+”产业，温泉旅游逐渐成为贵州冬季旅居养老的新热点。

（三）立足资源优势，完善产业布局

近年来，各市、州充分挖掘区域资源优势，明确发展目标、区域分工和产业导向，不断增强旅居养老承载能力，提高旅居养老服务质量，培育壮大旅居养老产业。

贵阳贵安高质量编制“爽爽贵阳·旅居生活”建设标准、服务标准，细化农房改造、配套建设、管理服务等内容，做好旅居生活点空间布局。针对老年人喜静、怀旧、重视健康等需求特点，突出文化、特色、情怀和

体验，结合资源优势和开发条件，将旅居生活点与休闲康养深度融合。针对不同消费群体，差异化打造康养型、候鸟型等多类型旅居生活点。依托旅居生活点的自然景观、田园风光、历史遗存、民俗文化等，因势造景推进旅居生活点景区化发展。持续提升旅居生活点所在村寨村落综合性文化服务中心效能，加快完善避暑旅居生活设施配套，鼓励举办具有特色的少数民族传统文体活动，丰富旅居生活体验。打造一批布局合理、特色鲜明、业态丰富的市级避暑旅居示范点和示范带，推进旅游产品和服务标准化建设。例如，贵阳市花溪区高坡乡将“四在农家·和美乡村”、农村“五治”与打造旅居示范点结合起来，通过人居环境整治、道路白改黑、拆除村寨中残垣断壁房屋、美化庭院等措施，实现村寨风貌独特、庭院美观、环境无污染。聚焦人居环境，改善厕所、垃圾处理、生活污水处理、宜居农房、交通出行、医疗保障等条件，不断完善旅居生活示范点基础设施。盘活闲置农房改造提升，指导业主取得营业执照、卫生许可证、房屋质量安全鉴定证明、餐饮服务经营许可证，配备必要消防设施，守好安全底线。南明区幸福里长照之家是贵阳贵安打造的“15 分钟养老服务圈”项目之一，该项目以“康养、医护、智慧、实训”为特色，以老年公寓为依托，打造“机构社区居家一体化、医康护养一体化、线下线上一体化”的三维一体化服务体系，专为老年人提供旅居养老、术后照护、高龄托养、失能照护、失智照护、居家养老、社区养老、康复训练等服务。

遵义市着力加强养老机构建设。围绕“以中心城区为重点、县城为依托、乡镇为网格”的思路，从市、县、乡（镇）、村（社区）四个层面合理布局全市养老机构设施。目前共有养老机构及设施 957 个，其中颐康养中心 27 个、养老服务中心 130 个、养老服务驿站 800 个，养老床位 27980 张，养老服务从业人员 1778 人，建成 1 个省级健康养老产业示范县、4 个健康养老小镇、2 个养老产业集聚区，基本形成了“养老服务驿站遍地开花，养老服务中心区域覆盖，颐康养中心活力十足”的局面。以公建民营、民办公助、政府补贴、购买服务等方式，以及实施财政补贴和税收优惠等措施，鼓励社会资金兴办养老机构，扶持培育一批专业化、品牌化的民办养老机构，培育和发展本土民办养老企业 18 家。打造遵义市康养产教一体化示范基地，将遵义康养职业学院、直属附属医院、康复中心、护理中心、职业技能培训中心、产业研发中心等资源进行整合，通过产教融合的模式，培养出更多具有专业素养和人文关怀的养老服务人才。发挥地域相近优势，以重庆市为重点客源市场，积极吸引重庆市民来此旅居养老。例如，桐梓县全力打造建成“火炉”重庆的“清凉城”和重庆市民的“康养乐园”，在精准掌握重庆市民需求的基础上，通过丰富特色民宿、温泉度假、康养旅游等体验式业态供给，吸引重庆市民来此避暑、纳凉、休闲、养生、购房，“避暑度假到桐梓”已成为众多川渝群众的首选。

六盘水市将“候鸟式养老、护理式养老、度假式养老”融入养老机制，优化服务供给，持续提升养老服务质量。全市共有全日制托养养老机构 39 家、居家和社区养老服务设施 108 个、农村幸福院 376 家，建设区域性中心敬老院 21 家，其他类型养老机构 18 家。现有省级示范性农村幸福院 4 所，社区嵌入式小型综合养老服务中心 5 个，建成六盘水市老年养护楼、六枝特区老年养护楼、钟山区水月园区老年人养护中心 3 所护理型城市老年养老楼。建设、提质、改造 15 个养老项目，拥有护理床位 601 张。全市所有养老机构均与周边医疗机构签订服务协议。联合地方职业院校及养老企业，以举办技能大赛、管护培训、互建实训基地等方式，深化养老服务政校企合作。探索物业公司参与运营养老服务模式，如全省首家由物业公司运营管理的水木清华小区老年人日间照料中心，通过多方协商，小区物业公司将其面积约 600 平方米的办公用房让出，并投入 30 余万元经费，政府补助资金 100 余万元，改造、提升为水木清华小区老年人日间照料中心，该中心最多时平均每天接待老年人 100 余人次。

安顺市大力开发旅居康养、避暑康养、森林康养、温泉康养、医疗康养、田园康养等康养旅游项目，发展“住、养、医、护、康”全链条康养产业。编制《安顺市“十四五”康养旅游重大工程项目表》，谋划 45 个“十四五”康养旅游重大工程项目。发挥黄果树景区旅游品牌优势，以“康养+医养+旅行”为主线，吸引大量游客前来避暑旅居。建成柏联温泉酒店、百灵温泉酒店等一批温泉康养酒店。发展旅居基地 50 个，分布在乡村、城市以及景区附近。提升打造西秀旧州古镇、苗岭屯堡古镇等文旅消费小镇，安顺好吃街、历史文化街区等一批文旅特色街区，“匠庐·村晓”“匠庐·阅山”“尧伽·凡舍”等一批特色网红打卡民宿。推出安顺市经开区牛蹄关康养研学旅游、小河湾房车露营基地、“栖野·精致”露营基地等康养旅游业态。拓展品牌优势，强化城市营销。塑造“冬到三亚、夏至安顺”康养旅游避暑新品牌，着力打造“21℃的城市，360度的人生”城市品牌形象，建立上海、武汉、广州等全国“八大营销中心”，并在广州“小蛮腰”和沪昆、京昆、成昆高铁冠名宣传“21℃的城市，360度的人生”。

毕节市延伸生态产业价值链，打造“花海毕节 品质疗养”服务品牌，形成乌江百里画廊、百里杜鹃、织金洞、油杉河、威宁草海等旅游产业集群，构建“景区+乡村旅游”的点面结合全域旅游网络，从主打的“花经济”到“凉经济”的全域、全季旅游精品格局逐步形成。例如，百里杜鹃管理区紧盯避暑市场，大力发展老龄康养产业，探索“旅居养老”模式，持续提升景区服务能力，为老龄游客提供健康、旅居、养老等全面服务，新增康体项目26个、康养项目11个，建成投运3家温泉酒店和花都民族医药养生中心、中草药医养中心，开发特色理疗产品，推动旅游业朝着“全时”“全域”方向发展。以川渝、两湖两广、粤港澳等地为重点客源市场，推出11条精品产品和线路，打造网红打卡点15个，发挥37个乡村旅游点的特色资源优势，打造一批集民族文化体验、烧烤、露营、垂钓、采摘、餐饮等于一体的农旅融合项目。

铜仁市用好用足优质温泉资源，全力推进温泉产业开发及利用，挖掘温泉康养健身功能，以“温泉产业”带动第二、第三产业蓬勃发展。例如，石阡县整合当地生态和民族文化资源，利用温泉保健功能，打造融合休闲养生、生态养老、森林康养、功能食品等新型康养旅游产品，培育“温泉+康养”“温泉+运动”“温泉+理疗”“温泉+茗茶”等不同业态，串起旅游康养融合发展产业链。大力发展民宿产业，加强政策扶持，推进民宿产业提质增效转型。按照因村制宜、因寨施策的思路，建立闲置农房、宅基地盘活利用机制，鼓励以长期租赁、先租后让、租让结合方式供应民宿项目建设用地。同时，着力完善旅游村寨基础设施，建好管好游客服务中心、旅游公厕、生态停车场等配套设施。大力推动集群化发展，在梵净山周边村寨着力打造森林康养精品民宿，使民宿产业实现从点状发展向集群式发展的转变。目前共有精品民宿160余家，形成了以梵净山民宿集聚群为龙头，以市、县城区和主要景区为依托的民宿产业发展格局。

黔东南苗族侗族自治州全面推进“康、养、医”深度融合发展的健康养老模式，出台《黔东南州创建健康养老示范州实施方案》，采取“政府主导、市场运作”的发展模式，形成了“州级统筹、县市实施、部门联动、群众参与”的生态康养旅游工作格局，擦亮了“千户苗寨西江”“历史名城镇远”“枪手部落岜沙”“千年侗乡肇兴”“侗歌之乡小黄”等旅游品牌，形成了以西江为代表的环雷公山苗族原生态文化旅游区、以肇兴为代表的侗族原生态文化旅游区。依托温泉提升康养旅居品质，剑河温泉城、黄平浪洞森林温泉、凯里云谷田园云溪汤泉、凯里挂丁温泉已建成营业，且各有特色。剑河温泉城以优质的氡硫温泉为基础，将剑河苗侗文化、养生文化、水疗文化有机融合，打造集温泉康疗、创意艺术表演、养生度假等功能于一体的中国首家苗族文化风情温泉旅游度假区。为着力打造粤港澳大湾区生态康养旅游“后花园”，“黎从榕”三县充分发挥独特民族文化优势，以肇兴侗寨为轴心，加快打造“民族文化体验+民族医药康养+森林富氧养生+休闲旅居生活”健康养老聚集区。通过精品旅游环线，把周边特色村寨串珠成链，丰富旅游产品供给，努力形成大湾区居民旅游休闲胜地。

黔南布依族苗族自治州以休闲养生、温泉康养、运动健身、康复保健、医疗理疗等业态为重点，把医疗、气候、生态、康复、休闲等多种元素融入养老产业，培育发展养老、康复、老年产品等一体化的特色产品，推出一批运动健身、康复保健养老旅游线路。在全省率先建成市（州）级智慧养老服务平台，初步实现数据统计、机构监管、服务链接等“一张网”管理功能，依托智慧平台在全州试点开展线上购买居家养老服务，形成线上线下协同开展养老服务新模式。加强人才队伍建设，印发《黔南州养老服务人才队伍建设三年行动计划》，支持黔南医专、职院、师院等院校设立养老服务相关专业，年度输出相关专业人才 300 余名。强化服务技能提升，全州养老服务从业人员 750 余人，技能培训率 100%，养老护理人员持证率达 57.6%，率先在全省开展市（州）级养老护理职业技能大赛。龙里县围绕打造智能化、舒适化高端养老目标，依托双龙航空港经济区、贵龙城市经济带、黔中龙溪内陆开放型经济发展先导区，积极探索“康养+5G”“养老+地产”“康养+旅游”“康养+医疗”等养老模式，引进 6 家企业累计投入资金 42 亿元，建设了太阳谷、和泓、朵山、油画大草原等康养小镇。

黔西南布依族苗族自治州持续擦亮“中国四季康养之都”品牌，深入探索避暑康养、医药康养、温泉康养、运动康养、旅居康养、森林康养 6 大康养新模式，大力发展民宿、客栈、温泉、养生体验馆等业态，推进休闲度假与康养融合发展。2023 年，建设康养项目 105 个、培育康养企业 102 家、打造康养基地 33 个。以“民宿+康养”等方式盘活乡村闲置民居。目前，全州有民宿、客栈 477 家，在万峰林 20 平方千米范围内形成全省最大的民宿集群。“纳具 · 和园”康养小镇以中医康养为特色，建设集中医康养、中医研发、药膳食疗、智慧养老、文化传承、中药材种植等于一体的特色文旅小镇。小镇内设有健康管理中心、首都名中医工作室、中医理疗区、中医大讲堂，聘请中医专家入驻小镇，将中医药文化资源与生态康养理念深度融合。将“康养”和“饮食”融合，研发出天麻炖鸡、天麻灌汤鱼、石斛汁等各类药膳，以及铁皮石斛酒、艾草贴、纳具米酒、椅山康蕊绿茶等，为广大游客提供中医健康服务。

三、贵州省旅居康养产业发展面临的主要问题

（一）产业链不完整，整合开发力度相对不够

贵州省旅居养老产业发展总体上处于起步探索阶段，旅居养老产业企业体量偏小，龙头型企业数量不多，存在“重建设、轻运营”的现象，没有建成具有一定规模的旅居养老综合体，没有形成一个完整的产业链，没有形成规模效益。旅居养老与老年文化、老年运动、医养康养等产业融合不足，满足旅居老年人全生命周期需求的健康养老、健康运动、健康管理、健康食品、健康医药及预防保健、康复护理等相关产业发展存在短板。例如，温泉特色有被弱化的倾向，存在同质化竞争的现象，主题不够鲜明，产业链条不长，温泉的保健和疗养功能开发利用和品牌打造力度不够。同时，与旅居养老客群相关的异地医疗服务、家政服务、情感关怀、心理咨询、长期照护、老年优待、社区互动等还面临一些堵点。在提供本地居民公共服务的过程中，首先考虑具有本地户籍的居民和常住人口，对于居住期 1 个月以上的候鸟型旅居者而言，传统旅游服务难以满足他们的旅居需求，同时他们又难以获得本地居民可享受的优待服务和便利条件。此外，还存在旅居养老目的地特色形象辨识度不高、养老机构的知名度不

高等问题。

（二）旅居养老专业人才不足

养老服务人才队伍存在总量不足、专业化水平不高、待遇保障水平较低、职业发展空间小、流失率较高等问题。调研发现，一些养老机构养老护理人才流动频繁，队伍不稳定，留在一线工作的养老护理员普遍存在年龄偏大、学历水平较低、专业性不足等问题。很多养老相关专业毕业生很难进入医院工作，到养老机构做护理员又不甘心，编制、服务对象、就业门槛、晋升空间等是影响他们择业的重要因素。多数学生毕业后不愿意在养老院工作，因为医院有晋升空间，而养老院尤其是民办养老院，不仅没有编制，而且收入不理想、工作强度大、职业上升空间受限。事实上，相关养老专业的学生毕业后的就业率非常高，但与巨大的人才需求缺口相比，每年为数不多的毕业生显然难以满足市场的需求。以贵阳康养职业大学为例，尽管本地需求旺盛，但该校每年相关专业毕业生中会有一半选择去省外就业，原因一是没有相关政府补贴，收入不高；二是行业歧视比较严重。

四、对策与建议

（一）构建产品体系，延长产业链条

以满足老年群体旅居养老需求为导向，面向全生命周期的康养需要，强化全产业链布局，加快培育“医、养、药、食、游”全产业链要素，全方位满足旅居老年人的居住、医疗护理、康复保健、文化娱乐等多层次需求。一是整合优势资源。梳理全省各区域的资源优势、旅居业发展现状，整合全省旅游、避暑、温泉、森林以及中医药与养老服务优势资源，将森林、温泉和中医药尤其是苗医药、侗医药深度结合，开发森林自然疗法、亚健康调养、慢性病疗养、老年病疗养、职业病康复、特定病种康养、中医药医疗保健和健康评估咨询等多样化服务项目，着力培育一批温泉森林疗养、民族医药治疗保健、中医食疗、健康管理等特色健康养老产业集聚区，形成业态丰富、联结紧密的完整产业链。二是用好省级森林康养基地。大力发展森林疗养、森林温泉、森林食疗、森林运动、森林睡眠和黔

药疗养等产品，推动森林康养基地建设“苗药花园”“芳香花园”。三是加速温泉产品转型升级。推进温泉和医疗护理、养生保健、康复疗养的深度融合，构建产品丰富、标准完善、融合发展的温泉康养服务体系，建设一批集休闲度假、特色医疗、保健养生于一体的温泉养生小镇、温泉度假城、温泉保健疗养基地。持续推进金汤级、银汤级温泉度假地评选，持续擦亮温泉“金字招牌”。四是拓展康养药品食品产业链条。加快“药食同源”健康产品的开发，重点对天麻、半夏、太子参、石斛、黄精、薏仁米、灵芝等特色药材的保健功效进行研究，着力培育“天麻+”“黄精+”等新业态，擦亮黔药“金字招牌”。大力打造茶叶、猕猴桃、刺梨、薏仁、山药、火龙果、核桃、茶油、蓝莓、食用菌等特色食品品牌，发展健康食品精深加工，打造具有贵州特色的绿色健康食品类旅游商品。五是强化项目带动。充分发挥金海湖国际智慧康养避暑度假中心项目、阳光谷纳古温泉康养度假项目、兴义市景家屯温泉康养度假区项目、贵阳市花溪区中龄大健康生命养护中心项目、中铁文旅青岩健康小镇、道真中国傩城、泰康黔园、习水飞鸽康养小镇、万峰林康养民宿集群等一批大型康养项目的带动作用，做优做强贵州十大康养度假旅游基地。

（二）丰富产品供给层次，推动产品多元化

以提高旅居养老产品供给质量为主攻方向，以提高服务质量为核心，紧扣旅居老年人需求做足精细化服务文章，增加高质量的产品和服务供给。细分目标人群，了解旅居老年群体的核心诉求，针对不同老年群体分层、分类、分级提供服务，推出差异化旅居养老产品。为中低龄老年人打造休闲旅游和农旅观光体验项目，组织开展社交活动，如徒步行走、垂钓、采摘、养殖、野炊等休闲游憩类特色养老项目；对于高龄老年人，以维护身体健康为主，着眼于“养”，提供持续性老年照护服务，满足老年人的多重生活照料需求。充分利用气候、森林、温泉等资源优势，因地制宜开发一批以避暑、温泉、森林、中医药为主题的康养产品，促进旅居养老与医疗健康、中医养生、森林康养等产业融合发展。例如，积极开发“温泉+中医药”“温泉+理疗”“温泉+美食”等不同体验内容，加大中高端温泉旅游产品有效供给。设计开发精小而综合的特色康养项目，丰富产品内核，拓展针对慢性病调养、养老养生、亚健康调理、职业病康复等特

定病的疗养系列产品，构建旅游度假、生活照料、医养照护、情感关爱和社会娱乐等方面的服务体系。做好饮食、医疗技术、心理咨询、社交活动等多方面的康养辅助，提升服务质量。推动公立医疗机构与旅居养老机构建立“绿色通道”，方便旅居转诊就医。

（三）加大专业人才培养力度

一是扩总量。支持引导更多职业院校和普通本科高校开设养老服务相关专业，充分发挥贵州医科大学、遵义医科大学、贵州中医药大学、贵阳康养职业大学等医学院校的专业能力强、生源优质的优势，在老年医学与健康、老年服务与管理、老年心理学、康复医学等方面增加专业设置和招生人数。大力发展养老服务职业教育，支持职业院校开设养老护理、中医康复学、社区康复和护理等相关专业，扩大招生规模。二是提待遇。改善行业福利待遇，拓展职业发展空间，吸引更多优秀人才积极投身于养老行业。健全完善养老护理从业者入职补贴制度、岗位津贴制度。鼓励支持养老机构中从事医疗、护理等相关工作的专业技术人员申报医疗卫生系列高级职称，并在同等条件下优先推荐、优先申报；对基层申报高级职称的康养产业人员，实行单独分组、单独评审。建立与职业技能等级配套的薪酬激励机制，让养老服务人员有奔头、有劲头。三是促认同。强化保障激励，建立优秀养老护理专业人才表彰激励的长效机制，实施好养老服务技能人才储备计划、养老服务从业人员技能提升激励计划和养老服务行业标兵奖励计划，持续举办全省养老护理技能大赛，提升从业人员的服务意识和服务技能，通过树典型、评先进，提升养老护理人员社会地位和职业认同，增强养老服务人员的职业荣誉感和社会影响力。

（四）加大宣传推介力度，打造旅居养老特色品牌

实施精准营销，围绕“康养到贵州”品牌，高质量开展旅居养老宣传推介。加快构建完善的宣传推广网络，做到新媒体和传统媒体相结合。线上宣传和线下宣传相结合。一方面通过官方微信公众号、抖音、快手、淘宝直播等线上形式进行宣传；另一方面，在公交车、高铁以及报纸上投放广告，广泛宣传贵州旅居养老的特色亮点。用好用足贵州与五省市共同签署的旅居养老合作框架协议，与重点客源市场建立区域沟通协调机制，实

现客源互通。举办康养产业和旅居养老推介会，重点在长三角、成渝地区和粤港澳大湾区等地进行宣传推介，用好广东对口帮扶贵州的有利条件，积极开拓康养客源市场、产品销售市场、产业投资来源。搭建旅居养老平台，实现产品与老年群体精准对接，提供权威可信的信息与服务，降低老年群体选择产品的时间成本、信任成本，使优质旅居养老产品有效触达消费者。借鉴“浙里康养”服务模式，在“贵人服务”下设置1个“康养贵州”专栏，围绕老有所养、老有所依、老有所乐、老有所为等方面，将贵州省有关旅居养老的政策汇总集成，便于老年人查阅。制作1张养老地图，把贵州省各地的优质疗养机构、特色疗养产品在地图上标注出来，并附上特色简介。针对旅居老年人“人不熟、地不熟、情况不熟”的实际，社区应主动作为，为旅居老年人提供优质房源、医疗、福利待遇等信息咨询服务。

B.7 贵州省智慧养老服务体系研究报告

陈玲玲*

摘要： 随着人口老龄化的发展，贵州省对医疗资源、日常照护、健康服务保障的需求迫切，传统养老服务供给面临诸多挑战。智慧养老服务依托信息化技术、智慧化平台和智能产品实现养老资源的高效整合和养老服务的有效供给，成为新形势下解决贵州省养老难题的政策选择和发展趋势。本报告从强化政策衔接指导、打造智慧养老云平台、加强机构设施建设、深化信息技术应用、优化人才发展机制5个维度分析贵州省智慧养老服务体系的发展现状，并对贵州省智慧养老服务体系建设面临的时代机遇和现实挑战进行总结和提炼。梳理国内外在智慧养老服务方面的若干好的做法和经验。从完善政策配套、加快产品研发、培育专业人才和加大宣传引导4个方面提出对策建议，以期为贵州省智慧养老服务体系的发展提供参考借鉴。

关键词： 贵州　智慧养老　服务体系

截至2022年底，贵州省60周岁及以上老年人口达602万人，占常住人口比重的15.61%，其中，65周岁及以上人口达到468万人，占总常住人口比重的12.14%。与2018年相比，65周岁及以上老年人口增加52.55万人，年均增长率3.02%，规模占比提升1.87个百分点。据测算，按照现有增长速度，贵州省将在2029年进入深度老龄化社会。[①] 在人口老龄化和

---

* 陈玲玲，贵州省社会科学院社会研究所助理研究员，研究方向为应用社会学。

① 数据由作者根据灰色预测模型G（1，1）测算得出。按照联合国的标准，当一个国家或地区65周岁及以上人口占总人口比例超过7%时，意味着进入了老龄化社会；超过14%时，意味着进入了深度老龄化社会。

少子化的发展态势下，养老人口的迅速增长对医疗资源、家庭照护、健康服务的需求不断增长，养老服务体系发展的不平衡、不充分问题日益凸显。

随着信息技术的加速发展，数字经济与实体经济深度融合，传统养老服务迎来了变革契机。以信息化为工具、以网络为平台、以智能化产品为载体的智慧养老嵌入养老服务体系，为老年群体提供个性化、多元化和高效、优质、安全的养老服务和产品。近年来，贵州省依托大数据的先发优势和建设数字经济发展创新区的政策优势，凭借得天独厚的气候、生态、交通及民族医药等优势，大力发展智慧养老产业和服务，构建智慧养老服务体系，助推养老服务体系转型升级。智慧养老已成为贵州省推动养老服务供给侧结构性改革的重要路径，成为贵州省积极应对人口老龄化、增进老年人福祉的创新举措。

一、贵州省智慧养老服务体系发展现状

（一）强化政策衔接指导，筑牢智慧养老工作基础

贵州省委、省政府把智慧养老作为构建多层次养老服务体系的创新举措，将现代信息技术融入养老产业，根据国家部委有关要求，结合贵州省经济社会发展基础和养老服务事业发展现状，将智慧养老的理念、技术、产品和方法嵌入养老服务体系建设的方方面面，做实智慧养老的政策衔接工作，为贵州省智慧养老服务体系的发展奠定了坚实基础。2021 年 7 月 29 日，贵州省十三届人大常委会第二十七次会议表决通过《贵州省养老服务条例》，对贵州养老服务进行全面系统规范，为完善养老服务提供了坚强的法治保障。《贵州省“十四五”民政事业发展规划》《“十四五”贵州省老龄事业发展和养老服务体系规划》《贵州省“十四五”数字经济发展规划》等规划的主要任务和重点培育工程中均对智慧养老服务体系发展做了布局。此外，贵州省还发布了《关于建立健全养老服务综合监管制度促进养老服务高质量发展的实施意见》等文件，逐步确立了以《贵州省养老服务条例》为纲领、政府政策规划为基础、各种专项文件和标准为支撑的养老服务政策体系，为贵州省智慧养老服务体系的发展提供了政策支撑和服

务保障。贵州省各市、州纷纷结合老龄化现状和市场需求，相继出台系列政策文件推动智慧养老工作开展，为区域智慧养老服务发展提供明确指导。

表 1　贵州省养老政策文件中涉及智慧养老的部分（不完全统计）

发布时间	政策文件	关于智慧养老服务体系的部分表述
2021 年 7 月	《贵州省养老服务条例》	县级以上人民政府应当促进互联网与养老服务深度融合，依托互联网、物联网、云计算、大数据、智能养老设备等，打造多层次智慧养老服务体系
2021 年 8 月	《贵州省“十四五”民政事业发展规划》	加快互联网与养老服务深度融合，建设省、市、县各级互相联通，各有关部门、各养老机构和社会公众充分共享的智慧养老系统，打造供需精准对接、需求有效激活，监管有力、服务高效的养老服务云平台
2022 年 6 月	《“十四五”贵州省老龄事业发展和养老服务体系规划》（黔府发〔2022〕11 号）	发展“互联网+养老服务”。优化“互联网+医疗健康”服务模式，鼓励医疗卫生机构应用互联网等信息技术拓展医疗、护理、康复等服务空间和内容；推进远程医疗向养老机构延伸；大力推广使用符合老年健康需求的智能可穿戴设备，有序开展各类信息系统适老化升级改造
2022 年 8 月	《贵州省“十四五”数字经济发展规划》	建设智慧养老服务体系，整合医疗、社保等各类养老信息资源和服务需求，建立老龄人群和养老服务供应商信息库，畅通需求与供给对接渠道，健全覆盖城乡的多层次智慧养老服务体系，推进智慧养老社区和智慧养老院示范建设
2023 年 11 月	《贵州省推进基本养老服务体系建设实施方案》（黔府办发〔2023〕21 号）	2025 年前建成贵州省智慧养老服务平台，加强部门间数据归集、共享、比对，推进独居、空巢、留守、失能、重残、计划生育特殊家庭等特殊困难老年人（以下统称特殊困难老年人）精准识别和动态管理

资料来源：作者根据公开资料整理而成，为不完全统计。

（二）打造智慧养老云平台，精准对接养老各方需求

为积极应对人口老龄化，发挥数字经济的放大、叠加和倍增效应，实

现养老服务资源的共享、信息的互通以及智能化管理，贵州省民政厅运用云网协同优势着力打造省级智慧养老服务云平台，推动构建多层级养老服务网络和完善普惠性养老服务体系。该平台于 2022 年底开始规划，2023 年 9 月完成整体设计，预计 2025 年可投入使用。该平台建成后将实现贵州省养老服务的全流程覆盖、全过程监管，可有效提升贵州省养老服务智能化和规范化水平以及政府监管的及时性和有效性。贵州省智慧养老云平台以培养市场、增加消费、有效扶持、加强监管为主要目标，针对老年人及家属、养老机构和设施、养老从业人员和志愿者、政府监管部门等不同人群和主体，打造养老服务六大功能板块（见图 1）。① 此外，贵州省各市、州也结合自身经济社会发展水平和老龄化现状，打造市级养老服务云平台。遵义市民政局打造“互联网+养老”服务平台，开发了养老大数据可视化、养老公共服务门户、机构养老管理平台、居家养老服务平台、康养中心管理平台、养老监管平台以及智慧养老专题库七大服务模块，具备服务监管、数据采集、服务派单、服务评价等功能，涵盖专业护理、日间照料、老年助餐、健康管理、服务保障、底数动态等，为老年人提供周到、便捷、高效、体贴的专业化智慧养老服务。②

（三）加强机构设施建设，夯实养老服务发展底座

贵州省鼓励引导社会力量参与养老服务设施建设，满足多元化的养老服务需求。对公办机构、政府闲置资产等进行提质改造，推进标准化养老院建设，不断提升服务保障和运营管理水平。同时，引导国有企业、民营企业参与养老服务业发展，打造幸福里、福贵康、工商康养等一批优质养老机构。2020 年以来，全省整合项目资金和各级财政资金 12.9 亿元，提质改造 430 个标准化养老机构设施，新增护理床位 2.7 万张。截至 2022 年，全省共改造提升 20 所标准化养老院，新增护理型床位 4000 张，新增城市社区养老服务站 258 个。截至 2023 年上半年，全省共有公建民营养老

① 贵州打造智慧养老云平台［EB/OL］.（2022-12-16）［2024-06-24］. 中国社会报，https://www.mca.gov.cn/n152/n166/c47724/content.html.

② 遵义市打造智慧养老云平台开启指尖养老幸福新生活［EB/OL］.（2023-05-25）［2024-06-24］. https://mzt.guizhou.gov.cn/xwzx/sxxx/202305/t20230525_79893813.html.

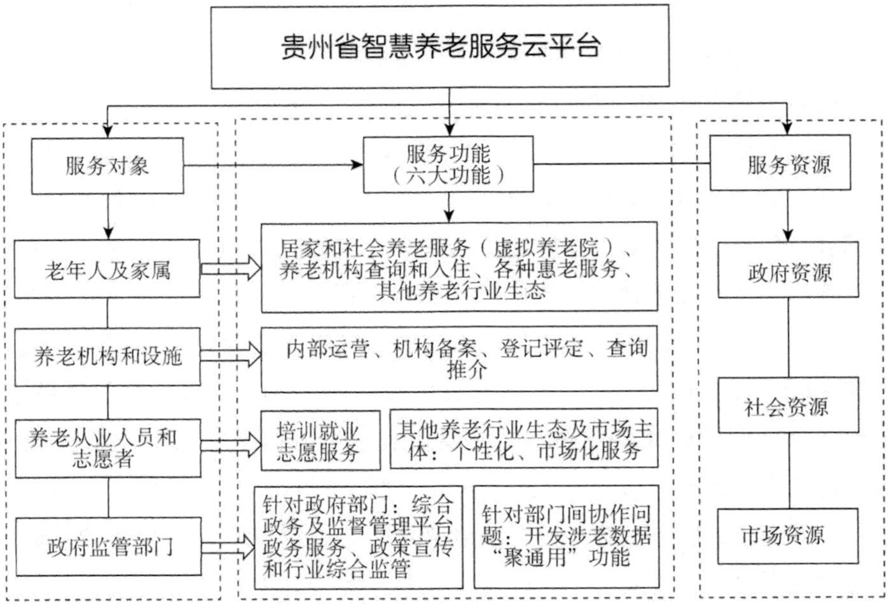

图 1　贵州省智慧养老云平台主要功能

资料来源：作者根据公开资料整理绘制而成。

机构 209 家、民办养老机构 136 家，共有床位 3.6 万张。[①] 2023 年以来，贵州大力推进社区养老服务设施配套建设，全面开展城镇配套养老服务设施专项治理行动，积极构建以居家社区为重点的养老服务体系；鼓励支持有条件的市、县开展居家适老化改造，计划全面完成 5000 户以上老年人居家适老化改造。

（四）深化信息技术应用，创新养老服务供给形式

近年来，贵州省加大信息技术在养老服务领域的运用，让老年人共享科技发展成果。打造智慧养老社区，通过智能化技术为老年人打造全方位的养老服务体系，包括健康管理、社交互动和文化娱乐等多种形式。在社区配备智能化设备，为老年人提供智能化服务，从而创造更为人性化、便捷和舒适的生活环境。黔东南苗族侗族自治州鼓励社会力量推动互联网平台企业精准对接为老服务需求，提供菜单式就近便捷为老服务。目前，黔

① 资料来源：《贵州省 2023 年国民经济和社会发展统计公报》。

东南苗族侗族自治州康乐尔、鼎德合等养老服务公司已开发智慧养老云平台并投放6个社区，可以同时提供23项服务。凯里市首家智慧养老机构白武街道日间照料中心将互联网融入养老服务，为老年人提供智慧化营养膳食、疾病初筛和康复理疗等服务。老年人通过“一键求助”呼叫，医护人员会在第一时间抵达，为老年人提供服务。① 贵阳市经开区南山高地小区通过数字化改造提升养老服务的质量和效益，依托贵阳索翡云智科技有限公司搭建“社区智慧治理管控平台”，对登记的高龄居民设置“关怀人员”数据，如果监测到他们3天没有进出小区的记录，就会通知物业派人上门查看情况。贵阳市南明区太阳谷智慧康养社区以智慧社区、智慧健康和智慧养老三大智慧平台为依托，将多种助老智能化产品融为一体，嵌入老年人的日常生活，打造集健康、娱乐、便捷、安全于一体的新型智慧康养生活社区。②

（五）优化人才发展机制，壮大养老服务人才队伍

为提高养老服务人员的专业水平和服务质量，贵州省以引、育、训、留四项措施为抓手，强力推进养老服务人才队伍建设。制订《贵州省养老服务技能人才培养三年专项行动实施方案》，鼓励和吸引养老服务相关专业毕业生和社会人员积极从事养老服务工作，积极实施养老服务技能人才储备计划、养老服务从业人员技能提升激励计划和养老服务行业标兵奖励计划等三项计划。③ 依托法国公共卫生高等管理学院、法国宜世高等学院的专家团队，大力开展护理员骨干队伍培训。通过职业技能培训、考核评价和激励机制等手段，帮助养老服务从业人员提升技能、职业荣誉感和归属感，促进人才留用，稳定养老护理队伍。2021年颁布的《关于建立健全养老服务综合监管制度促进养老服务高质量发展的实施意见》，明确了对养老服务人员的监督和管理。目前，全省养老行业从业人员已经突破1.2万人。此外，各市州也结合自身实际不断优化养老服务人才发展体制机

① 黔东南扩大普惠型养老供给［N］．贵州日报，2023-10-19（9）．

② 5G+治理，数字化治理提档升级［N］．贵州日报，2023-01-13.

③ 贵州省民政厅．贵州全面推进养老服务高质量发展养老服务体系建设取得“七项”硕果［EB/OL］．（2023-05-23）［2024-06-24］．https：//mzt.guizhou.gov.cn/ztzl/rdzt/ylfw/gzdt_69738/202306/t20230602_80006486.html.

制。如贵阳贵安常态化开展养老机构负责人、养老福利院、老年人能力评估师等培训，实现养老机构从业人员岗前培训率100%；举办“贵阳贵安养老护理职业技能大赛”，以赛促训，提高人才技能。遵义市打造的康养产教一体化示范基地，集遵义康养职业学院、直属附属医院、康复中心、护理中心、职业技能培训中心、产业研发中心于一体，将在未来培养出更多具有专业素养和人文关怀的养老服务人才。① 贵阳康养职业大学开设智慧健康养老管理、老年服务与管理、健康管理等专业，每年培育养老相关专业学生2300余人，建成皇钻、爱玺、贵旅、幸福里等一批校企实训基地。贵州健康职业学院与铜仁市民政局协同建设铜仁市养老服务人才培训中心（同时挂铜仁市智慧养老数据中心、智慧中心牌子），大力培养“青春养老人”。②

二、贵州省智慧养老服务体系发展的机遇和挑战

（一）面临的时代机遇

1. 人口趋势的加速变革

随着生活水平的提高、医疗技术的发展以及家庭功能和生育观念的转变，当前人口发展呈现老龄化和少子化趋势，这是经济社会进步下人口再生产方式转变的结果，由低生育率、寿命延长共同作用，已成为全国普遍现象，贵州省也不可避免。据统计，贵州省近年来65周岁及以上高龄老年人数量逐年提高，失能、半失能和失智老人数量也随之增多。2020年，贵州省失能和半失能老年人达100万人以上。③ 与此同时，总体呈现出人口出生率逐年降低和老年抚养比逐年上升的趋势（见表2）。老年人多元化、差异化、个性化养老需求上升，对助餐、助医、照护的需求量加大。由于老龄化进程与经济社会发展的失衡，贵州省属于典型的“未富先老”“无

① 居家养老为基础 社区养老为依托 机构养老为补充丨多元供给完善养老服务产业链［N］. 贵州日报，2024-03-20（12）.

② 贵州健康职业学院努力培养智慧型“青春养老人”［N］. 贵州日报，2023-05-20（6）.

③ 贵州省民政厅. 老年人口将超600万，建好养老服务“五个体系”［EB/OL］（2020-04-20）［2020-12-30］. https：//mzt. guizhou. gov. cn/ztzl/rdzt/ylfw/gzdt_ 69738/202004/t20200420_ 56126729. html.

备养老”，养老体系建设、养老资源准备、人力准备尚未得到有效满足，蕴含着巨大的发展机遇。而作为90%老年人的养老场所的家庭，其规模出现小型化趋势，家庭人口年龄分布呈现“421”倒金字塔结构，这种家庭结构将老年群体与年轻子女剥离，打破了老年群体长期依赖的大家族式的保障体系。特别是在贵州省农村地区，由于大量青壮年外流，留守农村的高龄空巢老年人数量较多，加剧了农村老年人的养老困境，容易出现医疗保健不理想、生活照料不稳定、紧急救助不及时、情感慰藉不到位等问题。从产业和市场的角度看，老龄化和少子化将进一步激发智慧养老产品巨大的市场空间和发展机遇。

表2　2016—2022年贵州省人口老龄化和少子化情况

指标名称	2016年	2017年	2018年	2019年	2020年	2021年	2022年
65周岁及以上人口数（万人）	388.58	402.74	415.45	432.13	445.98	453	468
占总人口比重（%）	10.34	10.59	10.87	11.23	11.56	11.76	12.14
出生人口（万人）	47.40	50.05	49.90	49.30	52.79	46.92	42.50
出生率（‰）	13.43	13.98	13.90	13.65	13.70	12.17	11.03
老年抚养比（%）	15.40	15.88	16.43	17.19	17.93	18.17	18.73

资料来源：根据历年《贵州统计年鉴》数据整理。

2. 国家政策的高度支持

从国家的规划引领看，发展智慧养老服务是充分响应并落实积极应对人口老龄化的国家战略。自2011年以来，国务院及相关部委先后出台系列推动智慧养老①的政策文件，提出“智能化养老”的理念，强调“互联网+”养老服务，鼓励探索智慧养老的服务实践。2020年，国务院办公厅印发《关于切实解决老年人运用智能技术困难的实施方案》。2021年，工

① 智慧养老也称信息养老、科技养老、网络养老、智能养老。

业和信息化部、民政部、国家卫生健康委联合发布《智慧健康养老产业发展行动计划（2021—2025年）》提出，“到2025年，智慧健康养老产业科技支撑能力显著增强，产品及服务供给能力明显提升，试点示范建设成效日益凸显，产业生态不断优化完善，老年‘数字鸿沟’逐步缩小，人民群众在健康及养老方面的幸福感、获得感、安全感稳步提升”。2024年，国务院办公厅印发的《关于发展银发经济增进老年人福祉的意见》中提出，“打造智慧健康养老新业态”。重点面对互联网+医疗健康、智慧养老院、智慧社区等场景，持续开展智慧健康养老应用试点示范遴选和动态管理。截至目前，全国创建了199家示范企业、293个示范街道、80个示范基地、3个示范园区，发布了三版《智慧健康养老产品和服务推广目录》，鼓励企业开发和推广适老化产品和服务。这些政策为智慧养老的发展提供了包括财政投入、税收优惠、人才培养等多个方面的保障。由此可见，我国为智慧养老事业产业的发展提供了良好的政策环境。

3. 信息技术的强大支撑

互联网、物联网、云计算、大数据、人工智能和机器人技术等技术的成熟与普及，为养老服务提供了强大的技术支撑。智慧养老快速发展带来了服务模式、服务产品的转变以及养老模式的变革，使大多数老年人能享受到多样化、人性化、高效化的养老服务。智能可穿戴设备、智能家居、互联网医疗已广泛应用于预约挂号、健康检测、慢病治疗、康复护理等场景。智能辅具使老年人的出行便利度和无障碍程度大幅提高，VR技术、远程陪伴等可缓解独居空巢老人的精神关爱问题。比如，针对老年人卧床起身不便的难题，开发出多功能护理床，能够实现一键转身、起身的功能，老年人自己在床上就可以独自操作，有效提升了生活质量。家政机器人不仅能为老年人提供智能监护和辅助生活等养老服务，在情感识别和互动方面的能力也有了显著提高①。这些为未来人形机器人更好地理解和回应老年人的情感诉求打下了技术基础。大数据驱动的一体化智慧养老服务平台，通过整合家庭、社区、机构等养老数据和资源，实现养老服务资源的共享、信息互通，为老年人提供及时、精准、高效的服务，同时在组织

---

① 2024年5月13日，OpenAI发布的GPT-4系列新模型GPT-4o具有“感知情绪”的能力，能输出笑声、歌唱或表达情感，还可以处理用户打断它的情况。该模型的反应速度已经与人类接近，GPT-4o可利用手机摄像头描述其“看到”的东西。

层面实现决策的可视化和智能化。如依托智能健康设备的数据传输功能构建老年人健康档案，并在平台上实现集中管理，对老年人的行踪、身体指标实时监控并及时响应，精准匹配养老需求。随着数字经济与实体经济的深度融合，数字经济技术深入渗透养老产业，为智慧养老提供了技术支撑。通过应用这些技术，可以实现养老服务资源的共享、信息互通、智能化管理等目标，提升服务效率和质量。

4. 市场需求的快速增长

根据中商产业研究院发布的研究报告，2022 年中国智慧养老市场规模约为 8.2 亿元，同比增长 34.43%，2022 年中国智慧养老市场规模达到 11.4 万亿元。随着技术的进步和市场需求的扩大，智慧养老产业应用场景不断丰富，涉及家政、医疗、康复、护理等多个行业。由于老龄化和少子化趋势，传统养老服务的人力供给难以保证，为智慧养老产品家政机器人（尤其是中国服务机器人）提供了广阔的应用前景和巨大的市场空间。2024 年中国服务机器人市场规模达到 516 亿元，2024 年将增至 857 亿元，年均复合增长率为 27.87%。由于 AI 技术、机器人制造提升、规模化需求增加，智能化家政机器人的成本今后也会不断降低。对于发展智慧养老服务体系而言，老年群体使用互联网进行养老的意愿是更加重要的影响因素。一项针对武汉市智慧养老服务需求的调查显示，54.9%以上的受访老年人使用过智慧养老产品，且大多数老年人对智慧养老持支持态度①。随着智慧养老产品的适老化改造不断推进，智慧养老服务体系的不断完善，社会经济水平的不断提高，老年群体的科技壁垒也将逐步被打破。同时，这种服务方式也更加适合我国日渐核心化的家庭结构，老年人与子女可以通过互联网、电子设备等实现信息的互联互通，跨越时空界限来尽可能满足家中老年人的基本日常生活需求，提高老年人的晚年生活质量。因此，在养老服务中引入互联网技术是众望所归的发展方向。②

① 雷雨迟，熊振芳．武汉市社区智慧养老服务需求调查［J］．护理研究，2019，33（8）：1425-1428.

② 赵馨婷．“互联网+”背景下我国智慧养老服务体系建设研究［D］．长春：吉林大学，2022：22.

(二)面临的现实挑战

1. 智慧养老统筹规划不足，制度建设有待进一步完善

政策环境对智慧养老服务体系的发展具有重要影响。梳理贵州省已出台的一系列与养老服务相关的政策文件，均在不同程度上提到智慧养老服务体系建设的内容，但相比其他地区①，贵州省尚未在省级层面出台专门针对智慧养老服务发展的具体实施方案，现有的制度文件多为指导性意见，只有整体性思路或发展目标的描述，缺乏整体规划和对工作要求的详细说明，政策供给滞后。同时，贵州省正在搭建全省智慧养老云平台，部分市州根据工作实际探索搭建了本级养老服务云平台，部分企业则搭建了自己的服务管理平台，但各方处于分而治之、分而建之的状态，尚未从全局角度出发，针对全省智慧养老云平台建设制定统一明确的规划等。② 智慧养老服务的发展是一个系统工程，需要民政、卫健、人社、发改、大数据管理等部门通力合作，但受部门条块分割体制的发展惯性，加之缺乏顶层设计和部门之间合作条例规范，导致智慧养老的联动推进机制不顺，难以形成有效发展合力，造成数据利用程度较低、服务提供缺乏主动性，致使相关鼓励性政策难以落地。这种情况一方面与智慧养老所处的发展周期或阶段、社会对智慧养老的认知度还不够高、智慧养老缺乏国家层面顶层设计、行业标准不明晰有关；另一方面也与智慧养老的发展模式有关。智慧养老体系的建设包括技术研发、设备采购、平台搭建、运营维护等各个环节，具有前期投入大、建设周期长、运营成本高的特点，贵州省各级政府财力有限，在智慧养老领域的探索进展相对较慢，制约了智慧养老产业的发展。

2. 智慧养老服务衔接不畅，技术应用有待进一步加强

随着数字经济与实体经济的深度融合，智慧养老得以快速发展，但由于技术开发与产品设计研究起步较晚、发展理念滞后，智慧养老服务衔接

① 如江西省在2017年就出台了《江西省智慧健康养老产业发展工作方案》，四川省在2019年颁布了《四川省智慧健康养老产业发展行动方案》，上海市在2022年颁布了《上海市推进智慧养老院建设三年行动方案（2023—2025）》等。

② 钟苑婷.2022年深圳智慧养老服务体系研究报告//杨浩勃，倪赤丹，赵冰，等.深圳养老服务蓝皮书：深圳养老服务发展报告（2022）.北京：社会科学文献出版社，2022：185.

不畅，存在重技术精度、缺服务温度的问题。某些智慧养老信息平台从建设到运营，更多地基于管理本位而不是服务本位，“重线上、轻线下，重显示终端、轻客户终端”。显示终端主要用于展示，充其量只是一个呼叫平台，并不能给老年人提供实实在在的服务，智慧养老只有与传统养老模式有机融合，才能实现其价值目标和功能定位。部分智能养老产品功能和使用设计是从中年人、青年人角度去考虑的，未能充分考虑老年群体的生活习惯与使用能力，出现“养老不智慧、智慧不养老”的问题，导致智慧养老产品“叫好不叫座”。如某些可穿戴设备，操作步骤较烦琐，老年人很难掌握其使用方法。有些主打“老人摔倒能报警”功能的产品，由于屏幕较小对老年人很不友好。此外，不论是政府部门还是养老机构，普遍缺乏数据素养，数据深度运用能力不足，询数决策、询证决策意识不强，对于利用现有平台数据信息提供主动服务的意识和能力欠缺，在一定程度上限制了数据功能的有效发挥。

3. 养老服务人才支撑不足，专业人才有待进一步补充

2023 年底统计数据显示，贵州省共有养老机构 924 家、养老机构床位 8.17 万张。[①] 按照国家标准养老护理员与老年人的比例 1∶4 计算，至少需要养老护理员 2 万余人，而 2023 年上半年的统计数据显示，贵州全省养老行业就业人数仅 1.2 万人，养老护理员人数更少，保守估计缺口超过 8000 人。如果考虑到居家养老的需求，养老服务人员的缺口势必更大。此外，智慧养老作为传统养老模式与现代信息技术的结合模式，其建设和运营需要大量的专业人才和管理人才，但目前贵州省在智慧养老领域从业人员严重短缺，且现有从业人员存在年龄结构偏大、待遇较低、文化水平不高、流动性较大的问题。养老行业薪酬低、职业认同感低等原因，导致养老机构招工难、留人难。由于专业人才的缺乏，在提供智慧养老服务的同时，服务人员自身难以操作机构内的智慧养老设备，更不用说为老年人提供专业指导。专业人才的缺乏严重影响了贵州省智慧养老体系的建设进度和运营效率，给养老服务的持续性发展带来严峻挑战。以志愿者身份提供服务的人员不在少数，但志愿者的岗前培训常常缺乏完善的教学、考核体系，且上岗门槛低、临时性强、稳定性差，使服务质量难以达到专业水准，人

---

① 资料来源：《贵州省 2023 年度国民经济和社会发展统计公报》。

才队伍尤其是一线服务人员规范性不足。

4. 智慧养老社会认知不足，“数字鸿沟”有待进一步弥合

智慧养老是一个新兴领域，社会对其认知程度还不够高，特别是在老年群体中，广泛存在“数字鸿沟”的问题，严重影响了智慧养老服务的推广和应用。老年群体由于其所处的年龄结构和社会阶层，以及身体和心理的原因，对新型养老模式更多的是持观望态度和谨慎心理，对现代科技产品往往持防范甚至抵触心理。有研究表明，老年人对“互联网+”医疗的使用率仅为 15.2%，且通常用于预约挂号。① 当前，社区推广的手段大多依靠信息平台，老年人对智能设备的使用水平有限，导致社区智慧养老服务平台的使用效率低下。虽然现在许多老年人也拥有电子产品，但大多数老年人文化程度较低，使用技能缺乏，加之设备的适老化程度不高，对老年人不友好，老年人在使用时面临不会用、没人教、学习慢、不会玩、怕被骗、不安全、嫌麻烦等学习和认知困境，制约了智慧养老服务的可及度和普及度，也极大地削弱了老年人使用智能产品的热情，难以填平老年群体的“数字鸿沟”。调查发现，安全性是老年人拒绝智慧养老的核心因素，感知易用性是老年人决定是否采用智慧养老产品服务的重要原因。由于担心智慧养老设备在家庭的使用、个人穿戴设备对个人信息的采集会侵犯其隐私，故很多老年人十分抗拒，甚至有的老年人在家属强烈要求下穿戴设备后，会将手环等智能设备藏匿起来，反映了其对现代科技产品的距离感和不信任感，最终影响了智慧养老服务的参与度。

三、国内外智慧养老服务体系发展经验借鉴

（一）国外智慧养老服务实践

英国、美国、德国、日本等发达国家进入老龄化社会较早，在应对老龄化社会方面准备较为充分，政府不断开发依赖现代科技的智慧养老服务和产品，智慧养老服务体系建设较为完善（见表 3）。

---

① 张山，郝晓宁，马骋宇，等．老年人对“互联网+医疗”的认知和使用意愿分析［J］．卫生经济研究，2021，38（11）：36-39.

表 3　国外智慧养老服务典型案例

案例地	典型产品/模式	主要内容
英国	开发“全智慧化老年系统”	远程监控老年人的日常生活，使老年人在任何地方都能享受到高质量的养老服务。同时，不断升级系统功能，开发“虚拟伴侣”与机器人护士功能，通过穿戴设备与家庭安装感应芯片等方式，随时随地与老年人交流，监控老年人的身体状况，为老年人提供健康护理服务
美国	推进智慧养老市场化运作	鼓励科技企业在其产品中应用智慧养老技术，如苹果公司研发的手机可调整字体与音量、口述模式、助听器兼容模式与放大镜等功能，使电子产品对老年人更加友好。Nest 智能家居生产公司研发了家庭养老设备，方便家人观看老年人的生活状态，只允许特定人进入的智能锁等
	老年人移动医联网	该机构通过物联网，在全境范围内提供药物配送、上门医疗、身体检查、家政等多项服务
德国	环境辅助生活系统建设	集合物联网和互联网技术，通过传感设备将所有智能产品统一链接到一个智能管理平台，通过对老年人的状态及所处环境进行分析，作出即时反应。将智能家居设备、智能医疗设备与娱乐设备整合在一起，具有档案建立、医疗护理、生活照料与精神慰藉等多重功能，能够系统地提高老年人的养老生活质量
日本	聚焦高科技智能养老产品的研发	如腰部佩戴辅助设备、排泄传感器、智能鞋（防走丢）、多功能机器人（监测与照料老年人的日常生活与身体健康）、多功能床（一床两用，可转换为轮椅）等。同时有聊天功能的机器人，还可以与老年人交流互动，满足老年人精神情感上的需求，提升老年人的幸福感
	虚拟养老院线上平台	老年人通过拨打电话或使用手机 App 快捷接入该院，获得衣食住行方面的服务。工作人员提供上门服务，订单生成、人员分配、服务响应、服务评价等全面在线完成。该模式本质上是“信息服务+居家养老上门服务”的线上平台
荷兰	智能机器人	身型矮小、行动灵敏，可辅助行动不便的老年人完成如厕、起床等活动，还可以通过眼神交流、点头摇头等动作与老年人互动交流，满足老年人的情感需求

续表

案例地	典型产品/模式	主要内容
加拿大	私立养老院智慧养老	私立养老院提供24小时护理服务、远程医疗，房间安装紧急呼叫系统，以便老年人及时获取服务和帮助。为老年人配备健康手环，实时定位老年人行踪，采集老年人健康数据并传送至养老院的管理系统终端，方便老年人的子女及时了解情况

（二）国内智慧养老服务实践

在我国经济较为发达、老龄化程度较高的杭州、上海、北京等地，智慧养老服务正加快发展、积极探索、先行先试，在相关领域积累了宝贵经验，为贵州省智慧养老服务体系的建立和完善提供了参考（见表4）。

表4 国内智慧养老服务典型案例

案例地	典型产品/模式	主要内容
浙江省杭州市	安装呼叫器、派发“关爱手机”	依托社会养老服务提供商和移动互联网，为高龄、空巢老年人以及失能、半失智老年人提供安防急救、主动关怀、亲情通话和生活服务等智慧养老服务
山东省青岛市	12349信息平台	可为辖区“三无”老年人和低保老年人，以无偿或低偿服务的方式，提供配餐送餐、日间照料、信息咨询、生理监测、定位、跌倒报警等服务
北京市石景山区八角街道	搭建“政府—企业—个人”模式的智慧养老平台	老年人可在养老驿站刷脸就餐，兜底保障的老年人可获得健康监测智慧腕表，老年人在遇到紧急情况时可被精准定位，10分钟之内实现救助。自助式的养老服务预约平台与服务热线，也能为老年人提供助浴、助洁、助行、短期托管等多种上门服务
江苏省无锡市新吴区旺庄街道①	互联网+智慧养老服务平台+呼叫中心+智慧终端	完善各项为老服务信息采集和分析，推出智能化保健理疗、便民生活、社区远程医养结合等服务。街道养老院配备智能卧床监测、移动护理等智能系统。实施“养老床位进家庭”项目，同时安装意外报警装置等智能设备满足居家养老需求

① 姚雪青，刘丹．江苏无锡推动智慧养老建设“智能管家”让养老服务更聪明［N］．人民日报，2023-01-06（19）．

续表

案例地	典型产品/模式	主要内容
福建省三明市大田县①	智慧养老服务中心	中心配备健康监测设备、一键呼叫中心、智慧拐杖等智能产品。数字化大屏显示老年人需求呼叫情况码，直播服务人员工作现场。为老年人配备智能手表手环、烟雾报警器、煤气泄漏报警器等智能化设备，遇到老年人意外摔倒、突发疾病等情况实现自动报警。同时，老年人通过电话、小程序等方式“点单”，可享受多元服务
	各村镇招募“孝老员”	“孝老员”在接到老年人服务需求后，第一时间上门服务，对“孝老员”给予积分等多种形式的奖励
天津市②	银发智能服务平台	采用“1+3+4”的服务模式，即1个市级服务平台，水、电、燃气3项数据，为老年人配备红外探测器、SOS一键报警设备、智能血压仪、智能手环4类智能感知设备，通过运算查询家庭实时水、电、燃气的使用情况，利用智能语音系统随访进行语义分析等科技手段关注老年人健康

四、贵州省智慧养老服务体系发展的对策建议

（一）完善配套政策，优化智慧养老服务体系

做好智慧养老顶层设计，完善配套政策，重点解决好政府规划、管理和监督的问题。一是出台专门针对智慧养老的政策法规。通过深入调研，制订科学合理的智慧养老行业发展规划，将智慧养老建设工作细化分解，确立各项任务责任单位，落实政府各部门的工作职责，加强部门之间的交流与合作，建立常态化部门沟通机制。立足贵州省建设数字经济发展创新区的优势，先行先试，大胆创新，出台系列指导性政策文件，扶持智慧养老产业发展，为智慧养老服务开展提供明确依据。引导市场机构、消费者、运营商和制造商等有关利益方，改善智慧养老产业的环境，促进智慧

① 徐阳．普及智慧养老更好服务老人［N］．人民日报，2023-11-23.

② “小服务”托起“大幸福” 天津市“银发”智能服务平台让老年人“一键”安心［EB/OL］．（2023-01-13）［2024-06-24］．央广网，https：//www.cnr.cn/tj/tjyw/20230113/t20230113_526123983.shtml.

养老产业蓬勃发展。二是建立统一规划的智慧养老行业标准。建立完善与智慧养老配套的服务监督和评估机制、法律保障机制等制度规范，强化质量评估和监督检查，实现制度体系和标准规范运行的系统化、有效化和可持续化。在保证数据安全的前提下，建立统一的公共服务数据合作平台和信息资源共享机制，打破信息孤岛，实现跨部门、跨层级、跨业务的信息共享，促进资源整合优化。三是扩大资金投入渠道。有针对性地出台鼓励社会资本参与智慧养老产业的工商、金融和税务等多方面支持政策。设立智慧养老产业发展引导专项基金，通过以奖代补、先建后补、PPP 合作、税收减免、信贷优惠等扶持政策，引导社会力量或民间资本参与其中。探索建立老年健康管理先行试验区，将健康管理费用纳入医保报销范围，释放老年人的消费需求。探索建立使用者付费制度，构建政府、社会和家庭共担机制，促进智慧养老产业可持续发展。

（二）加快产品研发，促进技术与服务的互融

适老化产品和服务既是智慧养老的要求，也是重要体现，更是开拓老年消费市场的重要抓手。一是加强智慧养老技术和产品的研发。加强智慧健康养老市场培育，引导企业坚持以养老市场需求为中心，在产品研发、业务推广和模式创新等方面加大投入，参考德国、美国智能家居设计经验，学习日本细节化和人性化的产品设计，开发普适性的智慧养老技术，设计便捷的智慧养老产品。智慧养老技术开发商、产品制造商与第三方运营商应遵守产品开发标准，提高智慧养老产品与服务质量。二是建立健全养老服务需求动态监测机制。从服务需求角度出发，及时关注养老服务需求的动态变化，加强需求调研，做到供给内容的动态调整。同时，注意产品开发与设计过程中的成本控制，实现养老服务内容的层级化、分类化供给，满足广大农村地区老年人的智能养老需求，避免因价格过高让老年人望而却步。三是创建智慧养老信息共享平台。政府应牵头整合分散在各个领域的智慧养老信息化平台，汇聚各类养老服务资源信息，搭建老年人基础数据信息库，完善动态采集和管理更新机制。政府部门应加强对养老服务信息资源的管理，建立信息资源管理机制，支持智慧养老服务集成性和综合性建设，确保政府各部门、各层级信息及时交流和共享，提高管理精细化水平。

（三）优化人才供给，完善人才激励和考核机制

业以才兴，功以才成。培育一支规模较大、结构合理、素质优良的智慧养老服务专业人才队伍是构建智慧养老服务体系的基础和关键。一是建立并完善养老服务业人才职业教育培训体系。完善与养老服务人才专项培养相关的政策，采用院校培养、政府依托基地培养、校企合作、校政合作、医企合作、社会组织培养、专业培训机构培养等多种模式，培养满足不同层级的多样化、差异化的养老服务专业人才，提高一线工作人员的专业技能，打造一批既懂得如何开展老年人健康、医疗及心理等专业服务，又深谙信息技术理念、能熟练操作智能设备的复合应用型人才。二是及时掌握智慧养老服务人员的供给和需求状况。运用大数据技术，整合民政、公安、社区、企业等多方数据，动态掌握智慧养老服务人员的供需关系，摸排不同区域、不同阶段、不同层级的智慧养老服务人员缺口情况，对接养老需求，及时调整人员引进、培育、培训的数量和方向，发布年度智慧养老服务人才发展报告，提高人才供给的质量和效率。三是优化智慧养老从业人才激励和考核机制。优化智慧养老服务专业资格认定标准，提高补贴标准。基于不同岗位职责和工作内容，制定出台智慧养老从业人员的激励和考核机制，合理设置从业人员薪资待遇，吸引更多优秀的年轻人投身智慧养老服务业，逐步培育一批年轻化、专业化、职业化的智慧养老服务人才。

（四）加大宣传引导，提升老年群体数字技能

智慧养老产品和服务在老年群体中的大规模应用，既是智慧养老服务体系发展的前提，也是创新智慧养老服务场景的基础。一是树立智慧健康养老理念。面对当前老年人对智能养老产品的距离感和智能产品对老年人的疏离感，鼓励企业开展上门指导服务和必要的技能培训，向老年人介绍智慧养老产品和软件的操作方法并实施电信业适老化改造，让老年人真实感受到智慧养老的便捷性，帮助老年人提升对现代科技和智能产品的信任度，消除其心理和技能障碍，打造良好口碑以提升老年人使用智能养老产品的满意度和积极性。二是创新宣传方式方法。采用宣讲、发放传单、直播、短视频、广告等方式进行宣传，普及智慧健康养老服务基本知识，广

泛宣传智慧养老产品在现代生活中的应用，引导老年人与时俱进，树立现代养老理念，逐渐接纳并习惯智慧养老服务模式，从而提高智慧健康养老产品在老年群体中应用的广度、深度和频度。同时，政府部门应加大对电信诈骗和网络诈骗的监管力度，完善相关法律法规，对诈骗分子严惩不贷，净化网络空间，提高老年人的自我防范意识。三是发挥好家庭的情感港湾作用。家作为老年人长期生活的场所，也是诸多智慧养老产品存放和使用的地方。家庭的氛围对老年人的身心健康具有重要影响，应在全社会宣传和营造尊老、爱老、敬老的家风和社会氛围。年轻人要切实担负起帮助、指导老年人安装使用智能产品的责任，用耐心、爱心和责任心消除老年人的“数字鸿沟”，提高老年人的数字化技能，让老年人也能感受到现代信息技术发展带来的便利。

Ⅳ 地区报告篇

B.8　贵阳贵安养老服务发展报告

黄德林*

摘要： 本报告以贵阳市统计局2023年养老服务相关数据为基础，结合贵阳贵安及各县（区、市）政府，尤其是养老服务部门工作报告和相关公开数据与资料，围绕贵阳贵安应对人口老龄化挑战基本做法、主要成效、存在问题，分析高质量发展贵阳贵安养老服务的对策建议。

关键词： 贵阳贵安　养老服务　发展报告

“十四五”以来，贵阳贵安民政系统坚持把“两个确立”“两个维护”作为最高政治原则，坚持把习近平总书记重要讲话和重要指示批示精神作为学习的“第一议题”、贯彻的“第一遵循”、落实的“第一政治要件”，切实用习近平新时代中国特色社会主义思想凝心铸魂，把忠诚核心融入血脉、植入灵魂，化为坚定的信仰信念和自觉行动。近年来，贵阳贵安先后建成云岩区皇钻养老服务中心、南明区幸福里长照之家等一批全省优质服务机构，先后引进了吉林幸福里、苏州福星、泰康之家等一批优质养老服务品牌，培育了康园、爱玺、工商康养等一批本地市场运营主体。

一、贵阳贵安养老服务发展基本情况

（一）着力构建养老服务政策体系

第七次全国人口普查数据显示，贵阳贵安60周岁及以上人口为81万人，占13.3%，65周岁及以上人口为57.7万人，占9.5%，已进入老龄化

* 黄德林，贵州省社会科学院拔尖人才工作室首席专家，二级研究员，博士研究生导师。

社会。近些年来，《贵阳贵安打造“15分钟养老服务圈”实施方案》（筑府办函〔2022〕76号）、《市人民政府办公厅关于印发贵阳贵安推进老龄事业高质量发展实施方案的通知》（筑府办函〔2022〕97号）、《市人民政府办公厅关于印发贵阳贵安“一老一小”整体解决方案的通知》（2022年12月21日）、《贵阳贵安“一老一小”重大项目清单》（筑府办函〔2022〕130号附件）、《贵阳贵安基本养老服务清单》（筑民发〔2022〕165号）、《市人民政府关于进一步完善贵阳贵安城乡居民基本养老保险制度的意见》（筑府发〔2023〕27号）、《贵阳市城镇居住区配套养老服务设施建设管理规定》（贵阳市人民代表大会常务委员会公告，2024第1号，2024年7月1日起施行）等政策文件相继出台，结合贵阳贵安养老服务实际着力打造“15分钟养老服务圈”，深化居家和社区养老服务改革，优化养老服务环境，增加养老服务供给，提升养老服务水平；围绕完善社会保障、建立养老服务、健全老年健康支撑三大体系，加快老龄事业和产业协调发展，增强发展要素支撑；充分发挥市场主体作用，进一步扩大养老托育服务及产品供给，提升服务质量，推动养老托育事业和产业高质量发展，提高人民群众的获得感、幸福感、安全感；建立公平、规范、高效的城乡居民基本养老保险制度，实现“强省会”与城乡居民增收互促共进，扎实推进共同富裕，强化制度支撑，统筹推进贵阳贵安养老服务工作顺利开展。例如，在探索实施社区互助养老方面，明确对社会力量投资建设的社区养老服务设施按功能不同，给予每张床位2万元及每平方米1000元的建设补助，并在全省率先设置助餐补贴，按日均就餐人次给予1万～10万元的助餐奖励，并不断优化养老服务设施建设，努力实现“15分钟生活圈”养老服务全覆盖。又例如，贵阳市云岩区结合自身实际探索起草《云岩区社区养老服务站设施建设运营和管理细则》，从设施建设、服务内容、服务质量评价制度三方面着手制定建设及管理细则75条，持续加强社区养老服务政策执行、机制供给保障力度。观山湖区民政局研究制定了《观山湖区推动养老服务高质量发展的实施方案》，梳理建立全区“2+3+N”的养老服务体系。同时，强化对养老服务工作的考核，着力推动养老机构规范专业化运营，进一步优化《观山湖区养老机构运营管理考核方案》。清镇市建立了养老服务工作联席会议制度，统筹协调全市养老服务工作，研究解决养老服务重大问题。同时，研究制定养老服务规划和推进支持养老服务工作发展的政策措施，贯彻落实养老服务改革创新重大事项。另外，制定了《清镇市民政局养老服务体系建设综合监管制度》，加强了农村敬老院建设和管理，建立居家养老服务网络和引导社会力量兴办养老机构作为完善养老服务体系的突破口，推进了全市养老服务体系的发展和建设步伐。

（二）大力发展居家社区养老服务

贵阳贵安针对居家社区养老服务设施不足的问题，聚焦“强省会”五年行动和“一圈两场三改”建设，着力打造“15分钟养老服务圈”，明确在区域层面科学设置养老院或养护院，面积不少于3500平方米、床位不少于100张；街道层面建设具备全托、日托及上门服务的街道养老服务中心，面积不少于900平方米、床位不少于30张；社区层面建设具备午间休息、餐食供应、文化娱乐、健康服务等内容的社区养老服务站。截至2022年底，贵阳贵安建有城乡养老福利机构113家、乡镇敬老院36家、农村互助幸福院464家。“15分钟养老服务圈”建成街道养老服务中心41个、社区养老服务站328个，养老服务床位总数2.4万张。2023年新建街道（社区）养老服务设施30个以上，“15分钟养老服务圈”将实现全覆盖。目前，贵阳贵安建有城乡养老机构和设施933个①，养老服务床位总数2.4万余张，其中备案运营的养老机构床位总数1.1万余张，护理型床位占比51%。例如，贵阳市云岩区全面拉动企业参与社区养老服务站项目投资、设施建设、资源整合、体系运营等重点工作，累计筹集世行项目资金1100余万元、撬动社会资本金1500余万元，共计建成社区养老服务设施66个，搭建起云岩社区养老设施服务网络体系。云岩区已建成居住区22个，其中17个居住区已通过新建、配建、租赁等方式配建养老服务设施，配件率达77.3%。观山湖区7个街道共84个社区、10个村，60周岁及以上老年人61600人，现已建成社区养老服务站53个，2023年在建社区养老服务站5个，可实现街道（社区）、村100%全覆盖。清镇市在2021年、2022年共建设养老服务站10个，分别为地勘社区养老服务站、湖城社区养老服务站、周五井社区养老服务站、云梦小镇养老服务站、弘业养老服务站、百

① 福利院2家、养老院84家、街道养老服务中心41个、乡镇敬老院36所、社区养老服务站306个、农村互助幸福院464家。

花养老服务站、东原郎阅养老服务站、广大养老服务站、麒龙花园养老服务站、百花里养老服务站。其中地勘社区养老服务站和湖城社区养老服务站为民生实事项目。10个养老服务站均与幸福里养老服务有限责任公司签订合同，设施设备安装完成后将由幸福里养老服务有限责任公司开展运营工作。由社会力量建设的悦四季康复度假中心养老服务站已开展运营。凉水井养老服务站和茶马古镇养老服务站已于2023年完成建设，设施设备进场后已开展运营工作。按照“高质量”相关要求，2025年拟建养老服务站5个，分别为滨湖街道上观养老服务站、云湾养老服务站、半山壹号养老服务站、巢凤街道逸坤尚品养老服务站、御景苑养老服务站，总投资200万元，资金来源为世行贷款。

（三）强化养老机构建设

“十四五”以来，贵阳贵安切实加强养老机构监督管理，持续推动机构养老充分发展，对全市养老机构、农村幸福院、日间照料中心的消防、食品、房屋等各方面安全进行全面大排查、大整治和专项治理。紧紧围绕“高质量”“强省会”“十件实事”等考核指标，做好对养老机构的指导督促。2021年养老机构护理型床位占比49.31%，2022年为51.43%，2023年为61.3%，年均增长率30.93%；2021年养老机构床位使用率为36.4%，2022年为37%，2023年上半年为43%，年均增长率为11.06%；社区日间照料机构覆盖率逐年提高，2021年社区日间照料机构覆盖率为48.7%，2022年为50%，2023年上半年为50.94%，年均增长率1.85%；2021年县级特困人员供养服务设施覆盖率为80%，2022年为100%，2023年为100%，目前完成率100%，预计到2025年实现全覆盖；“十四五”以来，全市新建城区、新建居住（小）区配套建设养老服务设施均达100%，实现了全覆盖；截至2023年末，全市养老机构114家，共有床位11312张，其中护理型床位近7000张，护理型床位占比61.9%。例如，贵阳市云岩区优化营商环境，引导帮助辖区有实力的社会资本在辖区内建起中心敬老院、云众天乐老年公寓、黔灵镇养老服务中心、毓秀路街道养老服务中心等一批品质高、服务好、设施全的现代化养老机构。按照“养老机构内建、医疗机构改建、医疗资源合作”的原则，分步推进医疗和养老资源深度融合。截至目前，全区已建成中心、康园、云众等14家医养结合型养老机构。观山湖区以“一圈两场三改”“15 分钟养老服务圈”建设为抓手，不断推进街道养老服务中心和社区养老服务站建设。全区现有 10 家住养老人的养老机构①，其中 2 家具有医疗资质；全区现有 54 个社区养老服务站，另有 5 个社区服务站在建。清镇市着力发展机构养老服务：一是大力发展养老服务产业，提高康养水平。2022 年市政府同吉林省幸福里养老服务有限责任公司签署开发清镇市医康养中心项目的协议，采取 3P 养老体系“1 个机构+2 个中心+1 个平台+N 个服务站”的总体建设思路，通过三级养老设施和两级平台构建清镇市养老服务体系，实现清镇市养老服务“机构社区居家一体化、医康护养一体化、线下线上一体化”的目标。“1 个机构”为 1 个医康养中心②，“2 个中心”为 2 个综合养老服务中心③，“1 个平台”为 1 个居家养老服务信息平台，“N 个服务站”暂定为 10 个养老服务站④，项目合计建筑面积约为 31750 平方米。二是制定发展养老机构的扶持政策，助推社会养老事业的发展。认真执行民政部《关于支持社会力量发展养老服务业的政策措施》和《贵阳市养老服务机构管理办法》的规定，鼓励和倡导各类企业、社会组织、个人按照“自主经营、自负盈亏、自我发展、自我约束”的原则发展民办养老机构。目前清镇市有 2 家社会办养老机构。三是制订《关于推进清镇市基本养老服务体系建设的实施方案》，积极引导社会医疗机构转为康复医院、护理院和医养结合养老机构，扩大有效供给，推进老年友好型社会建设，切实维护老年人合法权益，优化老年产业发展环境，推动老年事业和产业高质量发展。

（四）促进养老服务高质量发展

1. 着力提升养老服务质量

2021 年，按照“尽力而为、量力而行，统筹谋划、系统推进，重点突出、普惠便民”的工作思路，以增强有效供给为重点，以提升服务质量为

① 含 1 个观山湖区养老服务中心（挂牌：金阳街道养老服务中心）、5 家民办养老院、3 个街道养老服务中心、1 个社区养老服务站。

② 长照之家医康养中心。

③ 中环国际社区综合养老服务中心、滨湖街道综合养老服务中心。

④ 云岭社区养老服务站、塔山社区养老服务站、周五井社区养老服务站、湖城社区养老服务站、云梦小镇养老服务站及其他 5 个社区养老服务站。养老服务站数量以政府最终审定的建设方案为准。

导向，着力打造“15分钟养老服务圈”。2022年，着力落实《关于创建“五社联动”机制推进贵阳贵安居家社区养老服务的实施意见（试行）》，以社区为平台、社会组织为载体、社会工作专业人才为支撑、社区志愿者为辅助、社会慈善资源为补充，大力发展社区互助养老和志愿助老服务。第七次全国人口普查数据显示，贵阳贵安60周岁及以上人口为81万，占辖区总人口的13.3%，65周岁及以上人口为57.7万人，占辖区总人口的9.5%，已进入老龄化社会。例如，云岩区对照《贵阳贵安基本养老服务清单》要求，对辖区内低保高龄、低保失能、高龄独居等特殊困难老年人每月开展至少1次走访工作；积极创新政府购买居家养老便捷服务，累计投入财政资金391.84万元；同时，对辖区内647名经济困难且失能、半失能老年人居住场所开展适老化改造，并组织专业养老机构为建床老年人提供每人每月300元的为老服务。

2. 强化特困和农村留守老年人兜底保障和关爱服务

2021年1月至2023年6月，均按时发放特困供养金，保障特困供养老年人生活，为特困老年人指定照料护理人，签订特困对象护理协议，安排人员做好特困老年人平时的生活照料，同时，为确保特困和农村留守老年人兜底保障和关爱服务工作落实到位，由所属乡镇（街道）按属地责任，对特殊困难老年人实行每月探访，建立探访台账，探访率为100%。

3. 大力发展银发养老产业

通过“企业+区县”、“机构+中心+站点”、“小微企业（社会组织）+站点”、国企自建自营等模式，着力增强养老服务市场活力，先后引进了吉林幸福里、苏州福星、泰康之家等一批优质养老服务品牌，培育了康园、爱玺、工商康养等一批本地市场运营主体。

二、贵阳贵安养老服务存在的问题及困难

（一）站点运营较为艰难

目前，社区居家专业化为老服务组织发展滞后，市场化运作机制尚未形成，大多数服务站点主要向老年人提供无偿和低偿服务，缺乏更多盈利

点和盈利模式。加之受新冠疫情影响以及老年人购买服务能力和意愿不强等因素制约，养老服务站点近年来的运营较为艰难。

（二）人才流失较为严重

长期以来，养老服务工作强度大、薪酬低，社会地位及职业认同感低，普遍存在“招人难”“留不住”等问题。比如，同为护理人员，在养老机构与在医疗机构待遇相差较大，造成许多养老护理人员培养成熟后跳槽改行，在一定程度上影响了养老服务人员队伍建设和发展。

三、促进贵阳贵安养老服务高质量发展的对策与建议

（一）建立养老机构护理人员职称晋升机制

据有关部门统计，全国相关院校养老服务类专业学生毕业后进入养老行业工作后，第一年流失率达到30%，第二年达到50%，第三年达到70%甚至更高。加之职称晋升空间受限，养老服务行业对年轻人缺乏吸引力。例如，如果在医院工作，职称从初级护士—初级护师—主管护师—副主任护师—主任护师，从医士—医师—主治医师—副主任医师—主任医师，晋升通道顺畅。但如果在养老机构工作，其职称申报就会受到诸多限制。为此，建议从省级层面出台相关政策措施，明确养老护理员在职称评定方面与医院医护人员享有同等待遇。

（二）根据供养方式区分特困供养对象护理补贴标准，提高集中供养率

目前，根据特困供养人员自理等级，政府每月给予特困人员相应的护理补贴①，其中集中供养的直接拨付给老年人入住的机构，分散供养的由照顾老人的家庭管理支配。贵阳市民政局调研发现，一些家庭为获得资金补贴日常支出，不愿意将老人送到养老机构，部分老年人因而没有享受到护理补贴本应给其带来的专业护理服务。因此，建议从省级层面区分分散

① 以贵阳市开阳县为例，护理补贴从334元至1670元不等。

供养和集中供养老年人的护理补贴标准，帮助提高集中供养率并让老年人享受实实在在的护理服务。例如，云岩区依托贵阳市福利院及辖区3家公建民营养老机构做好特困老年人集中供养工作，截至2023年底，共计供养特困老年人271人，其中39名具有集中供养意愿的人员已全部实现集中安置供养，同时联合街道（乡镇）、村（社区）对特困老年人开展每月至少一次走访关爱活动，及时了解老人生活困难并提供帮助。观山湖区积极组织开展养老机构从业人员消防安全、突发应急事件应对、技能实操等线上线下培训，提升全区养老从业人员护理水平。协同观山湖区养老协会在全区范围内面向失业人员、有照护需求者开展养老护理技能专项培训，提升全区养老照护技能认知水平。清镇市着力提升养老服务质量，市民政局、市卫生健康局联合制订《清镇市失能老年人“健康敲门行动”实施方案》，为全市提出申请的65周岁及以上失能老年人提供免费上门服务，通过对老年人身体健康状况进行评估，精准对接老年人养老服务需求，细化措施开展健康管理服务。同时，实地检查各机构服务是否完成到位、服务内容与实际服务项目是否相符，对于发现的异常服务工单和延时服务情况及时追踪，责令立即整改，确保服务项目和服务内容精准落实到老年人的心坎上。落实常态化监管责任，强化食品安全、消防安全及疫情防控安全等工作的督查、落实情况，确保重点时段的服务质量不打折扣、安全责任落实到位。对回访记录表、督查记录表等相关监管台账进行完善，力求全方位、强有力、多层次提升服务质量。做到定期开展提高职业技能的岗位培训，积极普及养老护理知识，切实提升养老机构护理人员的素质和专业水平。举办家政服务员培训班，积极引导全市养老机构的护理人员、城镇失业人员等参加培训，重点培训家居清洁、老年人照料及护理病人等技能，同步组织养老机构工作人员开展消防安全、食品安全等技能培训。经系统培训和考核，全市养老机构持证护理人员为13人。清镇市强化特困和农村留守老年人兜底保障和关爱服务，建立留守老年人定期巡访制度，成立了由乡镇（街道）包村干部、村（居）干部兼任的村级“助老员”队伍，定期走访、探望所在村（居）的老年人。完善机制、加大救助力度，将符合条件的留守老年人全部纳入最低生活保障范围，做到应纳尽纳、应保尽保，认真落实经济困难的高龄、失能老年人补贴制度和困难残疾人生活补贴制度，按照80~89周岁每人每月60元、90~99周岁每人每月100元、

100周岁及以上每人每月200元的补贴标准，每半年发放一次，每年6月和12月进行发放。2023年6月对10207人发放高龄补贴，共计364.174万元。修文县大力推进养老服务高质量发展。目前，全县共有60周岁及以上老年人45330人，其中特困供养人员765人。全县共有养老机构13家，其中公建敬老院7家，民建养老机构2家，日间照料中心4个，现运营的6家养老机构养老床位有537张，其中护理型床位占比达55%。目前，在养老机构集中供养老年人323人，其中特困人员157人，社会化养老人员166人。建立特困老年人兜底供养机制，及时将有意愿的特困老年人送入敬老院中供养，实现有意愿入住敬老院的老年人100%入住；建立高龄补贴动态调整机制，认真做好高龄老年人关心关爱工作，让他们切实感受到党委、政府的温暖。2023年上半年，已累计为6109名80周岁及以上老年人发放高龄补贴215万余元。探索完善养老服务新模式。紧盯市、县“一圈两场三改”工作，努力做好养老服务配套建设。在抓好基本养老的同时，着力推进“居家社区养老服务”。目前，已完成养老服务设施基础建设，待上级资金下达，采购设备设施安装完成验收后投入使用。积极推进养老机构公建民营改革。对修文中心敬老院、六桶敬老院、洒坪敬老院按公建民营的模式进行社会化改革，预留30%的床位用于政府兜底，其余床位允许用于“医养、康养、旅养”等社会化养老服务，有效避免了公办资源的闲置，又激发了社会资本的活力。积极探索民建民营公助模式养老改革。探索吸引社会资本为主，省、市财政补助为辅的民建民营公助模式来推动养老项目的建设。截至目前，以民建民营公助建成的老年人日间照料中心2个。其中，龙潭社区老年人日间照料中心吸引第三方投资约400万元，省、市补助134万元；原珍珠河社区老年人日间照料中心吸引第三方投资约300余万元，省、市补助150万元。这一改革措施，既按时完成了省、市、县实事目标任务，又减轻了县级财政匹配投入的压力。强化监管，着力提升养老服务质效。认真抓好养老机构安全监管，紧盯养老机构消防安全、食品安全、建筑安全等领域风险隐患，建立完善常态化管理机制及应急预案。争取省、市资金418万元，完成洒坪敬老院、六桶敬老院、杏林护养院提质改造工作，着力提升改造消防等基础设施。强化护理责任落实，建立日常巡查机制，督促养老机构按照与入住老年人签订的护理协议履行护理职责，确保入住老年人吃得放心、穿得暖心、住得舒心、玩得开心，有效提高了全县老年人的获得感、安全感、幸福感。

参考文献

［1］贵阳市城镇居住区配套养老服务设施建设管理规定，贵阳市人民代表大会常务委员会公告，2024（1）.

［2］市人民政府关于进一步完善贵阳贵安城乡居民基本养老保险制度的意见，筑府发〔2023〕27号.

［3］市人民政府办公厅关于印发贵阳贵安“一老一小”整体解决方案的通知，贵阳市政府办公厅，2022-12-27.

［4］市人民政府办公厅关于印发贵阳贵安推进老龄事业高质量发展实施方案的通知，筑府办函〔2022〕97号.

［5］市人民政府办公厅关于印发贵阳贵安打造“15分钟养老服务圈”实施方案的通知，筑府办函〔2022〕76号.

B.9 遵义市养老服务发展报告

江志平*

摘要：“未富先老”使养老成了一个严峻的社会问题。第七次全国人口普查数据显示，遵义市已进入老龄化社会，积极主动应对老龄化挑战，构建可持续的养老保障体系，成为遵义市养老服务业发展面对的重要课题。针对老龄化趋势，遵义市政府积极响应国家战略，通过优化养老服务布局、推动社区居家养老、实施适老化改造等措施取得显著成效。同时，遵义市养老服务业在养老政策落实、养老供需平衡、养老服务形式创新、养老服务人才培养和养老产业培育等方面存在不少不容忽视的问题。展望未来，遵义市将继续强化政策支持、优化资源配置、提升服务水平，推动养老服务业高质量发展，以满足老年人多样化的养老服务需求，实现老有所养、老有所依的目标。

关键词：老龄化　养老服务　遵义市　老有所养

党的二十大报告指出：“实施积极应对人口老龄化国家战略，发展养老事业和养老产业，优化孤寡老人服务，推动实现全体老年人享有基本养老服务。”这为促进新时代养老服务高质量发展提供了根本遵循和行动指南。基本养老服务是由国家直接提供或者通过一定方式支持相关主体向老年人提供的，旨在实现老有所养、老有所依必需的普惠性、基础性、兜底性服务，包括物质帮助、照护服务、关爱服务等内容。发展养老事业和养老产业，是积极应对当前人口老龄化的有力手段，体现了党中央对我国老有所养制度顶层设计的重大基础性安排，对维护好、发展好最广大人民的根本利益有着重要的意义。2020年，第七次全国人口普查数据显示，我国

* 江志平，中共遵义市委党校遵义会议研究中心讲师，研究方向为遵义地方历史文化。

人口老龄化的发展速度在加快，人口老龄化程度在不断加深，随之带来的养老等问题将会日益严峻。第七次全国人口普查数据显示，遵义市 60 周岁及以上老年人口 112.65 万人，占全市人口的 17.05%。其中，65 周岁及以上老年人口 88.65 万人，占全市人口的 13.42%①，标志着遵义市已进入老龄化社会，“未富先老”成为遵义市经济社会发展面临的突出问题。遵义市高度重视人口老龄化问题，积极推动养老事业和养老产业发展并取得一系列突破性成绩。遵义市先后获批全国第四批居家和社区养老服务改革试点优秀地区、全国 61 个积极应对人口老龄化重点联系城市之一。本报告首先概述遵义市养老服务发展现状，其次分析遵义市养老服务面临的现实困难与挑战，最后在此基础上对未来的发展进行展望。

一、2022 年遵义市养老服务发展现状

（一）养老布局规划

围绕“以中心城区为重点、县城为依托、乡镇为网格”的思路，因地制宜分层发展布局。

一是在中心城区建设示范引领。在人口密集、养老服务需求量大的市中心四城区，通过搭建平台、购买服务、公办民营等方式，重点打造了遵义市益养苑颐康养中心、爱心彩虹养老院、健乐养护院、康宁世纪养老服务中心等数家中高端养老机构，作为全市养老服务人才培训、带动引领、教育示范基地。遵义市颐康养中心名单见表 1。

表 1　遵义市颐康养中心名单

序号	养老机构	地区
1	夕阳红老年公寓	红花岗区
2	爱心彩虹养老院	红花岗区
3	板桥镇敬老院	汇川区

① 遵义市统计局．遵义市第七次全国人口普查公报［EB/OL］．（2021-06-16）［2024-06-13］．http：//tjj. zunyi. gov. cn/zfxxgk/fdzdgknr/tjxx _ 5711466/tjgb _ 5711467/202106/t20210616 _ 68516402. html.

续表

序号	养老机构	地区
4	山盆镇敬老院	汇川区
5	健乐养护院	汇川区
6	上海洪天汇川养老服务中心	汇川区
7	播州区社会福利中心	播州区
8	播州区观颐康复托养院	播州区
9	龙坪舒心安逸养老中心	播州区
10	遵义市益养苑颐康养中心	新蒲新区
11	茅台镇敬老院	仁怀市
12	仁怀市颐康养中心	仁怀市
13	赤水市老年养护楼（长寿和庭康养中心）	赤水市
14	习水县汇元养老服务中心	习水市
15	蒲场镇敬老院	绥阳县
16	青杠塘敬老院	绥阳县
17	温泉镇敬老院	绥阳县
18	绥阳县老年养护楼	绥阳县
19	娄山关街道敬老院	桐梓县
20	龙山镇敬老院	桐梓县
21	湄潭县颐康养中心	湄潭县
22	凤冈县颐康养中心	凤冈县
23	松烟敬老院	余庆县
24	余庆县青山漫谷养老康复中心	余庆县
25	仡福中医康养有限公司	务川仡佬族苗族自治县
26	林溪村养老服务站	务川仡佬族苗族自治县
27	道真仡佬族苗族自治县颐康养中心	道真仡佬族苗族自治县

资料来源：遵义市民政局。

二是以县城为依托构建服务网络。通过整合各类项目资金，有序在各县（市）城区建设1所以上功能完备的县级综合性养老机构，对特困人员进行统一专业照护，向老年人提供寄养代养、日间托养、家庭护理、配送餐等服务。以各县（市）城区的综合性养老机构为链条，以机构、社区养老服务驿站为网点，有效链接成一个完整系统，实现建点、联线、扩面，目前已建成 13 个，在建 2 个。

三是将乡镇机构进行整合撤并。为解决乡镇敬老院使用率低、服务水平差等问题，推动全市 215 家乡镇敬老院，撤并整合为 111 个区域性养老服务中心，有序将院内兜底保障的老年人进行集中转移。因撤并整合而空出的乡镇敬老院，可用于其他社会福利性事业或者引进社会资本，大力发展旅居、康养等社会化养老产业。

（二）社区居家养老

受传统文化影响，居家养老仍将是未来占主流的养老模式。据统计，我国在机构里养老的老年人仅占老年群体的 1%左右，99%的老年人选择居家养老的模式。① 遵义市大约有 110 万老年人选择居家养老，面对这种养老模式，遵义市委、市政府高度重视居家和社区养老服务工作，采取了一系列有力的举措。

一是积极向上争取项目。2023 年，成功争取民政部全国居家和社区基本养老服务提升行动项目，在全市建设家庭养老床位 5407 张，开展 10815 人次的居家养老上门服务。另外，近两年，湄潭县、凤冈县、余庆县、道真县、务川仡佬族苗族自治县成功申报县级居家和社区养老服务建设项目，共获批中央预算内资金近 1 亿元。

二是积极建设社区养老驿站。在全市开展城市社区养老服务驿站、农村互助幸福院建设，目前已建成 800 余个（家）。驿站依托社区养老服务设施，提供老年人最关注的日常护理、慢性病管理、照顾陪伴、健康教育等养老服务。

三是开展适老化改造工程。对符合条件的老年人家庭进行适老化改造和智能化改造，改造范围主要包括地面、门、卧室、厨房、卫生间等，改造内容包括助行、助浴、紧急呼叫等方面。充分利用数字化、智慧化养老服务平台和社区居家养老服务设施建设成果，开展“互联网+”家庭养老

---

① 穆光宗．我国机构养老发展的困境与对策［J］．华中师范大学学报（人文社会科学版），2012，51（2）：31-38.

床位服务运营，为老年人高效匹配服务资源。2023 年，遵义市针对特困人员和城乡低保对象中的高龄、失能、残疾老年人等特殊困难家庭实施适老化改造，已验收完成适老化改造 5484 户。

（三）养老服务管理

一是率先统一养老机构名称。由于历史和政策等原因，全省养老机构（设施）名称混乱繁杂，极不利于规范管理和分类施策。在充分调研论证的基础上，遵义市在全省率先根据床位规模、服务水平、运营模式等因素，划分为颐康养中心、养老服务中心、养老服务驿站三个层次，为后期分类施策执行和管理标准制定等打好基础，已基本建立形成“颐康养中心活力十足、养老服务中心区域覆盖、养老服务驿站遍地开花”的组团式发展格局。

二是率先开展养老机构服务质量星级评定。为有效提升全市养老机构管理服务水平，2022 年率先在全省开展养老机构服务质量星级评定，聘请专业第三方机构按照服务管理质量将养老机构从低到高分为一星至五星 5 个等级，并颁发星级评定证书、牌匾，实行动态管理，两年进行一次复评，接受社会监督。目前，共评出星级颐康养中心 11 家、社会力量运营的养老服务中心 6 家、区域性养老服务中心 21 家（见表 2）。通过一系列措施，不断规范养老机构服务和运营管理，提升专业化水平。

表 2 遵义市养老机构服务质量星级名单

类别	等级	名称	类别	等级	名称
颐康养中心类	五星级	益养苑颐康养中心	区域性养老服务中心类	四星级	汇川区板桥镇养老服务中心
	四星级	康宁世纪养老服务中心		四星级	道真仡佬族苗族自治县玉溪镇养老服务中心
	四星级	健乐养护院		三星级	湄潭县永兴镇养老服务中心
	四星级	爱心彩虹养老院		三星级	桐梓县新站镇养老服务中心

续表

类别	等级	名称	类别	等级	名称
颐康养中心类	四星级	务川仡佬族苗族自治县仡福中医康养院	区域性养老服务中心类	三星级	汇川区松林镇养老服务中心
	四星级	播州区社会福利中心		三星级	务川仡佬族苗族自治县涪洋镇养老服务中心
	三星级	绥阳县路爽颐康养中心		三星级	习水县良村镇养老服务中心
	三星级	上海洪天汇川养老服务中心		三星级	湄潭县马山镇养老服务中心
	三星级	余庆县青山漫谷养老康复中心		三星级	正安县乐俭镇养老服务中心
	二星级	仁怀市颐康养中心		二星级	桐梓县楚米镇养老服务中心
	二星级	播州区观颐康复医院		二星级	赤水市官渡镇养老服务中心
社会力量运营的养老服务中心类	四星级	红花岗区幸福汇养老服务中心		二星级	播州区鸭溪镇养老服务中心
	四星级	红花岗区馨安康养老服务中心		二星级	道真仡佬族苗族自治县三江镇养老服务中心
	四星级	桐梓县怡康苑养老服务中心		二星级	余庆县龙溪镇养老服务中心
	四星级	红花岗区新华桥养老服务中心		二星级	凤冈县永安镇养老服务中心
	三星级	赤水市同仁养老服务中心		二星级	凤冈县绥阳镇养老服务中心
	二星级	播州区舒心安逸养老服务中心		二星级	仁怀市龙井镇养老服务中心
区域性养老服务中心类	五星级	习水县大坡镇养老服务中心		二星级	正安县新州镇养老服务中心
	四星级	新蒲新区虾子镇养老服务中心		二星级	绥阳县视坝镇养老服务中心

资料来源：遵义市民政局。

三是切实履行兜底保障职责。充分发挥公办养老机构的兜底保障作用，全市有意愿入住敬老院的特困供养老人集中供养率为100%。在全省首创“云上探访”模式，实现了农村地区散居特困供养人员、独居老年人等特殊群体高效探访。压实压细了照料护理人责任，确保困难群体“平时有人管、难时有人帮、病时有人护”。

（四）养老服务保障

一是养老政策落地落实。积极完善养老服务体系、制度建设，基本构建了“1+X”配套政策体系。在《关于促进养老托育服务健康发展的意见》《贵州省促进养老托育服务高质量发展实施方案》《关于推进基本养老服务体系建设的意见》等国家、贵州省政策文件的要求下，2022年以来，遵义市先后印发了《遵义市深化养老服务改革发展若干措施》《遵义市养老托育服务发展实施方案》《遵义市“十四五”养老服务发展规划》等政策文件。特别是发布了《遵义市基本养老服务清单》（见附件一），从特困人员救助供养、80周岁及以上老年人高龄津贴、100周岁及以上老年人长寿保健补贴、特殊困难老年人巡访关爱、老年人健康管理、老年人就医优待、老年人旅游休闲和文化活动优待、老年人交通出行优待、智慧养老、居家和社区养老等10个方面明确了服务内容和标准。起草了《遵义市2022年居家和社区基本养老服务提升行动项目实施方案》、《遵义市2022年养老机构服务质量星级评定工作实施方案》、《遵义市推进养老事业和养老产业高质量发展实施方案》（征求意见阶段），明确了财政补贴、税收优惠、优先供地等扶持政策，养老机构用水、用电、用气按居民生活类价格执行，有力推动了遵义市养老事业和养老产业的发展。

二是强化资金保障。积极申报、争取中央、贵州省养老服务项目、资金。2020年以来，获批国家级资金项目10个，到位资金2.15亿元；争取省级资金项目10个，到位资金4610万元；支出福彩公益金1.2亿元，用于县级养老服务体系建设、养老服务能力提升等。以招商引资为抓手引进社会力量。2022年，全市民政系统完成招商引资规模29.84亿元，产业到位资金9.41亿元。每年将福利彩票公益金55%以上用于支持发展养老服务业，并随老年人口的增加逐步提高投入比例。鼓励金融机构加快金融产品和服务方式创新，支持养老服务业的信贷需求，积极利用财政贴息、小额贷款等方式，加大对养老服务业的有效信贷投入。

三是优化营商环境。放开养老服务市场，深化养老服务“放管服”改革，取消养老机构设立许可，完善养老机构登记备案管理，降低准入门槛，减少审批环节。

四是健全人才培养机制。依托遵义医科大学、遵义医药高等专科学校、遵义职业技术学校等院校和专业组织，建立养老服务培训基地，建立健全人才队伍培养机制。

二、2022年遵义市养老服务的新特点

（一）养老服务驿站深受好评

随着人口老龄化程度持续加深，“推进老龄社会治理现代化关键在于适老化建构”，而其中重要的一项措施是“充分整合社会资源，设立养老驿站、老年活动中心、老年服务中心，满足老年人日托、助餐、助洁、助医和健康维护的日常需求”，社区养老能有效“弥补家庭养老服务能力弱化的现代困局”。[①] 针对居家养老，遵义市顺应老龄化的形势，在建设市、县（区）、镇（乡）三级养老服务体系的基础上，充分利用养老服务和社区资源，大力发展养老服务驿站。目前，全市已建成800余家养老服务驿站、农村幸福院。养老服务驿站内，各类活动室宽敞明亮，音响、电视、琴棋书画等设施一应俱全，设有食堂，为老年人提供生活照料、健康监护等服务，深受群众好评。

益养·仁和养老服务驿站位于汇川区仁和苑社区，由贵州省民政厅出资建设，贵州益养大健康产业有限公司和遵义市仁和新文化传播有限公司组建运营，通过政府引导、政策扶持、资金补贴、智慧监管和市场化运营的方式，探索推动居家社区养老模式。驿站服务辐射周边社区60周岁及以上老年人近3000人，老年人在家门口就能享受安全舒适、专业实惠的养老服务。养老服务驿站以居家为基础、社区为依托，不仅老年人可以随时到

① 原新，金牛．中国老龄社会：形态演变、问题特征与治理建构［J］．中国特色社会主义研究，2020（Z1）：81-87.

驿站吃饭、娱乐，驿站还开展助餐、助浴、助乐等服务，得到广大老年人及其家属的好评。

新蒲新区新科社区养老服务驿站是贵州省居家和社区示范性养老机构设施，占地800余平方米，2022年6月投入运营。该养老服务驿站不仅提供娱乐等服务项目，还按照就近就便、小型多样、功能配套的要求，规划建设以企业和机构为主体、以社区为纽带的居家养老服务网络，依托互联网管理，打造智慧养老服务平台，形成了集养老、医疗、居家上门服务于一体的社区嵌入式医养结合智慧养老项目，让社区老年人在家就能享受人性化、多样化和精准化的养老服务，深受社区老年人欢迎。老年人可根据自身情况，灵活选择全托或上门服务。

汇川区航宇社区的老年人很多是20世纪60年代参加三线建设来到遵义的，为遵义发展作出了积极贡献。如今，他们年逾古稀，子女多在外地，空巢、独居、养老等问题逐渐成为共性难题。社区党总支积极向街道党工委、区民政局争取政策、资金等支持，于2023年10月建成社区养老服务驿站，为老年人提供宽敞明亮的房间、干净舒适的床铺、香飘四溢的食堂，还有专门的健康医疗服务室、文化活动室、护理站等功能区，让社区老年人在“家门口”就能享受优质的养老服务。

正安县凤仪街道山奇社区里的叶金云老人在“春风小院+老吾老驿站”说：“我是小院的常客，孩子白天上班忙，我们老年人在家也孤独，来小院和老伙计们一起说说笑笑、唱歌跳舞、写书法，生活过得丰富多彩。”

社区养老服务驿站的建设和运营有利于解决高龄、独居、失能老人的养老难题，成为政府提供基本养老服务的重要载体和主要途径。推进养老服务驿站等社会养老资源和传统居家养老模式的融合，有助于缓解严峻的老龄化形势，保障老年人口基本权益。

（二）率先建成智慧养老服务中心

面对日益加剧的老龄化挑战，依托互联网、物联网、云计算等智能养老设备打造多层次智慧养老服务体系，正逐渐被看作一种创新的应对策略。“基层政府要充分利用智慧养老平台所提供的老龄化分布、健康状况等数据，从社会保障到治理实现精细化管理。”① 遵义市在全省率先建成智慧养老服务中心。目前，已建设完成全省首个市级智慧养老服务中心和全省首批县级智慧养老服务平台，并逐渐构建起以市、县两级智慧服务平台为核心，以区域性养老服务中心和街道、社区养老服务驿站为网络支点的居家养老服务网络体系。以家庭养老床位建设和服务为抓手，依托市、县两级智慧养老平台，以智能设施设备、互联网、物联网、大数据管理等应用为核心，整合服务需求和服务资源，搭建家庭养老床位服务网络，促进居家和社区养老服务智慧化。新科社区养老服务驿站投入资金约 270 余万元，共设有 21 张护理型床位，采取“多系统+多服务”的“线上+线下”模式为老年人提供便捷的服务。依托定位系统、机构管理系统等平台支撑，服务人员 24 小时响应老年人的服务需求，保障老年人的安全与健康，为老年人提供长期或短期托养床位，使老年人在社区获得社交、生活照料、康复护理服务，较好地满足了老年人多层次、多样化、专业化的养老服务需求。通过智慧养老服务平台，可以让有需求的老年人不出社区就能享受优质的社区医疗、养老服务。遵义市民政局在市养老服务综合管理平台上，为特殊老年人新增了“家床平台”板块，通过安装在老年人家中的烟雾报警器、红外线感应器、具有心率监测功能的护理床等设备传输数据，一旦发现异常情况平台就会自动发出警报并反馈到老年人家属的手机上，全方位保障老年人生活环境安全和身体健康。

遵义市益养苑颐康养中心通过智慧康养大屏，可以实时监测每位入住老年人的生命健康情况，包括呼吸、心率、在离床状态、睡眠质量报告等，对呼吸异常、跌倒风险异常的老年人还会特别标注提醒，不仅提高了照护人员的工作效率，还提升了对老年人的安全保障能力。

（三）养老产业融合发展

立足优质生态和医疗条件，遵义市多元化打造康养产业。遵义市现有遵义医科大学附属医院、遵义市第一人民医院、贵州航天医院、遵义市妇幼保健院、遵义市中医院、遵义医科大学第二附属医院等多家三甲医院，

① 向运华，姚虹．养老服务体系创新：智慧养老的地方实践与对策［J］．西安财经学院学报，2016，29（6）：110-114.

拥有遵义医科大学和遵义医药高等专科学校 2 所医科类院校。遵义医科大学在临床医学硕士点下设立“运动医学”和“老年医学”专业，培养了大量健康养老领域高层次应用型人才。遵义医药高等专科学校以服务卫生健康行业高质量发展为己任，为社会培养输送养老服务人才。

遵义市益养苑颐康养中心是遵义医药高等专科学校与养老企业共建的“护理与照护教育实践基地”。为给遵义市全新打造和培养养老服务人才，打通养老服务“最后一公里”，2019 年，正式创办遵义市益养苑颐康养中心。该中心建筑面积 11.7 万平方米，共有床位 1000 张，是遵义地区的头部康养机构。该中心配套康养中心、旅居酒店、老年大学及老年病专科医院，是集养老护理服务、养老护理培训、老年旅居游学、老年继续教育、社区居家养老、康复辅助器具租赁、智慧养老大数据平台运营于一体的综合性医康养服务机构。该中心的创办，标志着校企产教融合的养老服务迈出了坚实的一步。

仡福中医康养院通过“医养康”结合，解决了“医院里不能养老、养老院不能看病”的普遍性难题，有力推动了务川仡佬族苗族自治县医养康复事业高质量发展，走出了一条深化医疗改革、完善养老服务体系的新路。

同时，遵义市还积极引进社会力量，通过公平合理竞争，增强全市养老服务活力和动力，提升养老服务的专业性和完整性。鼓励本土民营企业在微利基础上逐步探索建立规模化和连锁化养老产业营利模式，帮助其发展壮大。充分发挥遵义市养老服务资源优势，采取公建民营、委托平台公司运营管理、招商引资等方式引进社会资本，大力发展旅居、康养等社会化养老服务产业。

三、2022 年遵义市养老服务发展存在的问题与困难

（一）政策保障落实难

养老服务体系建设作为一项社会化工程，涉及多个职能部门，虽然明确了各部门的职责职能，但部门之间缺乏沟通协作意识，难以整合力量形成合力。省级层面的《贵州省养老服务条例》已颁布实施，但部分内容在

遵义市还未完全落地。市级层面已经发布了《遵义市关于加快全市养老服务业发展实施意见》，但是在项目审批、土地供养、税收优惠、人才培养、购买服务方面，相关单位没有配套出台具体的实施细则，政策落实落地难。

住宅区配建养老服务设施“四同步”落实同步建设、验收、交付难。其中，新建居住区养老服务设施用房“同步规划”后，“同步建设、同步验收、同步交付”缺乏有力措施。已建居住区养老用房更得不到保障，全市2014—2021年已建的380个居住区，按照标准配套养老服务设施的仅为50%左右；各类政策优惠补贴受财政因素制约落地落实难，对新建养老机构一次性建设补助以及民建民营、公建民营养老机构运营补贴上执行不到位，扶持力度不足；部分县、区受财政因素制约，资金拨付难，项目推进难。

（二）养老供需平衡难

一方面，养老机构床位富余，全市入住养老机构老年人7538人，仅占常住老年人的6.7‰（全省4.3‰，贵阳市5.9‰，北京市9.2‰），在运营养老机构床位入住率只有45.4%。另一方面，居家和社区养老服务供给不足，全市110余万老年人选择居家养老，但全市只有800余家养老服务驿站、农村幸福院。目前，尚有39个街道养老服务中心、359个城市社区的100余个养老服务驿站需要建设才能实现全覆盖。

养老服务工作抓手不足。目前，从具体抓养老工作的机构人员来看，遵义市民政局设有内设科室——养老服务科，但在编在岗仅有2人，因工作任务太重，只能从直属事业单位抽调人员协助，人员不稳，人心不定，从业人员不专业，感觉抓手不足。随着老龄化程度加剧和养老需求的新变化，现有力量逐渐显得吃力。

（三）服务形式创新难

公办养老机构大多数仅限于政府兜底性老年人入住。民营养老机构大多数仅仅提供就餐、照料、简单娱乐等服务，中高端优质养老服务缺乏。养老服务数字化、智能化、智慧化方面基础薄弱，处于起步阶段，虽然市级智慧养老服务中心已经进入试运营，但政府通过购买信息化、智能化服务为居家老年人提供独居关怀、家政预约、健康服务等理念还未建立。

社区养老服务驿站以助餐为主，居家养老上门服务还处于探索试点阶段，服务质量和效益不高；养老服务智慧化基础比较薄弱，政府通过购买信息化、智能化服务为居家老年人提供家政预约、健康服务等尚未建立；医养融合发展不够，社区养老服务、卫生医疗、托育机构在建设中未充分整合资源，实行统筹规划建设。中医诊疗、中医药养生保健、中医药康复医疗融入健康养老全过程尚在起步阶段。

（四）人才队伍留住难

由于保障差、不稳定等因素，很难吸引专业技术人员加入养老服务，养老服务从业人员普遍存在年龄偏大、文化偏低、培训欠缺、技能不强等问题。目前，遵义市养老机构从事护理工作的人员为 938 人，持证 507 人、未持证 431 人，按养老机构护理人员与老年人全失能 1：3、半失能 1：6、自理 1：10 的比例测算，护理人员还不能满足要求，且部分乡镇敬老院没有专业护理人员。具备护理失能、智障、慢性病老人的专业人才更是不足。

（五）产业培育发展难

由于养老服务类企业前期投入大、盈利能力弱、回报周期长，且部分老年人养老理念未转变，政府激励措施不充分，制约了产业培育发展。全市省级以上养老服务龙头企业仅有 2 家，市级以上龙头企业仅有 3 家，养老企业品牌化、连锁化经营格局尚未形成，旅居养老、医养康养等未实现产业融合发展。

养老服务业由于自身的特殊性，往往需要投入的资金量较大，存在高投入、高风险、短期内无回报的现象，是典型的微利行业，部分企业在前期基本盈亏平衡都很难保持。产业发展存在结构性失衡，“排队等床位”和“空床闲置”状态并存，中高端养老机构更是“叫好不叫座”。大多数老年人的养老观念落后，“花钱买养老服务”的习惯尚未形成。政府兜底部分老年人大多是安置在公办养老机构，政策规定对民营养老机构的各种补贴，因受当地财政因素的制约，很难真正落到实处。

四、2024 年遵义市养老服务发展的工作思路与目标

（一）资源布局更加优化

一是市区层面。力争 2024 年在中心城区新增 2 家示范性中高端养老机构，建成 1 个全省综合性养老服务实训基地，推动康养产教一体化项目落地开工，强化城区引领带动作用。二是县城层面。加强综合性养老机构建设，着力推动务川仡佬族苗族自治县、桐梓县老年养护楼建设，实现县级综合性养老机构全覆盖。三是乡镇层面。到 2025 年底，将撤并整合形成的 111 个区域性养老服务中心实施全覆盖提质改造，完善乡镇养老基础设施，提升护理型床位占比。四是社区层面。以“15 分钟养老服务圈”建设为抓手，合理设置 234 个城市生活圈内街道养老服务中心和社区养老服务驿站。2024 年新增社区养老服务驿站 20 个，2027 年实现城市社区养老服务全覆盖。五是村级层面。提升农村养老服务供给能力，实施农村互助幸福院提质改造，到 2027 年，打造 100 个农村互助养老示范点，2035 年基本实现农村养老服务设施全覆盖。

（二）要素保障更加完善

一是强化政策保障。推动有关部门根据《遵义市养老托育服务发展实施方案》的要求，制定具体措施，不断细化完善遵义市支持普惠养老城企联动专项行动政策清单，落实好养老机构在用水、用电、用气、房租、金融扶持、土地、免费培训、税收等方面的优惠政策。落实支持养老服务业发展的土地政策，市、县两级政府要将养老机构设施建设用地纳入国土空间规划和土地利用年度计划，合理安排用地需求。加快推进市级层面养老领域相关立法进程。二是强化资金保障。充分利用省级下达遵义市 2023 年城乡养老机构 576 万元建设补助资金，对社会力量建设运营的养老机构和社区养老服务设施进行奖补。坚决保证每年福利彩票公益金的 55%以上用于发展养老服务业。三是强化监管保障。持续发挥市养老服务业发展工作领导小组的统筹作用，定期召开联席会议，并对工作开展情况形成半年通报、年终总结的考核机制，推进养老事业和养老产业工作；根据工作推进情况适时形成问题清单，推动市委督查局根据市养老服务业发展工作领导

小组及办公室提供的重点问题清单开展重点督查。

（三）服务水平更加提升

一是强化基本服务保障，根据国家《关于推进基本养老服务体系建设的意见》和《贵州省推进基本养老服务体系建设实施方案》等要求，认真落实高龄补贴、特困供养、探访服务、出行优待等19项基本养老服务清单内容，健全基本养老服务制度体系。二是加强养老机构规范管理，梳理总结形成全市养老机构服务和管理准则，编制《遵义市养老服务管理运营汇编》。继续开展养老机构服务质量等级评定，评定一至二级服务等级的公办乡镇级养老机构38家、二至三级服务等级的县级公办养老机构5家。三是加大人才培养力度，指导成立遵义市养老服务协会，搭建养老机构、院校、企业的合作平台。分批次开展养老服务培训，持续举办养老护理职业技能比赛，力争到2025年，养老机构护理人员持证上岗率达到90%以上。

（四）服务业态更加多元

按照“以养老催生更多服务业态”的工作要求，从以下几个方面着力。一是促进产业融合。发挥历史文化、生态人居环境和交通便捷等优势，积极将养老服务业与培训、健康、体育、文化、旅游、家政、酒店等融合发展，培育一批具有地域特色的康养品牌，打造一批特色鲜明的健康养老示范基地，大力发展避暑康养、旅居康养、温泉康养、医疗康养、森林康养、运动康养等业态。到2025年，形成一批集休闲旅游、度假养生、康体养老于一体的成熟康养基地。二是促进产品融合。引导商场、超市、批发市场设立老年用品专区专柜，鼓励有条件的地方建立老年用品专业交易市场。鼓励开发老年住宅、老年公寓等老年生活设施。引导和规范商业银行、保险公司等金融机构开发适合老年人的理财、保险等产品。三是促进医养融合。开展养老机构医疗巡诊服务，扩大符合条件的内设医疗机构为医保定点单位，推动每家养老机构至少与1家医疗机构建立协作关系。建立养老机构便利就医绿色通道。推进中医药健康养老服务，坚持养老与养生结合，将特色康复融入健康养老全过程。

（五）居家养老更加丰富

一是推进智慧化服务。持续实施“互联网+”养老服务，扩展完善市、县两级智慧养老服务平台功能，在“i 遵义”App 中植入养老服务，建立养老服务“关爱地图”，实现居家上门服务网上派单、服务、结算全流程管理。二是实施适老化改造。统筹世行贷款、中央及省级福彩公益金，持续开展特殊困难老年人家庭适老化改造。2023 年完成改造 5407 户，2024 年摸排改造 3445 户，力争到 2025 年累计完成改造 1 万户。三是不断拓展服务内容。2024 年，新增 10 余个长者食堂；探索“物业+养老服务驿站”的社区居家养老服务模式；规范居家上门服务内容，增加经济困难老年人居家上门服务项目；实施健康管理服务，开展心理健康与关怀服务；尝试开展特色体验服务，鼓励机构和驿站提供短托、日托等服务，依托康复辅具租赁中心持续推广康复辅具租赁服务。

附件一　遵义市基本养老服务清单

序号	服务项目	服务对象	服务内容及标准	责任主体	政策依据
1	特困人员救助供养	特困老年人	1. 提供基本生活条件。2. 对生活不能自理的给予照料。3. 提供疾病治疗。4. 特困人员救助供养标准分为基本生活标准和照料护理标准。其中基本生活标准按照当地当年城市最低生活保障标准的 1.3 倍给予待遇。照料护理标准按照差异化服务原则，分为全护理标准、半自理标准和全自理标准。有 4 项以上（含 4 项）不能自主完成的，认定为完全丧失生活自理能力，适用全护理标准，按当地最低工资标准执行；有 3 项以下（含 3 项）不能自主完成的，认定为部分丧失生活自理能力，适用半自理标准，按当地最低工资标准的 60% 执行；6 项都能自主完成且在政府设立的供养服务机构集中供养的，认定为具备生活自理能力，适用全自理标准，按当地最低工资标准的 20%执行。供养方式有机构集中供养、分散供养	市、县级民政部门、财政部门	《国家基本公共服务标准(2021年版)》、《贵州省社会救助实施办法(暂行)》、《省人民政府关于进一步健全特困人员救助供养制度的实施意见》(黔府发〔2017〕1号)、《遵义市特困人员救助供养实施办法》(遵府办函〔2017〕77号)

续表

序号	服务项目	服务对象	服务内容及标准	责任主体	政策依据
2	80周岁及以上老年人高龄津贴	80~99周岁老年人	为80~99周岁老年人发放高龄津贴。年龄80~89周岁的高龄老人，每人每月发放50元；年龄90~99周岁的高龄老人，每人每月发放100元。有条件的县（市、区）可适当提高补贴标准	市、县级民政部门、财政部门	《国家基本公共服务标准（2021年版）》《贵州省老年人权益保障条例》《贵州省老年人优待办法》《遵义市老年人优待实施方案》
3	100周岁及以上老年人长寿保健补贴	100周岁及以上老年人	为100周岁及以上老年人发放长寿保健补贴，每人每月发放200元。有条件的县（市、区）可适当提高补贴标准	市、县级民政部门、财政部门	《国家基本公共服务标准（2021年版）》《贵州省老年人权益保障条例》《贵州省老年人优待办法》《遵义市老年人优待实施方案》
4	特殊困难老年人巡访关爱	子女长期不在身边的高龄、失能（失智）、独居的老年人，分散供养特困老年人等特殊困难老年人	乡镇人民政府、街道办事处应当健全完善农村老年人信息管理和定期巡访制度，村（居）民委员会协助开展农村老年人信息管理和定期巡访工作，重点关爱子女长期不在身边的高龄、失能（失智）、独居的老年人等	市、县级民政部门	《国务院办公厅关于推进养老服务发展的意见》（国办发〔2019〕5号）、《贵州省养老服务条例》

续表

序号	服务项目	服务对象	服务内容及标准	责任主体	政策依据
5	老年人健康管理	65 周岁及以上老年人	卫生健康、中医药部门应当为辖区老年人建立统一、规范的健康档案，对 65 周岁以上老年人每年提供 1 次免费的体检、中医体质辨识、中医药保健指导等健康管理服务	市、县级卫生健康部门	《国家基本公共服务标准（2021 年版）》《贵州省养老服务条例》《贵州省老年人权益保障条例》《贵州省老年人优待办法》《遵义市老年人优待实施方案》
6	老年人就医优待	60 周岁及以上老年人	医疗卫生机构应当通过完善挂号、诊疗系统管理等，开设专用窗口或快速通道、提供导医服务等方式，为老年人就医提供方便和优先服务	市、县级卫生健康部门	《贵州省老年人权益保障条例》《贵州省老年人优待办法》《遵义市老年人优待实施方案》
7	老年人旅游休闲、文化活动优待	本市户籍 60 周岁及以上老年人	本市户籍 60 周岁及以上老年人凭有效证件免费进入政府投资主办的旅游景区、公园、动物园、植物园、纪念馆、科技馆、文化馆、图书馆、美术馆、博物馆、体育场馆等场所。80 周岁及以上老年人需要陪护的，可以有 1 名陪护人员免费进入。鼓励旅游景区内实行收费的游览观光交通工具、体育健身项目对老年人给予优惠。外地来遵老年人，凭有效证件同等享受本条优待	市、县级住房城乡建设部门、文化旅游部门、教育体育部门、发改部门等	《贵州省老年人权益保障条例》《贵州省老年人优待办法》《遵义市老年人优待实施方案》
8	老年人交通出行优待	本市户籍 70 周岁及以上老年人、符合条件的外省籍老年人	70 周岁及以上老年人免费乘坐城市公共汽车，鼓励有条件的地方对 65 周岁及以上的老年人乘坐城市公共汽车实行减免费。在遵居住并取得居住证的外地老年人同等享受本条优待	市、县级交通运输部门、发改部门	《贵州省老年人权益保障条例》《贵州省老年人优待办法》《遵义市老年人优待实施方案》

续表

序号	服务项目	服务对象	服务内容及标准	责任主体	政策依据
9	智慧养老	60周岁及以上老年人	县级以上人民政府应当促进互联网与养老服务深度融合，依托互联网、物联网、云计算大数据、智能养老设备等，打造多层次智慧养老服务体系	市、县级民政部门、财政部门	《贵州省养老服务条例》
10	居家和社区养老	60周岁及以上老年人	鼓励居家社区养老服务组织通过投资新建、购买房屋、利用自有房屋、租赁场地等方式建设或获得养老服务设施，依法设立服务网点，为社区老年人提供养老服务	市、县级民政部门	《贵州省养老服务条例》

B.10 六盘水市养老服务发展报告

李 高 袁 阳[*]

摘要： 积极应对人口老龄化，事关亿万百姓福祉，事关国家发展全局，事关社会和谐稳定。作为黔渝川滇四省市“立交桥”、“西南煤海”、贵州省工业重镇的六盘水市自2006年进入老龄化社会以来，在全市老龄服务发展方面未雨绸缪、积极应对，取得了较好的成绩。本报告从六盘水市老龄化现状、特点及趋势出发，分析六盘水市养老服务发展现状，并总结了其6个方面的主要做法，同时，进一步探讨六盘水市养老服务发展存在的主要问题，结合六盘水市老龄化发展实际提出了5个方面的对策建议。

关键词： 老龄化 养老服务 主要做法 对策建议 六盘水市

积极应对人口老龄化，事关亿万百姓福祉，事关国家发展全局，事关社会和谐稳定。党的十八大以来，在以习近平同志为核心的党中央坚强领导下，我国养老服务全面快速发展，在顶层设计、基础建设、功能发挥和服务成效上均取得重大进展。正如2022年9月9日《经济日报》的一篇报道中所言：十年来，我国“养老服务制度框架不断完善，基本养老服务体系不断健全，养老服务供给不断加强、质量不断提升，居家社区养老服务发展迅速”，今天，我国养老服务事业业已成功实现了跨越式发展。①

六盘水市位于贵州西部乌蒙山区，是国家“三线”建设时期发展起来的一座能源原材料工业城市，1978年12月18日党的十一届三中全会召开当天经国务院批准建市。全市总面积9914平方千米，共辖4个县级行政区

---

* 李高，上海师范大学博士研究生，贵州省社会科学院助理研究员；袁阳，贵州省六盘水市民政局养老服务科科长。

① 喜迎党的二十大特刊丨这10年，养老事业实现跨越式发展［EB/OL］．(2022-10-12)［2023-10-30］．https：//m. gmw. cn/baijia/2022-10/12/36083129. html.

（六枝特区、盘州市、水城区、钟山区）、92个乡镇街道（27个街道、39个镇、1个乡、25个民族乡）、1152个村居。是贵州省国家“三线”建设时期发展起来的重工业城市，是江南重要的煤炭能源、冶金、电力、建材基地，为国家建设作出了重要贡献。从20世纪60年代至今，六盘水市累计为国家生产13.6亿吨煤、5600亿千瓦时电、6600万吨钢材和1.21亿吨水泥。

作为黔渝川滇四省市“立交桥”和“西南煤海”的六盘水市，是贵州省工业重镇。六盘水市因煤而兴，与改革开放同龄，凭“凉都”而闻名天下。在发展养老服务方面，六盘水市自2006年进入老龄化社会以来，截至2023年末，全市户籍总人口中60周岁及以上老年人为47.26万人，占户籍总人口（361.42万人）的13.2%，老龄化程度呈不断加深态势。党的二十大以来，六盘水市委、市政府进一步提高政治站位，把基础养老服务工作作为市委、市政府的中心工作抓细抓实，按照“让每一位老人都能生活得安心、静心、舒心，都能健康长寿、安享幸福晚年”的终极目标和“到2035年，中国特色养老服务体系成熟定型，全体老年人享有基本养老服务”的远景目标，力争在“十四五”时期实现“积极应对人口老龄化国家战略的制度框架基本建立，老龄事业和产业有效协同、高质量发展，居家社区机构相协调、医养康养相结合的养老服务体系和健康支撑体系加快健全，全社会积极应对人口老龄化格局初步形成，老年人获得感、幸福感、安全感显著提升”。

一、六盘水市老龄化现状、特点及趋势

（一）六盘水市老龄化现状

1. 六盘水市老年人口规模

从第六次、第七次全国人口普查结果比较来看，六盘水市常住人口中，60周岁及以上人口的比重上升2.41个百分点，65周岁及以上人口的比重上升2.31个百分点。[①] 其中，65周岁及以上人口数量在2010年、

① 六盘水市第七次全国人口普查公报（第四号）——人口年龄构成情况［EB/OL］.（2021-05-26）［2024-06-24］.https：//www.gzlps.gov.cn/rdzt/rkpcgb/202105/t20210526_68276518.html.

2020 年分别为 216641 人（占全市总人口的 7.59%）和 300112 人（占全市总人口的 9.90%）（见表 1）。同时，从表 1 也可以看出，2010—2020 年六盘水市老年人口年均增长率为 1.03%，而同期六盘水市常住人口总量年均增长率仅为 1.01%，前者略高于后者。从未来发展趋势来看，六盘水市老年人口增长率将长期高于其常住人口增长率。此外，《六盘水市 2023 年国民经济和社会发展统计公报》数据显示：截至 2023 年末，六盘水市 60 周岁及以上的户籍老年人口已达 476200 人，占全部户籍人口的 13.20%。[①] 因此可以预见，随着国家户籍制度改革的不断深入和六盘水市城市化进程向纵深发展，其老年人口将会持续地规模化增加，增长率将会越来越快，六盘水市将全面迈入深度老龄化阶段。

表 1　六盘水市第六次和第七次全国人口普查登记人口年龄类型分布比较[②]

项目	第六次全国人口普查数据	第七次全国人口普查数据
0~14 周岁人口比例/人口数（人）	24.59 %/701105	26.30%/797154
15~64 周岁人口比例/人口数（人）	67.82%/1933434	63.80%/1934336
65 周岁及以上人口比例/人口数（人）	7.59 %/216641	9.90%/300112
老少比/人口数（人）	30.90%/917746	37.65%/1097266
人口总量（人）	2851180	3031602

2. 六盘水市老年人口结构

六盘水市人口老龄化体现在人口结构方面的一个显著特点是：在其常住人口中，65 周岁及以上人口在老年人口中所占比重极高。从六盘水市来看，65 周岁及以上人口占全市老年人口的 9.90%；从其两区一市一特区来看，钟山区为 7.44%，水城区为 10.50%，盘州市为 9.96%，六枝特区为 12.04%（见表 2）。从其老年人口结构的发展趋势来看，该结构将会在未

① 六盘水市 2023 年国民经济和社会发展统计公报［EB/OL］.（2019-05-14）［2024-06-28］. http：//www. gzlps. gov. cn/zfsj/tjgb_ 5666244/202405/t20240514_ 84632392. html.

② 六盘水市 2010 年第六次全国人口普查主要数据公报（六盘水市统计局 2011 年 5 月 16 日），http：//hgk. guizhou. gov. cn/publish/articles/c8/2023/03/a145/a145. html，六盘水市第七次全国人口普查公报（第一号）——全市人口情况，https：//www. gzlps. gov. cn/rdzt/rkpcgb/202105/t20210526_ 68276097. html，六盘水市第七次全国人口普查公报（第四号）——人口年龄构成情况，https：//www. gzlps. gov. cn/rdzt/rkpcgb/202105/t20210526_ 68276518. html.

来持续膨胀。目前，六盘水市老年人口呈金字塔结构，但可以预见，随着时间的推移、老龄化程度的日益深化，其老年人口结构将会朝纺锤形发展，高龄老年人口会越来越庞大。

表2 六盘水市第七次全国人口普查登记数据中人口按年龄段结构分布

区域	60周岁及以上人口所占比重（%）	65周岁及以上人口所占比重（%）
钟山区	10.27	7.44
水城区	13.58	10.50
盘州市	14.14	9.96
六枝特区	16.29	12.04
六盘水市	13.52	9.90

3. 六盘水市老年人口收入水平

相关研究报告数据显示：靠“家庭其他成员供养”，是贵州省近半数老年人口收入的主要来源，其次是靠“自身劳动所得”获取收入，二者占比高达67.62%（见表3）。由此可知，贵州省老年人口收入来源传统而单一，这似乎为贵州全省各地的普遍现象，六盘水市也不例外。上述研究报告的其他数据显示：在六盘水市，有离退休养老金老年人口的比例为17.07%，靠家庭其他成员供养的老人比例为39.67%。① 截至2021年底，六盘水市执行企业养老保险制度退休人员月人均基本养老金为3063元，增长水平稳步提高。② 2023年，六盘水市所属各市（特区、区）城市低保标准提标到每月762元，较上年增长8%；农村低保标准提标到每年6120元，较上年增长15.12%。③ 诚然，由于各种主客观原因，有关六盘水市老年人口收入水平的翔实数据并未能完整收集，但在总体上可以确定，六盘水市

① 石含钐，陆卫群．贫困地区人口老龄化现状下的养老问题分析：以贵州省为例［J］．中国集体经济，2019（9）：3-5.

② 贵州省2021年人力资源和社会保障事业统计公报［EB/OL］．（2022-06-16）［2024-06-24］．http：//hgk. guizhou. gov. cn/publish/articles/c7/2022/06/a815/a815. html? locationhref = http% 3A% 2F% 2Fhgk. guizhou. gov. cn% 2Fpublish% 2Fchannels% 2Fc7% 2Fc7 _ 1psSuffix&pagesize = 15&curpage = 1&curainum = 4.

③ 六盘水市2023年城乡低保标准和孤儿基本生活最低养育标准提标［EB/OL］．（2023-04-11）［2024-06-24］．https：//baijiahao. baidu. com/s? id = 1762410369619984302&wfr = spider&for = pc.

60 周岁及以上老年人口收入来源以家庭其他成员供养为首，其次是自身劳动所得和离退休养老金，其他渠道所占比重较小。此外，六盘水市 60 周岁及以上老年人口月人均收入水平也不高。

表 3　贵州省 60 周岁及以上老年人口经济收入来源渠道①

经济收入来源渠道	所占比重（%）
自身劳动所得	23. 12
离退休养老金	16. 62
最低生活保障金	8. 49
财产性收入	0. 57
家庭其他成员供养	44. 50
其他	6. 70

（二）六盘水市老龄化特点及趋势

一是老年人口规模持续增大，增速持续加快。第六次全国人口普查数据和第七次全国人口普查数据可以看出，六盘水市老年人口规模持续增大且增速持续加快。2020 年六盘水市常住人口中，过去 10 年 65 周岁及以上老年人口达到 300112 人，比 2010 年增加了 83471 人，年均增长率为 1. 03%，是同期六盘水市常住人口年均增长率的 1. 02 倍。

二是老年人口抚养比持续上升，养老压力持续增大。过去 10 年，六盘水市常住人口中，老年人口抚养比显著提高。六盘水市常住人口中，15~64 周岁劳动年龄人口呈逐年下降趋势，而 65 周岁及以上老年人口不断增加，老年人口抚养比由 2010 年的 10. 30%提高到 2020 年的 15. 51%，相当于每 100 名劳动年龄人口多负担了 5. 21 位老年人口。②

三是老龄化程度日益加深，正全面迈入深度老龄化阶段。第七次全国人口普查数据显示，过去 10 年，六盘水市常住人口中，65 周岁及以上老

① 石含钐，陆卫群．贫困地区人口老龄化现状下的养老问题分析：以贵州省为例［J］．中国集体经济，2019（9）：3-5.

② 市人民政府印发六盘水市关于贯彻落实《“十四五”贵州省老龄事业发展和养老服务体系规划》实施方案的通知，https：//zfgb. gzlps. gov. cn/zfgb/2022nd10q/szfwj_ 5899471/202212/t20221214_ 77505322. html。

年人口比重上升了 2.31 个百分点①，且这一比重在未来仍将继续提高，这是一个不可逆的过程。

四是人口老龄化分布不均衡，未来这一状态或许会更为突出。第七次全国人口普查数据显示，在六盘水市所属两区一市一特区中，65 周岁及以上老年人口比重最高的是六枝特区，为 12.04%；老年人口比重最低的是钟山区，为 7.44%。二者之间相差 4.60 个百分点，比较明显。

二、六盘水市养老服务发展现状

（一）六盘水市养老服务基本情况

六盘水市养老服务工作坚持以“机构、社区、居家三位一体，市场化、品牌化、连锁化三化联动，市、县、乡三级并进，区域化运营整合，构建多层次的养老服务保障体系”为发展思路，出台相关政策文件 20 余个，建成 1 个省级养老产业集聚区、1 个省级养老示范基地、1 个省级示范性养老机构、2 个省级健康养老小镇，“居家为基础、社区为依托、机构为补充、医养相结合”的养老服务体系基本形成。全市目前有能提供全日制托养服务的养老机构 37 家、居家和社区养老服务设施 108 家、农村幸福院 376 家；养老床位 20328 张，每千名老年人拥有养老床位约 44 张。

（二）六盘水市养老服务主要做法

1. 突出统筹规划，养老服务工作质量逐步提高

一是坚持高位引领。近年来相继出台了《市人民政府关于加快发展养老服务业的实施意见》《六盘水市开展居家和社区养老服务改革试点工作实施方案》《六盘水市基本养老服务清单》等一系列文件，明确了当前和今后发展养老服务业的方向、目标和措施。二是优化空间布局。结合“三区三线”划定工作，根据服务人口和半径，规划养老服务设施，合理配置完善新建居住区、已建居住区的社区养老服务设施。在全省率先提出并实

---

① 《六盘水市第七次全国人口普查公报（第四号）——人口年龄构成情况》，https://www.gzlps.gov.cn/rdzt/rkpcgb/202105/t20210526_68276518.html。

施区域性中心敬老院建设，建成农村区域性中心敬老院 21 家、社区嵌入式小型综合养老服务中心 5 个。三是发展成效显著。2018 年，六盘水市获批成为第三批中央财政支持开展居家和社区养老服务改革试点，为贵州省首批获此试点的市、州，2019 年顺利通过民政部验收。2022 年，六盘水市“规划先行　多模共建　打造城市居家和社区养老服务新模式”的改革案例被民政部评为全国 51 个优秀案例之一，为贵州省唯一入选案例。2023 年，成功获得民政部、财政部社区和居家基本养老服务提升行动项目支持，获得中央资金 2468 万元；被世界银行、法国开发署联合贷款支持贵州省发展养老服务项目选中，成为获得该项目支持的贵州省 5 个市、州之一，获得法国开发署贷款额度 3.1 亿元人民币用于发展基础养老服务事业。

2. 强化要素保障，养老服务工作基础逐步夯实

一是强化组织要素保障。市政府成立以市长为组长，分管副市长为副组长，发展改革、卫生健康、民政等 26 个市直部门为成员单位的市发展养老服务业工作领导小组，形成了政府统筹、部门协同、社会参与的工作格局。市委、市政府高位推动养老服务体系建设，连续 5 年将养老服务设施建设纳入“十件民生实事”予以落实。二是强化资金要素保障。建立常态化资金投入机制，持续加大财政投入，逐年加大福彩公益金投入力度，争取世界银行和法国开发署联合贷款额度专项用于养老事业发展。2021 年，省、市、县三级财政共投入福彩公益金、世行贷款资金和其他财政资金 18585.74 万元用于各类养老事业。2022 年共投入 19601.86 万元用于各类养老事业，其中投入市级福彩公益金 600 万元对 21 家公办养老机构进行消防改造，全部完成并通过住建部门消防验收，特困供养对象全部集中在这 21 家机构供养，其余机构暂停供养服务，待逐步完成消防改造后再恢复，使困扰各地民政多年的消防安全隐患顽疾得以彻底根治。三是强化管理要素保障。成立了市民政局养老工作专班，统筹世行项目办资源，实行工作项目化、项目清单化。以中央、省审计发现问题的整改为契机，建立日常调度机制和监管机制，形成问题交办、台账管理、整改销号的闭环管理机制，全方位提升养老机构的管理水平。2024 年以来，民政联合纪检监察、审计、财政、消防、卫健等部门对全市养老机构开展了三轮综合督查。

3. 做优基本服务，养老民生底线有效兜准兜牢

紧紧围绕老年人基本需求，持续抓好基本养老服务。一是服务更全

面。2014 年，六盘水市在贵州省率先实施高龄津贴制度，得到省委、省政府的肯定并在全省推广。2022 年以来，六盘水市共发放高龄津贴、百岁老人补贴、特困供养金及护理补贴 9000 余万元，确保基本养老服务政策惠及每个服务对象。二是服务更精准。六盘水市现有特困供养老人 4712 人，集中供养 900 人，有集中供养意愿的特困老年人入住特困供养机构实现应住尽住。目前，六盘水市已将基本养老服务纳入政府购买服务指导性目录，待省下发设置农村养老护理员公益性岗位方案后，及时落实有关工作。三是服务更优质。积极推进养老服务标准化示范创建工作，全面提升居家和社区养老综合服务能力。扎实开展老年人健康档案建立及 65 周岁以上老年人健康管理服务，鼓励嵌入式小型综合养老服务中心、社区日间照料中心、农村幸福院等与周边医疗卫生机构建立协作机制。

4. 加大改革创新，各方参与积极性逐步激活

一是实施规范化运营。深入实施养老机构提质改造，30 家养老机构完成消防达标创建，21 家养老机构取得消防验收合格意见书。实施标准化运营机制，印发了《养老机构规范化运营工作指南》，对养老机构运营的各项措施进行细化，不断推进管理的标准化、规范化。二是探索融合供给。深化养老机构与医疗机构合作，目前，六盘水市 30 家养老机构与医疗卫生机构签约服务，健全了协作机制。建成长生医养中心等“医办养”机构 3 家。三是开拓多元发展。将 18 家民政养老机构以公建民营方式交由社会力量运营，培育了“万树龄”“楷华养老”等本土民营养老品牌。引进湖南普亲、贵州恒康等省内外知名养老服务品牌落户。全市养老服务已经形成了公建公营、公建民营、社会力量多方参与的发展格局。

5. 聚焦需求发展，养老服务发展目标逐步精准

一是聚焦共性需求。制定出台《六盘水市基本养老服务清单》，将服务内容扩展到特困供养、居家社区养老、普惠型养老及优待、特殊困难老年人养老服务、服务机构政策优惠及扶持等方面。二是聚焦个性需求。利用世界银行、法国开发署联合贷款资金，积极实施老年人信息初筛和能力需求评估。2022 年投入资金 380.31 万元，初筛 6.7 万人，能力需求评估 1.12 万人。未来会将初筛范围扩大到全市所有老年人，评估 8 万老年人。三是聚焦日常需求。以建设社区嵌入式养老机构为抓手，集日间照料、临时托管、文化娱乐、医疗康复、餐饮服务、公益服务等多种功能于一体，

为社区居家老年人提供服务。目前，全市已建成5个嵌入式养老服务中心、108个日间照料服务站、376家农村幸福院。今后将大力推行此种模式，为老年人就近养老提供专业化、个性化、便利化服务。

6. 加强人才队伍建设，养老服务专业水平逐步提升

依托全省养老服务人才培养示范基地，出台了《六盘水市民政局支持六盘水职业技术学院养老服务与管理专业群建设实施方案》，支持六盘水市职业技术学院承办全市养老护理职业技能大赛和专业人才培训。支持职业院校开展政校企合作，积极深化产教融合创新发展模式，建立实习实践基地，双向促进能力提升。同时，通过举办养老护理职业技能赛事选拔人才、发现人才、培养人才、存储人才。2022年以来，通过校企合作、联合培养、委托培训、技能鉴定等方式，培育养老服务人才500余人，培训养老管护人才670余人次。

三、六盘水市养老服务发展存在的主要问题

（一）养老服务城乡间供需不平衡

养老服务供需的不平衡，这是养老服务领域一个普遍性的问题。特别是在人口老龄化加剧的情况下，这种不平衡体现得更为突出。其主要表现在需求持续增长，而服务供给则未能跟上需求的增长速度。六盘水市养老服务供需不平衡状况主要体现为城乡之间养老服务供需的不平衡。一方面是农村养老服务设施利用不足，由于特困供养人员供养金和护理费的不断提高，集中供养人数逐年减少，加之专业管护人员少，使得农村敬老院入住率不高；另一方面是城市社区养老服务设施配置不足，由于落实居住区规划配置建设养老服务设施“四同步”工作不够到位，存在已建小区配置建设养老服务设施比例较低、老旧小区养老配套用房协调难或面积不达标等情况，导致民政部门在布局建设城市社区养老设施时面临找房难甚至无房可用的局面，严重制约了社区居家养老服务工作的开展。[①]

① 王嵘，等．人口老龄化背景下对六盘水市社区日间照料中心的研究［Z］．2023年六盘水市哲学社会科学立项课题成果（内部资料）．

（二）养老服务内容相对比较单一

相比贵州省东中部较为发达地区的养老服务，贵州省西部后发地区的养老服务内容大多比较单一，这就意味着西部后发地区现有的养老服务缺乏多样性和个性化，无法满足老年人日益多样化的需求。具体而言，当前六盘水市由于专业管护人才不足、专业管理团队缺乏，大部分养老机构主要提供“衣食住行”等日常生活服务，在健康管理、康复理疗、文化娱乐、精神慰藉等方面服务供给不足，服务内容相对单一，与老年人需求存在一定差距。此外，六盘水市的医养、旅养、康养等融合度还有待提升，多层次、个性化、精准化的养老服务产品供给不够。①

（三）养老服务社会化参与运营程度不高

一方面，养老服务硬件设施建设对政府资金依赖性较大，社会资本引入机制也不够健全，社会力量兴办养老机构由于前期投入大、回报周期长，民营企业实际投入不足。而当前各级财政又比较困难，有关鼓励、扶持、优惠政策落实难度大，民间资本不能有效被引导到养老机构建设上来。② 另一方面，六盘水市的养老产业发展尚处于起步阶段，各个方面都处于探索时期，社会化运营水平相对较低也应予以理解。以盘州市为例，全市仅有红果敬老院（即盘州市普亲养老服务中心）和红果街道纸厂敬老院 2 家养老机构实现了社会化运营，其他社会性质的养老机构（基地）均未正常实现社会化运营，如竹海镇养老养生基地、石桥镇妥乐村盘州市老年养护中心、红果经济开发区盘州颐养健康中心已建成，但尚未投入使用，社会化养老还有待进一步推进。③

（四）养老服务专业人才缺口较大

从宏观层面而言，我国属于未富先老型的国家。未富先老型国家的一

---

① 王嵘，等．人口老龄化背景下对六盘水市社区日间照料中心的研究［Z］．2023 年六盘水市哲学社会科学立项课题成果（内部资料）．

② 关于钟山区社会养老体系建设情况的调查报告［EB/OL］．（2021－05－18）［2023－10－26］．http：//www. gzzs. gov. cn/zsrdw_ 0/jdgz/202105/t20210518_ 68137419. html.

③ 同①.

个显著特点即是国民收入尚未达到中等发达国家水平，但人口却已经步入老龄化行列。也正因为如此，其在老龄服务方面的各种准备显然不够充分，而养老服务所需的各类专业人才的紧缺则是其短板之一。有关研究数据显示，六盘水市目前有养老护理人员 431 人，按照护理人员和自理老人最低限度比例配置 1：10 测算，全市护理人员需达到 1350 人，缺口较大，特别是为失能、半失能老年人服务的专业护理人员严重短缺。① 此外，六盘水市专业的老年社会工作人才也严重短缺，而且现有的养老服务工作人员专业水平不高，志愿服务队伍没有系统的组织管理平台，组织化、规范化等都不够，远远不能适应养老服务高质量发展的客观要求。②

四、六盘水市养老服务高质量发展的创新路径

（一）切实完善养老服务政策体系，保障养老服务高质量发展

政策往往是为解决社会发展中某个领域的具体问题而产生，其具有鲜明的导向作用、强力的规范作用、高效的协调作用三大功能。进而，一系列相关领域政策的陆续出台，就自然而然建构起该领域的政策体系，形成了一套“组合拳”。同时，某领域的政策体系一旦形成，就会对该领域在多方面的发展产生重要影响。因此，六盘水市养老服务要实现高质量发展，首先应该立足现有基础，切实完善养老服务政策体系，以完善的养老服务政策体系保障养老服务行稳致远。近年来，六盘水市在养老服务方面出台了系列政策文件③，为全市养老服务体系建设提供了很好的政策保障，接下来就应该对前述系列政策文件进行任务分解，具体抓好落实。同时，还要进一步简化养老机构办理程序，实行养老机构备案制，出台优惠政策，给予非公办养老机构以床位等设施建设方面的补助和服务运营方面的

---

① 王嵘，等．人口老龄化背景下对六盘水市社区日间照料中心的研究［Z］．2023 年六盘水市哲学社会科学立项课题成果（内部资料）．

② 关于钟山区社会养老体系建设情况的调查报告［EB/OL］．（2020-09-18）［2023-10-23］．http：//www. gzzs. gov. cn/zsrdw_ 0/jdgz/202105/t20210518_ 68137419. html.

③ 关于加快发展养老服务业的实施意见、进一步加强农村敬老院建设和管理的意见、六盘水市开展居家和社区养老服务改革试点工作实施方案［EB/OL］．（2022-01-06）［2023-10-23］．http：//www. gzlps. gov. cn/ywdt/jrld/202201/t20220106_ 72250653. html.

补助，积极吸纳社会力量参与养老服务。①

（二）养老事业、产业协同发展，促进养老服务提质增效

养老事业以政府为主，提供最为基本的养老服务及产品，其特点是公益性、普惠性和兜底性。养老产业则以市场为主，并引入社会力量，提供基本养老服务及产品以外的各类服务和产品，其特征是营利性、竞争性和多样性。养老事业保障老年人的基本性养老需求，养老产业则提供老年人个性化的养老需求。养老产业是养老事业发展到一定阶段的必然产物。②从世界各国养老服务发展的历程来看，当一个国家进入中等发达国家行列之后，就会形成规模较大的中产阶层，此时，该国家就会进入养老事业与养老产业并行发展的新的养老服务阶段。当前，我国很多地区特别是西部欠发达地区，养老事业历史欠账较多，发展很不充分，养老产业先天存在不足，面临诸多短板。因此，这是当前西部诸多地区发展养老服务首先要解决的问题。但是也不能为了“有”而建应付问题，更不能为了“建”而建盲目上阵，要统筹好养老事业与养老产业的各种资源，要根据地方养老服务发展的实际，兼顾眼前与长远，理顺二者的关系，定位二者的功能，让其相向而行、协调发展、形成合力、达到最优。③

（三）广泛吸纳社会力量参与，积极推进养老服务社会化改革

养老服务社会化是经济社会发展的必然产物，是工业化、城镇化发展到较高阶段后的必然结果，因此，养老服务社会化改革也应运而生。当前，六盘水市正迈入全面开启新型工业化的新阶段④，2020 年全市常住人口城镇化率已达 48.87%，到 2025 年，市中心城区常住人口将达到 100 万

---

① 加快构建城乡养老“服务圈”：我市多措并举应对人口老龄化走笔［EB/OL］．（2020-01-06）［2023-10-23］．http：//www. gzlps. gov. cn/ywdt/jrld/202201/t20220106_ 72250653. html.

② 邱超奕．事业产业协同 养老服务更优（为了幸福美满的晚年）［N］．人民日报，2021-10-20（13）．

③ 养老观点丨应对老龄化要解决养老服务发展不平衡等问题［EB/OL］．（2022-04-08）［2023-10-23］．https：//baijiahao. baidu. com/s？ id=1729508536548488239&wfr=spider&for=pc.

④ 六盘水市“十四五”工业发展规划［EB/OL］．（2023-10-20）［2024-06-24］．http：//www. guizhou. gov. cn/ztzl/gzsswgh/szsswgh/lpss/202310/t20231020_ 82820101. html.

人左右，新型城镇化将迈上更高的台阶。[①] 与此同时，未来 10～15 年，六盘水市老年人口将以较快的速度持续增长，六盘水市将全面进入深度老龄化社会。因此，广泛吸纳社会力量参与，并积极推动养老服务社会化改革是必然趋势。具体而言，六盘水市应积极支持社区老年人日间照料中心建设，可以采取政府补贴、公建民营、购买服务、民办公助等多种形式，积极鼓励以独资、合资、联营、参股等多种方式吸纳社会资金兴办社区老年人日间照料中心，进一步研究政府扶持示范、引进优强企业管理示范等模式，逐步推进全市养老服务水平提高，最终实现全养老服务行业高质量发展。要切实增强政府对社会资本参与养老服务的支持力度，积极推进养老机构社会化改革，不断推进养老服务社会化运营，大力提高养老服务专业化水平。[②]

（四）不断丰富养老服务内容，实现养老服务多元化发展

进入 21 世纪以来，我国养老服务从“1.0 版本”全面迈入“2.0 版本”。相比“1.0 版本”，“2.0 版本”最大的特点是个性化和智能化，目前则正处于转型升级的过渡阶段。因此，为适应即将到来的养老服务“2.0 版本”时代，养老服务应当与时俱进，不断丰富其内容，实现多元化发展。具体而言，要积极扩大养老服务内容的范围，包括但不限于医疗护理、心理支持、文化娱乐活动、健康保健等，以满足老年人的不同需求；要逐步实现个性化定制服务，针对不同老年人的个体需求，提供定制化的养老服务方案，包括个人喜好、文化背景、身体状况等因素在内，让老年人获得更加贴心和符合自身需求的服务；要大力引入创新科技成果，运用科技手段，如智能设备、远程医疗、虚拟现实等，为老年人提供更加便捷、高效的养老服务，增加服务内容的多样性等。

① 六盘水市“十四五”新型城镇化发展规划［EB/OL］.（2022-12-05）［2024-06-24］. http：//ymj. gzlps. gov. cn/bmxxgk/zfxxgk _ 5712117/fdzdgknr/bmwj _ 5805241/202212/t20221205 _ 77339669. html.

② 王嵘，等．人口老龄化背景下对六盘水市社区日间照料中心的研究［Z］. 2023 年六盘水市哲学社会科学立项课题成果（内部资料）.

（五）大力培养行业人才，为养老服务高质量发展提供充足的人才支撑

任何一个行业领域的高质量发展，都离不开高质量的人才资源的支撑。当前，六盘水市养老服务行业人才除了缺口较大，还面临着专业水平不高、薪酬待遇较低等问题。因此，要切实提高养老服务人员的薪酬待遇，不断强化职业吸引力，吸引更多人才从事养老服务工作；要不断加大对养老护理人员的培训力度，提高其专业水平和服务质量；要积极建立完善养老服务从业人员职业发展通道，包括晋升机制、技能培训、职业评定等；要推动社会形成一种关注养老服务的强大氛围和良好社会风气，鼓励更多的人士投身养老服务领域。

参考文献

［1］廖薇，王启飞，潘迪，等．养老模式的选择及其影响因素研究：以贵州省六盘水市为例［J］．办公室业务，2022（4）：136-138.

［2］冯香芬．大健康背景下六盘水市养老事业发展研究［J］．合作经济与科技，2017（16）：38-39.

［3］周维辉，邓经线，何远竹．最美桑榆景　人间重晚晴——六盘水市钟山区大力实施养老服务体系建设［J］．当代贵州，2015（44）：39.

［4］贵州省六盘水市：落实“四严防”措施守牢养老机构阵地［J］．中国民政，2020（4）：30.

［5］付林江，肖波，范贤坤．六盘水市康体养老产业现状及发展建议［J］．中国集体经济，2017（36）：18-19.

［6］六盘水钟山区：依托物业促进居家养老服务发展［J］．中国社会工作，2010（11）：37.

［7］冯香芬．欠发达地区农村养老保障探究：以六盘水市为例［J］．经济与社会发展研究，2014（7）：25-26.

［8］六盘水登上“适合夏季候鸟式养老度假城市”榜首［J］．老年文摘报，2023（53）.

［9］石含钐，陆卫群．贫困地区人口老龄化现状下的养老问题分析：以贵州省为例［J］．中国集体经济，2019（9）：3-5.

［10］邱超奕．事业产业协同 养老服务更优（为了幸福美满的晚年）［N］．人民日报，2021-10-20（13）．

［11］王嵘，等．人口老龄化背景下对六盘水市社区日间照料中心的研究［Z］.2023 年六盘水市哲学社会科学立项课题成果（内部资料）．

［12］喜迎党的二十大特刊丨这 10 年，养老事业实现跨越式发展［EB/OL］．（2022-10-12）［2023-10-26］. https：//m. gmw. cn/baijia/2022-10/12/36083129. html.

［13］六盘水市第七次全国人口普查公报（第四号）——人口年龄构成情况［EB/OL］．（2021-05-10）［2023-10-26］. https：//www. gzlps. gov. cn/rdzt/rkpcgb/202105/t20210526_ 68276518. html.

［14］六盘水市 2023 年国民经济和社会发展统计公报［EB/OL］．（2024-05-14）［2024-06-24］. http：//www. gzlps. gov. cn/zfsj/tjgb_5666244/202405/t20240514_ 84632392. html.

［15］六盘水市 2010 年第六次人口普查主要数据公报［EB/OL］．（2011-05-16）［2023-03-28］. http：//hgk. guizhou. gov. cn/publish/articles/c8/2023/03/a145/a145. html.

［16］六盘水市第七次全国人口普查公报（第一号）——全市人口情况［EB/OL］．（2021-05-26）［2023-06-30］. https：//www. gzlps. gov. cn/rdzt/rkpcgb/202105/t20210526_ 68276097. html.

［17］贵州省 2021 年人力资源和社会保障事业统计公报［EB/OL］．（2022-06-20）［2023-06-24］. http：//hgk. guizhou. gov. cn/publish/articles/c7/2022/06/a815/a815. html? locationhref = http% 3A% 2F% 2Fhgk. guizhou. gov. cn% 2Fpublish% 2Fchannels% 2Fc7% 2Fc7_ 1psSuffix&pagesize = 15&curpage = 1&curainum = 4.

［18］六盘水市 2023 年城乡低保标准和孤儿基本生活最低养育标准提标［EB/OL］．（2023-04-04）［2023-06-24］. https：//baijiahao. baidu. com/s? id = 1762410369619984302&wfr = spider&for = pc.

［19］关于钟山区社会养老体系建设情况的调查报告［EB/OL］．（2021-05-18）［2024-06-24］. http：//www. gzzs. gov. cn/zsrdw_ 0/jdgz/202105/t20210518_ 68137419. html.

［20］六盘水市“十四五”工业发展规划［EB/OL］．（2023-10-20）

[2024－06－24]. http://www.guizhou.gov.cn/ztzl/gzsswgh/szsswgh/lpss/202310/t20231020_82820101.html.

[21] 六盘水市"十四五"新型城镇化发展规划[EB/OL]. (2023-02-09)[2023-06-24]. http://ymj.gzlps.gov.cn/bmxxgk/zfxxgk_5712117/fdzdgknr/bmwj_5805241/202212/t20221205_77339669.html.

[22] 六盘水市"十四五"民政事业发展规划[EB/OL]. (2019-02-09)[2023-12-28]. https://www.gzlps.gov.cn/jdhy/jdzc/202302/t20230209_78172698.html.

[23] 养老观点丨应对老龄化要解决养老服务发展不平衡等问题[EB/OL]. (2022-04-08)[2023-10-23]. https://baijiahao.baidu.com/s?id=1729508536548488239&wfr=spider&for=pc.

[24] 贵州省"十四五"民政事业发展规划(全文)[EB/OL]. (2021-08-18)[2023-06-24]. https://mp.weixin.qq.com/s?__biz=MzA3NDIwODEwMA==&mid=2878808776&idx=3&sn=00242a396b6baf313b6c2edff5359ea7&chksm=b160c4c386174dd5dff15916512ba60027a8f7a240b8ef3abfbd5ed46ae612dbc0cb5ccaf598&scene=27.

[25] 省人民政府关于印发"十四五"贵州省老龄事业发展和养老服务体系规划的通知(黔府发〔2022〕11号)[EB/OL]. (2022-06-30)[2023-06-24]. http://www.guizhou.gov.cn/zwgk/zcfg/szfwj/qff/202206/t20220630_75343137.html.

B.11 安顺市养老服务发展报告

刘凌冰*

摘要： 安顺市大力推进养老服务建设，初步形成了以居家为基础、社区为依托、机构为补充、医养相结合的养老服务体系。但还存在机构养老质量不高，养老设施作用发挥不充分；集中养老意愿不强，养老服务供需错位；家庭养老功能弱化，农村养老有效供给不足等问题。需要通过提升养老机构服务效能、健全居家上门服务体系、提升养老服务市场化水平、推动基础设施向农村延伸、养老服务向农村覆盖等措施，推动养老服务高质量发展。

关键词： 养老服务　居家养老　上门服务　有效供给

我国60周岁及以上老年人口有2.8亿人。习近平总书记指出："满足数量庞大的老年群众多方面需求、妥善解决人口老龄化带来的社会问题，事关国家发展全局，事关百姓福祉，需要我们下大气力来应对。"① 党的十八大以来，我国养老服务实现了跨越式发展，服务模式逐步从针对特殊困难老年人的福利服务向对所有老年人的普惠养老服务转变，服务形式从机构集中照料为主向居家、社区、机构多层次养老服务体系转变，发展机制从政府主办为主向民间资本、社会力量广泛参与、竞相发展转变。党的二十大强调要"实施积极应对人口老龄化国家战略，发展养老事业和养老产业，优化孤寡老人服务，推动实现全体老年人享有基本养老服务"。建立健全养老服务体系，切实提升养老服务质量，已经成为党和政府的重要工作。

---

* 刘凌冰，贵州省社会科学院社会研究所助理研究员，研究方向为社会治理、社会适应等。

① 牛纪伟 等．铺展最美"夕阳红"的温暖画卷——总书记挂念的百姓身边改革事之养老服务篇［EB/OL］．（2023-12-26）［2024-06-25］．中国政府网，https：//www.gov.cn/yaowen/liebiao/202312/content_ 6922364.htm.

一、安顺市人口老龄化形势及其挑战

第七次全国人口普查数据显示，全国60周岁及以上人口26402万人，占18.70%，其中65周岁及以上人口19064万人，占全国总人口的13.50%。贵州省60周岁及以上人口593.14万人，占全省总人口的15.38%，其中65周岁及以上人口445.65万人，占11.56%。安顺市60周岁及以上人口39.2951万人，占全市总人口的15.90%，低于全国2.8个百分点，高于全省0.52个百分点；其中65周岁及以上人口28.6962万人，占全市总人口的11.61%，低于全国1.94个百分点，高于全省0.05个百分点。① 截至2024年5月，安顺市现有80周岁以上高龄老人52839人、百岁老人80人。全市8个县（区）全部建立高龄补贴制度，2023年3月至2024年7月，累计发放80周岁及以上老年人高龄补贴4467.732万元，发放百岁补贴41.50万元。②“十四五”时期，安顺市人口老龄化将进入快速发展期，失能、高龄、空巢老年人数量和比例将大幅度增加。从表1可见，2023年3月以来，安顺市高龄老年人数量持续保持增长，人口老龄化已进入快速发展期。据测算，安顺市将在2030年前后迈入深度老龄化阶段，老龄化程度届时将达到30%。安顺市人口老龄化呈现出基数大、速度快、未富先老、未备先老的特点。

表1　2023年3月—2024年7月安顺市高龄补贴发放情况

时间	高龄补贴发放人数（人）	高龄补贴发放金额（万元）	百岁补贴发放人数（人）	百岁补贴发放金额（万元）
2023年3月	42550	225.39	65	1.3
2023年4月	43007	227.64	92	1.84
2023年5月	43180	278.8	93	1.86
2023年6月	43367	229.89	94	1.88
2023年7月	43741	231.85	91	2.73

① 资料来源：安顺市民政局关于对市政协五届二次会议第0048号提案的答复。

② 资料来源：安顺市民政局每月发布的养老补贴发放情况，高龄补贴每月每人50元，补贴每人每月320元。

续表

时间	高龄补贴发放人数（人）	高龄补贴发放金额（万元）	百岁补贴发放人数（人）	百岁补贴发放金额（万元）
2023 年 8 月	44035	233.73	90	2.7
2023 年 9 月	50946	270.01	89	2.6
2023 年 10 月	51282	271.99	91	3.73
2023 年 11 月	51592	273.142	95	2.85
2023 年 12 月	51961	275.212	91	2.73
2024 年 1 月	52181	276.684	86	2.58
2024 年 2 月	52162	276.44	83	2.49
2024 年 3 月	52172	276.93	80	2.4
2024 年 4 月	52366	277.124	81	2.43
2024 年 5 月	52839	279.529	80	2.56
2024 年 6 月	53196	280.866	80	2.56
2024 年 7 月	53462	282.55	79	2.26

资料来源：安顺市民政局官网。

老龄人口大量增加对社会保障体系和社会发展带来极大挑战。一是人口红利消失，经济增长放缓。随着老年人口总量增加和占比提高，人口抚养比随之快速增长，劳动人口红利即将消失，居民储蓄率将出现下行。劳动年龄人口的减少，影响创新能力和全要素生产率的提高。二是公共服务
求增加，社会保障支出压力加大。对养老保险、医疗保障、养老服务和
服务等需求大幅度增加，基本养老保险收支压力增大，卫生总费用和
费用攀升，失能、高龄、空巢老年人的生活照料和长期照护服务
增加。三是赡养比增加，家庭负担加重。家庭规模小型化，养老
，增大家庭压力，降低家庭抗风险能力，影响生活质量

进养老服务高质量发展的主要做法

重视康养事业，市委常委会决定将安顺城市文
瀑乡安顺”。安顺市按照“保障基本、突

出重点、持续发展”的工作原则和“全面抓好托底养老、全面完善社区居家养老、全面发展社会化养老、全面推进城乡融合养老”的工作思路，因地制宜、分类指导，积极构建布局合理、配置均衡、优化整合的养老服务体系，着力推动养老服务快速健康发展。基本养老保障覆盖面不断扩大，保障水平逐年提高，养老服务质量标准体系基本建立，养老服务从业人员能力水平明显提高，养老服务综合监管机制基本形成，养老服务供给结构更加合理，老年宜居的社会环境初步构建，老年人精神文化生活不断丰富，老有所为的社会环境初步建立，市场活力和社会创造力得到激发，老年人的获得感、幸福感、安全感显著增强。

1. 完善养老服务顶层设计

2020 年，市卫健局、市民政局等 14 部门联合出台《安顺市关于加快推进医疗健康服务和养老服务融合发展的实施方案》，为提升基层医养结合服务能力提供了政策支持。2022 年，市民政局、市卫健局、市发展改革委联合印发《安顺市“十四五”养老服务体系建设和老龄事业发展规划》，从完善养老保障体系、健全完善基本养老制度、提升养老服务能力、推动养老服务体系高质量发展、开发银发经济新动能、健全完善老年人精神文化生活体系、建设老年友好型社会 7 个方面明确养老服务的定位、发展思路和方向，进一步明晰政府、市场、社会等职责边界，对养老服务的机构、社区、居家、医养、康养等方面进行了统筹设计。2023 年，市民政局会同市养老服务联席会议成员单位修订完善了《安顺市基本养老服务清单（2023 年版）》，将基本养老服务清单落实情况纳入市、县高质量发展评估指标。2023 年，制发安顺市养老服务设施布局专项规划，目前正督促各县（区）制订养老服务设施布局专项规划。2023 年，市民政局、市住建局联合印发《关于开展城市完整社区试点建设的实施方案》，以西秀区北街街道北山社区、平坝区鼓楼街道苑城社区和开发区宋旗镇青松社区为试点实施优化提质，融合养老服务、未成年人保护、社会工作和志愿者服务、社会组织培育、社区治理等服务功能，进一步完善社区综合服务设施。2024 年，印发《关于建立健全养老服务综合监管制度促进养老服务高质量发展的实施方案》，强化了养老服务综合监管。

2. 加强机构养老服务供给

一是完善养老服务设施。围绕建设“县区综合性护理型养老机构—街道嵌入式护理型养老机构—社区养老服务站”“县级中心敬老院—乡镇区域性养老院—村级农村幸福院”的城乡养老设施网络，不断完善养老服务设施。2021—2023 年，共投入资金 6739 万元用于 15 家养老机构提质改造。2022 年底，在运营养老机构 23 家，拥有养老机构床位 4112 张，入住养老机构老年人 1025 人①，入住率 24.93%。床位使用率较低，仅占常住老年人口的 0.261%，大大低于全国的平均值 2.54%。2022 年，特困对象集中供养 418 人。② 到 2023 年 6 月，全市累计建成养老机构 82 家，其中公办 62 家、公建民营 16 家、民办 4 家，床位总数 7205 张。2023 年，在运营养老机构 21 家，比上年减少 2 家，运营率 25.3%；床位数 3586 张，其中普通床位 1330 张、护理型床位 2256 张，护理型床位占比 62.91%。③

二是实施兜底对象区域性集中供养。统筹优化乡镇兜底对象集中供养服务机构（主要是乡镇敬老院），打破乡镇地域限制，集约化打造以失能、半失能特困人员专业照护为主的区域性养老服务中心，完善设施设备配置，提升服务水平和能力，提升护理床位占比，将分散在各乡镇、符合条件的特困供养人员集中供养。对偏、远、小的乡镇敬老院，采取关、停、并、转的形式进行资源整合，全市 62 家乡镇敬老院将整合至 18 家，每个县（区）保留 2~3 家改造提升为区域性敬老院。以普定县为例，此前全县有 12 家养老机构，大多数乡镇敬老院只有三五名老年人入住，但服务人员就需要 2~3 名。兜底对象统一集中供养后，目前在运营养老机构 3 家（金太阳老年公寓、穿洞街道敬老院、白岩镇敬老院），既降低了业务部门的管理压力，又大大降低了管理运营成本。

三是推动政府主导和社会参与相结合。持续深化公办养老机构改革，大力推行公建民营、民办公助等形式，吸收社会资本，加快养老机构转型升级，目前在运营的 21 家养老机构中，公建民营、民办的就有 16 家。

四是加强养老服务队伍建设。开展定向培训，引进专业社工，发展志愿队伍，多方吸纳管理、护理人才进入养老服务队伍。将老年社工师、心

---

① 资料来源：安顺市人民政府 2022 年 11 月 16 日发布的安顺市“一老一小”整体解决方案。

② 资料来源：安顺新闻网 2022 年 8 月 31 日在线访谈“加快养老服务体系建设 切实提升养老服务质量”。

③ 资料来源：安顺市民政局 2023 年 6 月发布的安顺市在运营养老服务机构相关公示信息统计表。

理咨询师、医护人员等纳入养老机构等级评定指标。截至 2023 年 6 月，全市养老服务领域登记在册人才 41 人，其中副高职以上专家 20 人；在运营养老机构工作人员 421 人，其中持有资格证书的 272 人，占比 64.61%，在持证人员中，护理员 167 人，医生 28 人，护士 61 人，社会工作者 2 人，营养师 3 人，其他（康复理疗师、检验师、西药师、养生理疗师等）11 人①。

3. 大力发展社区居家养老服务

一是加强社区养老服务设施建设。安顺市大力推进城市新建城区、新建居住（小）区养老服务设施建设，按照每百户不少于 20 平方米的标准以及适老化要求配套建设社区养老服务设施，与住宅同步规划、同步建设、同步验收、同步无偿交付民政部门使用。同时，大力推进老旧城区、已建居住（小）区按照每百户不少于 15 平方米的标准配置居家社区养老服务设施。构建“15 分钟养老服务圈”，重点打造枢纽型社区养老综合体，强化社区养老资源与服务的统筹调配能力。支持小规模、多功能、专业化的社区嵌入式养老机构建设。安顺市现有城市社区 257 个，建成养老机构 16 家、日间照料中心 60 个、居住区（小区）养老服务设施 307 个；农村社区 911 个，建成乡镇敬老院 69 家、农村幸福院 238 家，基本实现服务覆盖。为进一步解决已建日间照料机构硬件条件差、服务水平不高的问题，市财政局、市民政局于 2023 年下达福彩公益金 90 万元，用于 3 个日间照料中心建设（联合完整社区试点工作同步推进），下达福彩公益金 75 万元用于 5 个社区“长者食堂”试点建设，解决社区特殊困难老年人助餐问题。

二是推动养老机构连锁化集中运营并将服务延伸至社区。目前，普定金太阳老年公寓接手运营穿洞社区日间照料中心，镇宁布依族苗族自治县濉舒康医养中心接手运营谐美社区和东社区日间照料中心，贵州华好颐昇健康产业发展有限公司接手运营西秀区马槽社区日间照料中心和开发区南新社区日间照料中心。

三是加快特殊困难老年人家庭适老化改造。安顺市“十四五”期间要

① 资料来源：安顺市民政局 2023 年 6 月发布的安顺市在运营养老服务机构相关公示信息统计表。

完成3000户特殊困难老年人家庭适老化改造工作，截至目前，市残联已完成743户残疾人家庭的适老化改造工作。2023年，市民政局下达105万元福彩公益金用于平坝区100户、开发区50户特殊困难老年人居家适老化改造试点，争取到镇宁布依族苗族自治县325户作为省级特殊困难老年人家庭适老化改造和居家养老上门服务试点。同时，拟制《关于开展特殊困难老年人家庭适老化改造和居家养老上门服务试点工作方案》，加快推进特殊困难老年人家庭养老床位建设，增加居家养老上门服务供给。

4. 提升医养结合服务能力

一是着力推动医疗服务向社区、家庭延伸。支持有条件的医疗卫生机构为居家高龄、重病、失能失智等老年人提供家庭病床、上门巡诊等居家医疗服务。市政府连续3年把为65周岁及以上老年人开展健康体检列为“民生十件实事”之一，65周岁及以上老年人免费体检率保持在95%以上，老年健康管理和中医药健康管理服务得到推广。2023年为老年人开展了结核病、白内障免费筛查。二是开展居家医养服务试点工作。制订实施《安顺市推进居家医养服务试点工作方案》，确定29家医疗卫生机构作为首批居家医养结合先行先试单位，其中市级1家（市养护院）、西秀区24家、经开区2家，其他县（区）各2家。三是开展失能老年人“健康敲门行动”。2023年全面开展失能老年人“健康敲门行动”，为全市8010位失能老年人提供上门健康服务。四是不断提升老年疾病诊疗能力。建成市级老年病医院1所，二级以上综合医院设立老年医学科占比达58.8%，老年友善医疗机构达到85.7%。建立老年健康危险因素干预、疾病早发现早诊断早治疗、失能预防三级预防体系，3年来完成失能老年人评估6000例，在7个社区开展老年心理关爱试点项目。五是进一步强化医养结合服务。经开区成功成为全省首批医养结合示范县（区）。全市医养结合机构达到10家，其中有6家列为省级示范点。16家医疗机构与养老机构签约合作，为入住养老机构的老年人提供及时有效的医疗服务。29家医疗机构开展居家医养服务试点，更好满足居家老年人康复和照护需求。

5. 引入社工联动机制拓展养老服务功能

积极推广“社工+志愿”联动服务模式，联动社区、社会组织、社会工作者、社会慈善资源、社区自治组织，运用社会工作专业方法延伸为老服务触角入户到人，形成为老服务内外联动、资源互济，社会力量广泛参与的生动局面。全市共 90 个乡镇（街道），已建乡镇（街道）社会工作和志愿服务站 24 个，建设覆盖率为 27%，还有 21 个社会工作和志愿服务站正在建设。其中，西秀区大西桥镇社会工作和志愿服务站作为市级重点社会工作站建设试点，2022 年市民政局下达建设补助 25 万元。该站毗邻大西桥镇敬老院，先后组织开展了“幸福晚年、志愿有我”“浓情端午 · 粽情溪桥”等关爱老年人的主题活动，进一步丰富拓展了农村养老服务的内容。

三、安顺市推进养老服务高质量发展存在的问题

当前，安顺市养老服务体系建设取得初步成效，城市失能老年人机构照护实现设施设备专业化、服务队伍初步专业化、服务内容专业化，城乡特困老年人集中供养实现愿住尽住，但是还存在以下问题：居家养老上门服务发展滞后，有效供给严重不足；机构养老质量不高，养老设施作用发挥不够充分；社会化照护较低，养老产业化、市场化、社会化水平不高；农村养老形势更加严峻；服务规范、行业自律和市场监管有待加强；养老服务人才队伍短缺；体制机制不完善等。

1. 机构养老质量不高，养老设施作用发挥不充分

根据《2023 年安顺市养老机构等级评定实施方案》，2023 年安顺市民政局委托第三方评定机构对 24 家养老机构进行了等级评定。① 从表 2 可见，评定为三星级的仅金太阳老年公寓 1 家，二星级 7 家，一星级 11 家，未达评级条件的 5 家。西秀区老来乐康安中心、紫云苗族布依族自治县中心敬老院总分高于 450 分，达到二星级标准，但因入住率低于 35%，设施设备单项低于 52 分，被评为一星级。西秀区德阑居老年康养中心总分高于 450 分，达到二星级标准，但因入住率低于 35%，被评为一星级。普定县穿洞街道养老服务中心总分高于 450 分，达到二星级标准，但因设施设备

---

① 此次养老机构等级评定的依据为《贵州省养老机构等级评定管理办法（试行）》《贵州省养老机构等级划分与评定实施细则（试行）》，评定指标分为环境、设施设备、运营管理、服务。其中，环境指标为 120 分，设施设备指标为 130 分，运营管理指标为 150 分，服务指标为 600 分。养老机构符合必备指标可申请等级评定，一星级得分不低于 360 分，单项不低于 30%，入住率不低于 30%；二星级得分不低于 450 分，单项不低于 40%，入住率不低于 35%。

得分仅为 49.7 分，单项得分低于 52 分，被评为一星级。西秀区天爱安养老院总分 444.2 分，接近二星级标准，但因设施设备得分仅为 33.5 分，低于单项标准 52 分，被评为一星级。镇宁布依族苗族自治县六马镇敬老院仅入住 1 人，平坝区鼓楼卫生院和关岭布依族苗族自治县断桥镇敬老院未收住老年人，未达到评级基本条件，未能定级。开发区宋旗镇敬老院总分仅为 310 分，低于评级最低分数要求，未能定级。综上，安顺市在运营养老机构二星级及以上的较少，表明该市养老机构整体运营水平不高，特别是起示范引领作用的三星级养老机构才 1 家。部分养老机构总分达到二星级标准，但因入住率和设施设备单项得分不达标，而被降级评定，有的养老机构仅入住 1 人，甚至无人入住，表明该市养老机构当前最突出的问题是入住率不高和设施设备不完善。

表 2　2023 年安顺市养老机构等级评定结果

序号	机构名称	总分	评定结果	备注
1	安顺市养护院	768.6	二星级	
2	开发区中心敬老院（三合亲情医养中心）	734.7	二星级	
3	开发区宋旗镇敬老院	310	未达到评级条件	总分未达到评级分数
4	西秀区浩栩安养老院（旧州镇敬老院）	582.5	二星级	
5	西秀区老来乐康安中心（大西桥镇敬老院）	474.8	一星级	入住率未达到二星级要求
6	西秀区天心颐养院	435.2	一星级	
7	西秀区德阑居老年康养中心	573	一星级	入住率未达到二星级要求
8	西秀区天爱安养老院	444.2	一星级	设施设备 33.5 分，未达到二星级单项要求
9	平坝区社会福利院	427.4	一星级	
10	平坝区老年福利服务中心	616.9	二星级	

续表

序号	机构名称	总分	评定结果	备注
11	金太阳老年公寓	737.4	三星级	省级评定结果
12	普定县白岩镇卫生院医康养结合院	513.3	二星级	
13	普定县穿洞街道养老服务中心	461.2	一星级	设施设备 49.7 分，未达到二星级单项要求
14	镇宁布依族苗族自治县怡心苑养老服务中心	560.9	二星级	
15	镇宁布依族苗族自治县濉舒康医养服务中心	557.7	二星级	
16	关岭布依族苗族自治县花江镇敬老院	400.7	一星级	
17	关岭布依族苗族自治县普利乡敬老院	398.6	一星级	
18	关岭布依族苗族自治县沙营镇敬老院	404.3	一星级	
19	关岭布依族苗族自治县颐养中心	436	一星级	
20	紫云苗族布依族自治县中心敬老院	453.4	一星级	入住率未达到二星级要求
21	经开区幺铺镇敬老院	/	未达到评级条件	施工中，未达到评定基本条件
22	平坝区鼓楼卫生院	/	未达到评级条件	未收住老人
23	关岭布依族苗族自治县断桥镇敬老院	/	未达到评级条件	未收住老人
24	镇宁布依族苗族自治县六马镇敬老院	/	未达到评级条件	只入住 1 人

资料来源：安顺市民政局官网关于 2023 年养老机构等级评定的公示。

2. 集中养老意愿不强，养老服务供需错位

高收入人群对目前大部分养老机构提供的服务质量并不满意，而低收入人群承担机构养老费用又有困难。2023 年，安顺市城镇常住居民人均可

支配收入为每年 40155 元，农村常住居民人均可支配收入为每年 14920 元。① 按照自理老年人每月入住机构 2500 元的标准，每年的支出费用为 3 万元，城镇老年人口在身体健康的条件下勉强能够承担，农村老年人口则无能力支付。

2020 年安顺市每千名老年人拥有养老床位数已经达到 38 张，各类养老床位数量已经达到 14503 张。② 大量的养老机构建成后闲置并未投入运营，实际运营的 21 家养老机构共有床位 3586 张，实际入住人数刚刚达到 1000 人，床位使用率很低。但《安顺市“一老一小”整体解决方案》却仍将“‘十四五’时期，全市各类养老服务床位数达到 2.025 万张，每千名老人床位数达 45 张”③ 作为具体指标。根据安顺市“一老一小”重大项目清单，未来 4 年将投资建设 14 家养老机构，其中，新建 8 家、改扩建 3 家、提质改造 3 家，总投资达 16.9588 亿元。到 2026 年，将新增养老床位 4300 张。根据安顺市民政局《2024 年全市民政工作要点》，“全市至少动员新增 222 名低保中的失能老年人入住养老机构，新增动员 235 名失能半失能分散供养特困对象入住养老机构”。全年预计新增 457 人，以每年新增 457 名计算，4 年预计新增 1828 人。失能、半失能、低保和特困老年人是养老机构的主要入住对象，但受传统家庭观念影响，即使是特殊困难老年人，入住养老机构的意愿也较低。例如，安顺市“十三五”养老规划中设有约束性指标“农村特困人员集中供养率≥60%”，而到 2020 年实际只有 12.6%，远低于规划指标，即使是生活不能自理的特困人员集中供养率也只有 46.3%。所以，每年实际新增的人数将低于以上预测值，入住人数将远低于养老机构新增床位数。

3. 家庭养老功能弱化，农村养老有效供给不足

农民增收的主要渠道是兼业或多业并举，但是贵州省农村普遍缺乏第二、第三产业，外出务工依然是贵州省农村劳动力的主要就业方式。2022 年，贵州省农村劳动力期末在外就业人数 933.89 万人，其中跨省就业人数

---

① 资料来源：安顺市 2023 年国民经济和社会发展统计公报。

② 资料来源：安顺市民政局、市卫健局、市发改委 2022 年 3 月 9 日印发的《安顺市“十四五”养老服务体系建设和老龄事业发展规划》。

③ 资料来源：安顺市人民政府 2022 年 11 月 16 日发布的《安顺市“一老一小”整体解决方案》。

578.53万人①。安顺市外出务工人员达到48万人，留在村子的主要是老年人，青年劳动力外流加剧了农村人口的老龄化。调研显示，安顺市农村常住人口中老年人口比例为33.7%，约为城镇的2倍。即使子女希望把老人接到城市，老人也更愿意住在乡下，因为在自家房前屋后种植蔬菜瓜果是老人重要的“休闲娱乐活动”，居住空间分离导致子女照护越来越少。调研发现，70.3%的农村老年人为“老两口”共同生活或独居。老龄化叠加空巢化，加上农村人口居住分散，使得农村成为养老服务的薄弱环节。

当前农村养老机构不能满足农村老年人的养老需求，一是绝大多数农村养老机构建设滞后、基础薄弱、服务能力差，养老服务的总体供求之间严重失衡；二是服务模式弊端凸显，农村养老服务供给机制相对陈旧滞后，难以满足老年人在经济帮扶、生活照护、医疗护理和精神慰藉等方面的多样化需求；三是经费保障不足，大多数农村养老机构无运转经费保障，难以维持健康运营。

四、完善安顺市养老服务体系的建议

要准确把握人口发展大趋势和老龄化规律，立足经济发展水平、设施水平、需求情况、传统观念等实际，以家庭养老为重点，以社区为依托，以机构养老为补充，以提供上门服务为发展方向，满足老年人日益增长的养老服务需求。要逐步完善养老服务基础设施、丰富产品供给、不断提高服务质量、优化产业结构，增强养老机构运营管理能力，全面提升养老服务行业标准化、规范化、专业化水平。

1. 提升养老机构服务效能

精准聚焦服务对象，兜底线保障基本服务。将失能老年人、特困老年人、低保老年人、计划生育家庭特殊家庭老年人等重点群体全部纳入基本养老服务重点保障对象覆盖范围，确保有集中供养意愿的特殊困难老年人实现应养尽养。鼓励养老机构提供老年人短期入住床位，为长期照护老年人的家庭成员定期或者在其有需要时提供临时性替代服务（喘息服务），提高农村敬老院入住率和运转效能。促普惠扩大有效供给，逐步满足兜底

① 资料来源：《贵州省2022年人力资源和社会保障事业统计公报》。

保障范围外中低收入家庭老年人的普惠性养老服务需求。

2. 健全居家上门服务体系

顺应老年人居家就近养老需求，培育养老服务市场主体，开发物业公司、家政公司、医疗机构的养老服务功能，强化老年人社会支持体系建设。以养老机构、医疗卫生机构、物业公司、家政公司等为主体，以社区养老服务站为依托，以市场化、专业化、社会化为运营模式，把养老服务资源向老年人“周边”“身边”“床边”聚集。积极探索“养老机构+居家养老”“医疗卫生机构+居家养老”“物业服务+养老服务”“家政服务+养老服务”等模式，以上门服务的方式提供家务、助餐、生活照料、康复护理、精神慰藉、紧急救援等居家养老服务。建设居家养老服务信息平台，充分利用“互联网+”和大数据技术，整合各类养老服务资源，实现家庭、社区与医疗服务、家政服务、餐饮服务等机构的多元线上互联，为老年人提供各类上门服务，全面提升居家社区养老的线上服务能力。推动养老服务供给侧结构性改革和需求侧改革，形成需求牵引供给、供给创造需求的更高水平动态平衡，提升养老服务整体效能。

表 3　居家养老上门服务清单①

类型	服务清单
生活照料	助餐、助行、助浴、助医、助洁、助急
基础照护服务	生活照护、排泄护理、护理协助、用药照护、康复护理
健康管理服务	信息采集、健康咨询、健康监测、健康干预
探访关爱服务	上门探访、紧急处置
精神慰藉服务	陪伴支持（定期协助有意愿的老年人外出活动或前往养老机构参加集体活动等）、情绪疏导（与老年人进行谈心、交流，耐心倾听老年人的诉说）、心理慰藉（通过心理健康教育、心理干预手段调整老年人心理状态）
委托代办服务	代购（购买日常生活用品、订车票、预约车辆等）、代办（取送信函、文件和物品，申请法律援助、救助服务等）、代缴（缴纳水、电、气、通信费等日常费用）
适老化改造服务	环境评估、基础改造、专项改造

① 居家养老上门服务是指为居家老年人提供的与身体机能维护、心理健康支持、日常生活协助、环境改善相关的服务活动。

3. 提升养老服务市场化水平

加快完善养老市场体系，促进老龄事业与养老产业双轮驱动，充分激发市场和全社会的活力，丰富养老服务业态和养老服务产品。立足安顺市独有的气候、环境等资源优势，打造“康养福地 · 瀑乡安顺”品牌，发展旅居养老、文化养老、健康养老、养生养老等新兴业态。进一步完善招商引资政策，以安顺市经开区为试点，以高端养老市场个性化、定制化、多元化的养老服务需求为导向，培育引进一批运营规范、服务专业、引领带动能力突出的养老服务优强企业在安顺市布局设点或托管经营。

4. 推动基础设施向农村延伸，养老服务向农村覆盖

提高乡村现代生活条件。提高天然气、自来水、网络等基础设施在乡村的覆盖率，因地制宜推进生活污水、垃圾治理，推进特殊困难老年人家庭适老化改造，提升乡村生活便捷性和舒适性，着力提高乡村老年人生活质量。优先推动规模较大、集体经济较好、老年人口较多的村，利用各类农村闲置房屋（如闲置学校）建设农村养老食堂。支持便民服务商店、休闲场所（棋牌室）开展多样化经营，设立助老餐桌或助餐点。

打造城乡服务共同体。探索构建养老服务城乡跨空间运营模式，以区域性养老服务综合体（以县为单位建设）为主体，依托智慧养老线上服务平台，发展助老社会化服务，促进助老服务向村延伸，由城市亲属线上订购，为农村老年人提供巡视探访、助医、助行等辅助性、临时性、应急性助老服务。

参考文献

［1］穆光宗，张团．我国人口老龄化的发展趋势及其战略应对［J］．华中师范大学学报（人文社会科学版），2011，50（5）：29-36.

［2］王琼．城市社区居家养老服务需求及其影响因素：基于全国性的城市老年人口调查数据［J］．人口研究，2016，40（1）：98-112.

［3］邓大松，李玉娇．医养结合养老模式：制度理性、供需困境与模式创新［J］．新疆师范大学学报（哲学社会科学版），2018，39（1）：107-114+2.

［4］胡湛，彭希哲．应对中国人口老龄化的治理选择［J］．中国社会科学，2018（12）：134-155.

［5］马琦峰，陈鹤，杜鹏．城乡老年人居家养老服务购买意愿及其影响因素分解［J］．社会保障研究，2024（2）．

B.12 毕节市养老服务发展报告

陈顺达　安静　韩棹渭　周明宽*

摘要： 调研发现，毕节市伴随着“幸福颐养行动”的持续深入推进，养老服务得到长足发展，但面对快速增长的老年人口和养老服务需求，特别是旅游产业发展带来的良好的“医养旅居”契机，暴露出体制机制、人力资源等方面的不足。为此，建议毕节市在资源配置、人才建设、服务模式、政策支撑等方面持续发力，在未来的养老服务产业发展中走出一条有别于东部、不同于西部地区的新路。

关键词： 毕节市　养老服务　养老产业　研究报告

引　言

习近平总书记指出：“满足数量庞大的老年群众多方面需求、妥善解决人口老龄化带来的社会问题，事关国家发展全局，事关百姓福祉，需要我们下大气力来应对。”[1]2022年，经国务院批复同意，国家发展改革委印发的《推动毕节高质量发展规划》明确要求，“加快建设居家社区机构相协调、医养康养相结合的养老服务体系和健康支撑体系，加强特殊困难老年人服务保障，加快补齐农村养老服务短板，持续扩大普惠养老服务供给”[2]。近年来，为全面实施积极应对人口老龄化国家战略，加快发展老

* 陈顺达，博士，贵州工程应用技术学院经济与管理学院讲师，贯彻新发展理念毕节示范区研究中心研究员，研究方向为区域经济发展、乡村财务管理；安静，博士，贵州工程应用技术学院彝学研究院专职研究员，研究方向为试验区发展、民族学；韩棹渭，毕节市社会科学界联合会副主席，研究方向为区域社会发展；周明宽，中共毕节市委统战部毕节试验区统一战线服务中心副主任，研究方向为统一战线理论政策、多党合作实践。

龄事业，毕节市委、市政府根据党中央、国务院和贵州省委、省政府关于老龄工作的决策部署，坚持以高质量发展统揽全局，以加快完善社会保障、养老服务、健康支撑体系为重点，把积极老龄观、健康老龄化理念融入经济社会发展全过程，在老有所养、老有所医、老有所为、老有所学、老有所乐上不断取得新进展。[3]

为进一步对毕节市养老服务的供需现状进行全面评估，归纳总结养老服务发展的主要成效，识别养老服务发展过程中面临的主要挑战，以提出推动养老服务发展的对策和建议，课题团队于 2024 年 3 月至 5 月深入毕节市 8 个县（区、市），通过系统抽样对 500 名 60 周岁及以上城乡人群（1964 年 3 月 31 日前出生）、273 名 60 周岁及以上贵州省外游客进行问卷调查，对 39 名行政部门领导、养老机构负责人、研究学者、老年人代表、子女代表等人群进行深度访谈，对毕节市拱拢坪疗养中心、黔西市新仁乡敬老院、大方县大山苗族彝族乡高峰村社区居家养老服务工作站、毕节市福颐养老服务有限公司等 22 家机构进行实地走访，并结合相关既有政策文件和研究成果进行了深入研究。

一、毕节市人口老龄化与养老服务供需现状

（一）毕节市人口老龄化现状

为测算全市老龄化增速，对 2021 年至 2023 年毕节市老年人口面板数据进行收集整理和多元回归预测，如表 1 所示。为了解全市老年人口结构现状，通过系统抽样获取 500 名 60 周岁及以上城乡人群的样本进行问卷调查，回收有效问卷 493 份，回收有效率为 98.60%。经对相关数据进行整理，如表 2 所示。为摸清毕节市老龄化人口的地域分布情况，收集了 2023 年末各区县常住人口数量，如表 3 所示。

表 1　2021—2023 年毕节市老年人口数量

单位：万人

年度	全市	七星关区	大方县	黔西市	金沙县	织金县	纳雍县	威宁彝族回族苗族自治县	赫章县
2021	102.98	18.85	13.02	12.36	8.91	14.10	10.92	15.53	9.27
2022	105.71	19.49	13.30	12.84	9.33	14.40	11.11	15.75	9.49
2023	111.57	20.85	14.12	13.42	9.90	14.76	11.81	16.63	10.08
2024	115.34	21.73	14.58	13.93	10.37	15.08	12.17	17.07	10.42
2025	119.64	22.73	15.13	14.46	10.865	15.41	12.62	17.62	10.89
2026	123.93	23.73	15.68	14.99	11.36	15.74	13.06	18.17	11.23
2027	128.23	24.73	16.23	15.52	11.86	16.07	13.51	18.72	11.66

数据整理日期：2024 年 5 月 31 日。

资料来源：1. 2023 年度数据来自国家统计局毕节调查队；2. 2021 年度、2022 年度数据来自《毕节统计年鉴》；3. 2024 年及以后以原始数据为基础进行预测。

表 2　主要调查数据统计表

A		60~64	65~69	70~74	75~79	80~84	85~89	90~94	95~99	H
B	B1	94	67	41	22	12	4	1	0	241
	B2	94	69	41	25	14	6	2	1	252
C	C1	133	86	42	19	6	1	0	0	287
	C2	42	33	24	12	9	2	0	0	122
	C3	11	12	11	12	6	3	1	1	57
	C4	2	5	5	4	5	4	2	0	27
D	D1	39	62	54	40	19	6	1	0	221
	D2	66	36	19	5	4	3	1	1	135
	D3	33	23	5	1	2	1	0	0	65
	D4	29	11	3	1	1	0	1	0	46
	D5	12	3	1	0	0	0	0	0	16
	D6	9	1	0	0	0	0	0	0	10

续表

A		60~64	65~69	70~74	75~79	80~84	85~89	90~94	95~99	H
E	E1	95	58	27	14	3	1	0	0	198
	E2	57	34	22	12	4	1	1	0	131
	E3	18	29	15	8	6	3	1	0	80
	E4	11	9	12	8	7	2	1	1	51
	E5	7	6	6	5	6	3	0	0	33
F	F1	85	61	33	13	7	2	1	0	202
	F2	49	28	15	8	4	1	0	0	105
	F3	54	47	34	26	15	7	2	1	186
G	G1	173	124	73	38	20	7	0	1	436
	G2	10	7	5	4	3	2	2	0	33
	G3	5	5	4	5	3	1	1	0	24

表2代号说明：

1. A表示“年龄段”。

2. B表示“性别”，B1表示“男性”，B2表示“女性”。

3. C表示“健康程度”，C1表示“健康”，C2表示“基本健康”，C3表示“不健康，但生活能够自理”，C4表示“生活不能自理”。

4. D表示“受教育程度”，D1表示“未接受过学历教育”，D2表示“初小”，D3表示“高小”，D4表示“初中”，D5表示“高中或同等学力”，D6表示“大专及以上”。

5. E表示“社交参与意愿”，E1表示“非常愿意”，E2表示“比较愿意”，E3表示“一般”，E4表示“不太愿意”，E5表示“不愿意”。

6. F表示“常住地”，F1表示“县城（市区）”，F2表示“城乡混住”，F3表示“农村”。

7. G表示“养老模式意愿”，G1表示“居家养老”，G2表示“社区养老”，G3表示“机构养老”。

8. H表示“人数小计”。

表3　毕节市各区县常住人口总数统计表　　单位：万人

全市	七星关区	大方县	黔西市	金沙县	织金县	纳雍县	威宁彝族回族苗族自治县	赫章县
673.18	126.85	84.65	72.33	53.06	74.32	69.70	130.81	61.46

资料来源：国家统计局毕节调查队。

1. 全市人口老龄化增速较快

通过对表 1 数据进行环比，可得未来 3 年毕节市老年人口增长率分别为 2.65%、5.54%、3.38%，与历年全国平均增长率相比，发现人口老龄化增速较快。同时，历史数据表明，从 1962 年到 1975 年的 14 年里，全国每年出生人口均超过 2000 万，合计出生了 3.6 亿人，是中国第二次人口出生高峰。该因素被作为分析因素影响着预测值。通过对预测数据进行分析，发现在未来 3 年，老年人口增长率预计分别为 3.73%、3.59%、3.47%，皆处于高位增长。由此可知，毕节市正面临着人口老龄化持续增大所带来的挑战。这要求课题团队在思考养老服务供需时，必须立足发展的眼光，意识到供需动态平衡的客观事实和需求。

2. 人口老龄化存在人口结构差异

数据显示，在毕节市，老年人口的性别比例存在显著差异。在受调群体中，男性为 241 人，占比约为 48.88%，女性为 252 人，占比约为 51.12%，男性老年人口的比例低于女性，这与全国老年人口性别比例相契合。在健康状况方面，根据受调群体过去一个月能否保证正常生活作出的自我判断，发现老年人口中健康人群占比约为 58.22%，基本健康人群占比为 24.75%，不健康但生活能够自理人群占比约为 11.56%，生活不能自理人群占比约为 5.48%。在教育水平方面，受调老年人口中，未接受过学历教育人数为 221 人，占比约为 44.83%；初小学历人数为 135 人，占比约为 27.38%；高小学历人数为 65 人，占比约为 13.18%；初中学历人数为 46 人，占比约为 9.33%；高中或同等学历人数约为 16 人，占比约为 3.25%；大专及以上学历人数为 10 人，占比约为 2.03%。说明老年人口的教育程度普遍较低，这将影响获取信息和服务的能力。在社会参与度方面，老年人口随着年龄的持续增长，社交意愿逐渐减弱，在 80 周岁前拥有主动社交意愿的人数占比依然超过 50%。此外，通过访谈，发现在经济来源方面，老年人口的经济独立性存在较大差异，除部分老年人依靠退休金生活外，65 周岁及以下的老年人大多依靠务工务农等方式取得收入，65 周岁及以上的老年人则大部分依赖子女的经济支持，农村养老保险的作用并不明显。

3. 人口老龄化存在地域分布差异

将表 3 与表 1 中 2023 年数据进行比例分析，发现各区、县老年人口在常住人口中的比例分别为16.44%、16.68%、18.55%、18.66%、19.86%、16.94%、12.71%、16.40%，极差值为7.15%，说明县域间的差异相对明显。同时，常住县城（市、区）所在地的老年人口比例为40.97%，常住农村的老年人口比例为37.73%，另外21.30%的老年人口属于城乡混住。其中，随着老年人口年龄的增长，城区老年人口的比重逐渐下降，而农村老年人口的比重却逐渐上升，这一城乡间分布差异的变化值得关注。

（二）毕节市养老服务供给现状

养老服务是应对人口老龄化挑战的重要手段。毕节市在养老服务供给方面面临着一系列问题和挑战，这些问题的存在制约了养老服务质量的提升和养老服务体系的完善。通过调研统计，毕节市养老机构数量如表4所示。

表4　2023年全市养老机构统计表

县（区、市）	数量（家）	床位数（张）	千人床比（%）
市直	2	313	—
七星关区	32	1366	6.55
大方县	34	1914	13.56
黔西市	27	1432	10.67
金沙县	20	1078	10.89
织金县	25	1298	8.79
纳雍县	25	1092	9.25
威宁彝族回族苗族自治县	36	1573	9.46
赫章县	24	759	7.53
合计	225	10825	9.70

1. 养老机构总量整体不足

毕节市的养老机构数量与日益增长的老年人口需求之间存在较大的差距。统计数据显示，每千名老年人对应的养老机构床位数约为10张，远低于全国平均水平，而在当前“9073”和“9064”为代表的养老格局下，预期差额2.26万张~3.38万张。这表明毕节市养老机构的总量不足以满足老年人口的养老需求。

2. 养老机构地域分布不均

从表 4 中各县、区所拥有养老机构数量来看，极差值为 16，说明养老机构的地域分布呈现出明显的不均衡性。整体来看，养老机构数量与区域经济发展程度呈正相关，与老年人口数也呈正相关。

3. 养老机构从业人员专业程度不高

通过实地走访和深度访谈，发现毕节市养老机构的从业人员普遍缺乏专业的养老服务知识和技能，持有专业资格证书的从业人员较少。同时，养老机构提供的服务内容相对单一，主要集中在基本的生活照料和护理服务，缺乏针对老年人精神文化、康复训练、健康管理等多元化需求的服务。

（三）毕节市养老服务需求现状

为进一步了解毕节市养老服务需求，结合毕节市“山地旅游+康养度假”的旅游发展定位，除对市内 500 名老年人口进行抽样调查外，还在百里杜鹃、织金洞、阿西里西大草原等景区随机抽样 273 名 60 周岁及以上贵州省外游客进行问卷调查，得出的数据如表 5 所示。

表 5　贵州省外老年游客在毕节市旅居养老意愿统计表

非常愿意	比较愿意	一般	不太愿意
54	68	72	46

1. 多种养老模式需求并存

通过表 2 中“养老模式意愿”的统计，发现选择居家养老、社区养老和机构养老的占比分别为 88.44%、6.69% 和 4.87%，与“9073”或“9064”格局构想基本吻合，整体体现为居家养老需求为主、社区养老需求旺盛、机构养老需求高于预期。

2. 以养为主的医养结合需求旺盛

通过深度访谈，发现养老服务需求层次划分较为明显，农村老年人口更多关心“衣食起居”“医疗保障”等基本服务，对“心理健康”“文化娱乐”等服务主动需求度不强烈，而城乡老年人口更多关心“社会交往”

“心理健康”“文化娱乐”“临终关怀”等服务，对以养为主的医养结合养老机构需求提出更高期盼。

3. 医养旅居养老需求旺盛

通过对表5的分析，发现44.69%的老年游客对在毕节市进行旅居养老具有较强意愿。结合深度访谈，课题团队认为毕节市依托自然风光和交通条件，紧抓构建国家区域医疗中心的良好机遇，可成为医养旅居的优选地，这将为今后毕节市发展银发经济提供新的领域和思路。

二、毕节市养老服务发展的主要成效

近年来，毕节市以创建“善行乌蒙·民政先锋”党建品牌为载体，进一步深化“幸福颐养行动”，满足老龄群体多层次的养老服务需求，养老服务质量不断提高，取得了一系列成果。

（一）养老服务政策支撑体系不断加强

毕节市高度重视养老服务政策支撑体系的建设，并取得了显著成效。一是完善政策体系。出台了《“十四五”毕节市老龄事业发展和养老服务体系规划》[7]《毕节市居家养老服务条例》《〈毕节市居家养老服务条例〉授权行政裁量权基准（试行）》等系列政策文件，为养老服务的规范化、标准化提供了政策依据。同时，还加大了对养老服务领域的财政投入，确保养老服务政策的有效实施。二是强化人才建设。通过与毕节医学高等专科学校、毕节职业技术学院合作，开设“老年保健与管理”专业，培养了一大批养老服务专业人才，提升了养老服务队伍的专业素质和服务能力。此外，还通过举办各类培训和技能竞赛，激励养老服务人员提升自身业务水平，为老年人提供更加专业和人性化的服务。三是优化服务设施。政府通过新建、改建和扩建等方式，不断提高养老服务设施的数量和质量，满足老年人对养老服务设施的需求。同时，还积极探索医养结合模式，将医疗服务与养老服务相结合，为老年人提供更加便捷和全面的服务。四是注重政策宣传。通过媒体、社区活动等多种渠道，注重养老服务政策的宣传和普及，提高老年人对养老服务政策的知晓率和满意度。鼓励社会各界参与养老服务事业，形成了政府主导、社会参与、市场运作的良好发展格局。

（二）养老服务内容供给体系不断完善

毕节市协调各方资源，同心同德同向同行，持续构建养老服务内容供给体系。一是多样化服务供给。除传统的居家养老和机构养老服务模式外，积极推广社区养老服务模式，如日间照料中心、助餐点等，为老年人提供更为便捷、贴心的服务。同时，针对失能、失智等特殊老年群体，推出定制化、个性化的养老服务，确保每位老年人都能享受到适合自己的服务。二是服务品质提升。高度重视养老服务品质的提升，通过引入市场化机制，鼓励和支持社会力量参与养老服务，推动养老服务市场的竞争和发展。同时，加强对养老机构的监管和评估，确保服务质量和安全。此外，积极推广智能化、信息化技术在养老服务中的应用，提高服务效率和便捷性。三是服务领域拓展。不仅关注老年人的基本生活需求，还积极拓展养老服务领域，如文化娱乐、精神慰藉、康复护理等。通过组织各类活动、建立老年人兴趣小组等方式，丰富老年人的精神生活，提高老年人的生活质量和幸福感。四是服务资源整合。注重养老服务资源的整合和优化配置，通过建立养老服务信息平台、推动跨部门协作等方式，实现养老服务资源的共享和高效利用。同时，积极引导和支持各类社会组织、志愿者等参与养老服务，形成多元化的养老服务供给体系。

（三）养老服务社会保障能力不断提升

毕节市构建民政部门在养老服务社会保障中的协调机制，多部门联动，不断提升社会保障能力。一是完善养老保险制度。全面推行城乡居民基本养老保险制度，实现了养老保险制度的全覆盖。同时，加大了对养老保险的投入力度，提高养老保险的保障水平。二是建立养老服务补贴制度。为减轻老年人的经济负担，建立养老服务补贴制度，对符合条件的老年人给予一定的补贴。这些补贴可以用于支付养老服务费用、购买养老服务产品等，有效提高了老年人的生活质量。三是加强医疗保障能力。积极推进医疗保障制度改革，完善医疗保障体系，提高医疗保障水平。同时，鼓励和支持医疗机构开展老年病诊疗、康复护理等服务，为老年人提供更加便捷、全面的医疗服务。四是强化社会救助能力。针对困难老年群体，毕节市建立了完善的社会救助体系，包括最低生活保障、医疗救助、临时救助等。这些救助措施为困难老年人提供了基本的生活保障和医疗支持。

（四）养老服务助推银发经济不断丰富

随着养老服务的发展，毕节市的银发经济也呈现蓬勃发展的态势。一是养老服务产业规模不断扩大。积极培育养老服务产业，推动养老服务产业快速发展。目前，已经涌现出一批具有一定规模的养老服务企业，形成了较为完善的养老服务产业链。二是养老服务产品不断创新。为满足老年人的多样化需求，养老服务企业不断创新产品和服务模式，推出许多适合老年人的产品和服务。这些产品和服务不仅满足了老年人的基本生活需求，还提高了老年人的生活质量和幸福感。三是养老服务消费市场不断扩大。随着老年人对养老服务需求的增加和养老服务品质的提升，养老服务消费市场也在不断扩大，越来越多的老年人愿意为高质量的养老服务买单，推动了养老服务消费市场的繁荣发展。四是养老服务与相关产业融合发展。积极推动养老服务与旅游、文化、健康等产业的融合发展，通过产业融合，丰富养老服务的内容和形式，促进相关产业的发展和升级。

三、毕节市养老服务发展面临的挑战

（一）供需矛盾突出，资源配置不均

一是城乡区域发展失衡，服务覆盖有漏点。毕节市城乡区域间的养老服务发展存在显著的不平衡，城市地区养老服务设施相对完善，农村地区由于资源有限，养老服务设施匮乏，导致服务覆盖存在明显漏点。这种不平衡不仅影响了老年人的生活质量，也制约了养老服务行业的整体发展。二是需求扩大供给滞后，资源配置需优化。随着老年人口数量的不断增加，养老服务需求也在不断扩大。然而，毕节市的养老服务供给却相对滞后，无法满足老年人的实际需求。同时，现有养老服务的资源配置也存在不合理之处，需要进一步优化，以提高资源利用效率，满足老年人的多样化需求。三是特色经济推进缓慢，医养结合待加强。毕节市在推进特色经济与养老服务融合方面进展缓慢，医养结合服务模式尚未得到广泛推广和应用，导致养老服务在医疗护理、健康管理等方面的能力相对薄弱，难以

满足老年人的特殊需求。因此，需要加强医养结合服务模式的推广和应用，提高养老服务的质量和水平。四是社区服务偶有缺位，部分子女负担重。虽然社区在养老服务中发挥着重要作用，但仍存在服务缺位的情况。一些社区养老服务设施不完善，服务内容有限，难以满足老年人的实际需求。同时，由于家庭养老仍然是主要的养老方式，部分老年人子女的养老负担较重，需要社区提供更多的支持和帮助。因此，应进一步加强社区服务建设，提高服务质量和覆盖范围，减轻老年人子女的养老负担。

（二）人才短板明显，服务品质不高

一是人力资源依旧紧缺，服务人员数量少。毕节市养老服务领域面临着人力资源紧缺的问题，服务人员数量难以满足日益增长的养老服务需求。由于养老服务行业的特殊性，对服务人员的专业素质要求较高，但目前市场上合格的养老服务人员供给不足，导致养老服务在数量和质量上都难以满足老年人的期望。二是专业人才总数不足，医养照护尚匮乏。在专业人才方面，毕节市养老服务领域同样存在短缺现象。医养结合服务模式要求服务人员具备医疗护理和养老服务两方面的专业知识与技能，但目前这样的复合型人才严重匮乏，导致老年人在接受养老服务时难以获得全面、专业的医养照护服务。三是初端服务能力较弱，高端服务待拓展。毕节市养老服务在初端服务方面表现较弱，如日常照料、基本医疗护理等服务项目虽然能够满足老年人的基本需求，但在服务质量和服务效率上仍有待提高。同时，随着老年人对养老服务需求的多样化、个性化发展，高端养老服务如心理咨询、康复训练等项目的拓展也显得尤为迫切。四是产业化发展遇瓶颈，服务能力需突破。毕节市养老服务在产业化发展方面遭遇瓶颈，制约了服务能力的提升。目前，养老服务行业的市场化程度不够高，服务标准、监管机制等方面仍需完善。此外，养老服务行业与其他产业的融合程度不够深入，导致服务内容和服务模式相对单一，难以满足老年人的多样化需求。因此，需要加强养老服务行业的产业化发展，提升养老服务能力和水平。

（三）设施短板明显，模式创新不优

一是资源优化配置不足，设施建设待加强。在设施建设方面，毕节市存在明显的短板。尽管近年来政府加大了对养老服务设施建设的投入，但设施数量仍然不足，特别是在一些偏远地区和老旧社区。同时，现有设施的运用效率也不高，造成了资源的浪费。要改善这种状况，需要加快设施建设速度，提高设施的数量和质量，同时优化资源配置，提高设施的利用效率。二是供需失衡更重硬件，管理模式待改进。毕节市养老服务面临的主要挑战之一是供需失衡问题，且过度依赖硬件设施的建设。尽管硬件设施不断完善，但服务管理模式未能同步更新，导致资源利用效率低下，难以满足老年人日益增长的服务需求。这种以硬件为导向的发展模式亟须重新审视，以寻求更加高效、合理的服务模式。三是服务模式尚显单一，内容创新待加强。毕节市养老服务在服务模式上表现出较为明显的僵化特点，缺乏创新和灵活性。传统的服务模式已难以适应老年人日益增长的多元化、个性化需求，尤其是在精神文化、健康管理和医疗照护等方面。内容创新的缺乏，不仅限制了服务质量的提升，也制约了养老服务行业的持续发展。四是养老服务需求多样，服务内容待丰富。随着老龄化程度的加深，老年群体的服务需求日益多样化。然而，毕节市当前的养老服务内容相对单一，主要集中在基本生活照料和医疗护理方面，无法满足老年人在精神文化、心理慰藉、社交娱乐等方面的需求。这种服务内容的供给不足，不仅影响了老年人的生活质量，也制约了养老服务行业的全面发展。

（四）支付能力受限，政策支撑不足

一是老年人支付能力弱，机构收费水平高。毕节市老年人的经济支付能力普遍较弱，而养老机构的收费水平相对较高，对老年人形成了明显的经济压力。许多老年人因经济方面原因无法承担高昂的养老服务费用，导致养老服务的有效需求受到抑制，难以实现养老服务市场的健康发展。二是资金支持力度较小，家庭经济负担重。毕节市在养老服务领域的资金支持力度较小，无法满足养老服务的快速发展需求。家庭作为养老服务的主要承担者，普遍面临较大的经济负担。由于资金不足，家庭难以承担长期、稳定的养老服务支出，导致养老服务供给与需求之间出现较大差距。三是政策配套尚不完善，社会资本参与少。毕节市在养老服务政策配套方面尚不完善，缺乏有效的激励机制和保障措施，导致社会资本参与养老服务的积极性不高。尽管政府出台了一系列扶持政策，但在政策执行和监管

方面仍存在不足，使得社会资本在养老服务领域的投入受限，影响了养老服务市场的繁荣发展。四是需求多样难以满足，政策落实待加强。老年人的养老服务需求多样且复杂，包括生活照料、医疗护理、精神慰藉等多方面。然而，当前毕节市的养老服务政策在满足老年人多样化需求方面尚存在不足，政策落实力度有待加强。一些老年人反映政策宣传不到位、服务流程烦琐等问题，影响了他们对养老服务的满意度和信任度。

四、推动毕节市养老服务发展的对策与建议

（一）优化资源配置，促进均衡发展

一要科学规划布局，提升服务覆盖。综合考虑城乡老年人口分布、服务需求等因素，统筹城乡区域发展，制订科学的养老服务设施规划，实现服务均衡。增加财政投入，加快养老机构的建设和改扩建进程，特别是在养老服务需求较大的地区，要优先配置资源，以满足当地老年人的养老需求。建议利用现代信息技术手段，建立养老服务信息平台，实现养老机构与老年人之间的信息互通。通过智能化管理，优化服务流程，提升养老服务效率和质量。二要强化政策引导，激发市场活力。出台系列针对养老服务业的税收减免、财政补贴等优惠政策，以降低养老机构运营成本，提高其盈利能力，吸引更多的社会资本投入养老服务行业。在鼓励社会资本进入的同时，建立健全监管机制，确保养老机构的服务质量和安全，保障老年人的合法权益，维护养老服务市场的健康发展。积极引导和鼓励企业、社会组织和个人等社会力量参与养老服务供给，形成政府主导、社会参与、市场运作的多元供给格局。三要推进医养结合，提升服务质量。积极推动医疗机构与养老机构之间的深度合作，通过签订合作协议、共享资源等方式，将医疗服务融入养老服务。通过建立完善的培训体系，结合医疗和养老服务的特点，培养出既懂医疗又懂养老的专业人才。鼓励更多的养老机构引入医疗资源，形成医养互补的优势，从整体上提升养老服务的质量。四要加大宣传力度，提高社会认知。通过各类媒体和宣传渠道，广泛普及养老服务的基本知识、重要性和必要性，提高公众对养老服务的认识和理解。积极挖掘和推广养老服务中的先进经验和典型案例，通过新闻报

道、经验交流等方式，向社会展示养老服务的良好效果和积极影响。搭建公众参与平台、完善参与机制，引导公众积极参与养老服务的规划、建设、监督等各个环节，形成政府、市场、社会共同参与的养老服务共建共治共享格局。

（二）加强人才建设，提升服务品质

一要加大培养力度，增强人员素质。加强与高等院校、职业学校等教育机构合作，构建完善的养老服务专业人才培养体系，为行业输送具备专业知识和技能的养老服务人才。定期组织专业技能培训、安全护理培训以及职业道德教育等活动，提高服务人员的业务能力和服务意识，确保他们能够为老年人提供高质量的服务。出台相关政策，以吸引更多优秀人才投身于养老服务行业。二要健全激励机制，提高福利待遇。结合行业标准和地区经济发展水平，完善薪酬体系，提供多样化的福利待遇，以增加员工对企业的归属感和忠诚度。设立奖励机制，定期评选优秀服务人员，并给予物质和精神上的双重奖励，营造尊重服务人才、关爱服务人才的良好氛围。关注员工的个人成长和职业发展，提供必要的培训和学习机会，帮助他们实现自我价值，提升整个养老服务团队的工作效能和服务品质。三要加强队伍建设，提高服务效率。推动养老服务职业资格认证制度，引入更多具有医护、康复、心理咨询等背景的专业人才，提升整个行业的专业水平。通过行业协会推动养老服务团队之间的沟通与协作，建立有效的信息共享和协作机制，促进团队成员之间的交流与学习，共同提升服务质量和效率。建立完善的养老志愿服务体系，提供必要的培训和支持，让志愿者能够更好地为老年人提供服务，共同推动养老服务事业的发展。四要提升创新能力，满足多样需求。通过设立创新基金、举办创新大赛等方式，激发服务人员的创新意识，推动养老服务产品的更新换代。鼓励养老机构采用智能化、信息化的管理手段，提高服务效率和质量，为老年人提供更加便捷、高效的服务。建议引进国际先进的养老服务标准和管理模式，结合本地实际进行消化吸收，推动毕节市养老服务水平的整体提升。

（三）创新服务模式，补齐设施短板

一要创新服务模式，满足多元需求。探索具有毕节特色的日间照料居

家养老新型服务模式，通过文化娱乐、精神慰藉等多元服务，提升老年人生活质量。大力推广智慧养老服务，如利用物联网、大数据等技术，为老年人提供远程医疗、紧急救援、健康监测等智能化服务。建立服务质量评价体系，定期对养老机构进行评估和监督，促使其不断提升服务水平。二要加大设施投入，补齐设施短板。引导和鼓励社会资本进入养老服务领域，通过公私合营、政府购买服务等多种模式，拓宽资金渠道，为养老服务设施的建设提供稳定的资金来源。制订切实可行的改造升级计划，引入新技术、新设备，改善设施环境，提升服务功能，使老旧设施焕发新活力。建立健全养老服务设施的安全管理制度，明确责任主体，定期对设施进行安全评估，确保老年人在养老服务设施中能够安心、舒适地生活。三要推动融合发展，拓展服务领域。推动养老服务与医疗、文化等产业融合发展，探索养老与旅游、教育等产业的结合点，打造多元化、特色化的养老服务模式。重视老年人的心理需求，提供专业的心理咨询服务，解决生活中的心理问题，实现身心双重健康。加强与周边地区的合作与交流，共享养老服务资源，互通有无、优势互补，实现养老服务的规模化和集约化，共同构建养老服务协同发展新格局。四要加强监管评估，提高服务质量。依托智库资源，建立健全监管评估机制，明确监管机构主责，确保养老服务提供者能够按照统一的分项标准提供服务。建立奖惩机制，加强对养老服务质量的监督检查，对服务质量优秀的机构给予表彰和奖励，对服务质量差的机构进行处罚和整改。建立志愿者队伍，开展社区监督活动，吸引更多的社会力量参与养老服务监管评估。

（四）强化政策支撑，提升支付能力

一要完善政策体系，强化政策支撑。系统梳理现有养老服务政策，针对存在的问题和短板制定和完善相关政策，为养老服务的发展提供有力的政策支撑。持续加大对养老服务政策的宣传力度，确保老年人、养老机构和社会各界对政策有充分的了解和认识。建立健全政策执行的监督机制，定期对政策执行情况进行检查和评估，确保各项政策能够真正落到实处。二要加大财政投入，减轻养老负担。提高养老服务预算，推进普惠养老，优先支持那些服务质量高、社会效益好的养老服务项目，确保资金使用的有效性和针对性，保障各项养老服务项目得以顺利实施。考虑通过发行养

老服务债券、设立养老服务基金等方式，吸引社会资金参与养老服务建设，为养老服务提供持续、稳定的资金支持。降低市场准入门槛、提供税收优惠等措施，激发社会资本的投资热情，推动养老服务市场的竞争和创新，进一步提升服务质量和效率。三要推广保险制度，减轻支付压力。积极推广商业养老保险制度，通过扩大养老保险的覆盖面，确保更多老年人能够享受到养老保障，减轻个人和家庭在养老方面的经济负担。积极探索建立长期护理保险制度，为需要护理的老年人提供经济支持，减轻老年人和家庭的经济负担，提高老年人的生活质量。加强保险制度宣传普及工作，为老年人提供保险方面的专业咨询和解答，让更多老年人了解和接受保险制度。四要加强部门协作，形成工作合力。政府各部门之间加强沟通与协调，定期召开部门联席会议，及时分享养老服务发展信息，共同解决存在的问题，确保养老服务政策的顺利实施。明确各职能部门职责，发挥各自优势，形成工作合力，共同推动养老服务质量的提升。鼓励社会各界参与养老服务发展，形成政府主导、社会协同、公众参与的养老服务发展协调机制。

结束语

在人口老龄化的大背景下，毕节市养老服务供需矛盾逐渐凸显，但正是这样的挑战，推动着毕节市在养老服务领域不断前行。综观毕节市养老服务发展的历程，是一个不断探索、勇于创新的过程，从政策体系的建立健全，到服务模式的创新升级，再到服务内容的多元化拓展，每一步都凝聚着党委、政府和社会各界以及养老服务从业者的智慧与汗水。

回顾过去，虽然毕节市养老服务发展面临着诸多挑战，如服务供给不足、服务质量参差不齐、专业人才匮乏等问题，亟待进一步解决，但其在养老服务领域所取得的成就依旧可圈可点。展望未来，随着各级各部门对养老服务领域支持力度的不断加大，以及社会资本的积极涌入，毕节市养老服务发展的前景将更加广阔。

参考文献

［1］田天亮．“以人口高质量发展支撑中国式现代化”：深入学习习近平关于人口工作重要论述［J］．党的文献，2023（6）：96-104.

［2］国家发展改革委官网发布．推动毕节高质量发展规划［N］．贵州日报，2022-07-16（5）．

［3］叶子．方法有创新 养老更贴心［N］．人民日报·海外版，2023-05-16（5）．

［4］乔晓春．中国人口老龄化的过去、现在和未来［J］．社会政策研究，2024（1）：47-63+133.

［5］胡宏伟，王佳怡．实质的整合：我国基本养老服务清单衔接优化研究［J］．社会政策研究，2024（2）：43-56+132-133.

［6］马丹．毕节布局“山地旅游+康养度假”大力推进旅游产业化［N］．贵州日报，2021-01-22（7）．

［7］毕节市人民政府关于印发“十四五”毕节市老龄事业发展和养老服务体系规划的通知［R］．毕节市人民政府公报，2023（1）：8-27.

B.13 铜仁市养老服务发展报告

贺 雷*

摘要： 本报告以铜仁市统计局2023年养老服务相关数据为基础，结合铜仁市政府，尤其是养老服务部门工作报告和相关公开数据与资料，在对铜仁市应对人口老龄化挑战基本做法、主要成效、存在问题进行分析的基础上，提出发展铜仁市养老服务的对策建议。

关键词： 铜仁市 养老服务 发展报告

铜仁市养老工作以习近平新时代中国特色社会主义思想为指导，全面贯彻党的二十大和二十届三中全会精神，认真践行“民政为民、民政爱民”理念，有序推进养老服务。铜仁市位于贵州省东北部、武陵山区腹地，是连接中南地区与西南边陲的纽带，被称为“黔东门户”。铜仁市森林覆盖率达63.49%，负氧离子浓度高，全年空气质量优良率在95%以上。其中，梵净山负氧离子含量极高，达到6级，被中国气象协会誉为“天然氧吧”，境内有天然温泉30余处，水质均达到国家饮用矿泉水标准，且富含硒、氡、锶等多种对人体有益的微量元素，是休闲养老的最佳去处，对发展铜仁市养老服务业意义重大。

一、铜仁市养老服务发展的基本情况

（一）认真落实养老服务政策

第七次全国人口普查数据显示，铜仁市常住人口中，0~14周岁人口

* 贺雷，贵州省社会科学院图书信息中心主任科员。

为785209人，占23.81%；15~59周岁人口为1934113人，占58.63%；60周岁及以上人口为579146人，占17.56%；65周岁及以上人口为456851人，占13.85%（如表1所示）。铜仁市已进入老龄化社会。

表1　铜仁市常住人口年龄构成　　单位：人、%

年龄	常住人口数（人）	比重（%）
总计	3298468	100
0~14周岁	785209	23.81
15~59周岁	1934113	58.63
60周岁及以上	579146	17.56
65周岁及以上	456851	13.85

资料来源：铜仁市第七次全国人口普查公报。

“十四五”时期是开启全面建设社会主义现代化国家新征程的重要阶段，也是积极应对人口老龄化战略的重要机遇期。《国务院关于支持贵州在新时代西部大开发上闯新路的意见》（国发〔2022〕2号），赋予了铜仁市养老服务发展的政策机遇。铜仁市委、市政府把积极应对人口老龄化纳入“十四五”国民经济和社会发展的重要内容。2021年《贵州省养老服务条例》正式实施，从法律层面明确城镇居住区要按照标准建设配套养老服务设施；2022年3月，贵州省民政厅、住建厅、自然资源厅和发改委联合印发《关于加强社区养老服务设施规划建设工作的通知》，明确进一步做好社区养老服务设施规划建设工作；2022年8月，贵州省民政厅印发《社区养老服务设施覆盖率指标监测方案》，对社区养老服务设施覆盖率指标任务进行细化再明确。铜仁市认真落实《贵州省老年人权益保障条例》，在老年人就医、出行和生活照料等方面建立有效机制，贯彻落实好“权益保障条例”落地落实，充分发挥市场主体作用，进一步扩大养老机构建设，提高老年人的获得感和幸福感。根据国务院、省、市“十四五”国家老龄事业发展和养老服务体系规划及《贵州省养老服务条例》要求，铜仁市于2023年7月在全省率先出台《铜仁市养老服务设施布局规划》，对全市“机构养老服务设施”和“居家社区养老服务设施”进行统一布局，规划提出到2025年，在全市中心城区新建市级区域综合性养老机构，建成县区老年公寓养护楼（中心敬老院）—乡镇区域性敬老院、街道嵌入式养老机构—社区养老服务站（村级农村幸福院）的城乡三级养老服务设施网络，实现乡镇区域性养老服务中心覆盖率达60%，居家社区养老服务覆盖率达90%，新建城区、新建居住区配套建设养老服务覆盖率达100%，确保全市15分钟养老服务圈基本建立。截至2024年6月，铜仁市按照贵州省民政厅等5部门《关于加快推进“十四五”特殊困难老年人家庭适老化改造工作的意见》和《省民政厅关于印发〈关于开展特殊困难老年人家庭适老化改造和居家养老上门服务试点工作方案〉的通知》要求，以“如厕洗澡安全，室内行走便利，居家环境改善，智能监测跟进，辅助器具适配”为总体目标，推进万山区351户特殊困难老年人家庭适老化改造试点项目率先完成，并以试点带动，在全市启动特殊困难老年人家庭适老化改造5330户。

（二）大力发展居家社区养老服务

一是着力培育敬老爱老助老社会风尚。铜仁市在全市车站、码头、城乡广场等人员密集场所张贴“弘扬家庭美德、孝亲敬老”为主题的宣传标语，指导村（居、社区）将“赡养老年人”纳入村规民约进行全民监管，强化家庭赡养老年人的主体责任，引导赡养人认真履行赡养义务，营造全民敬老爱老助老的良好社会氛围。二是积极开展示范性老年友好型社区创建。铜仁市被确定为2023年全省特殊困难老年人家庭适老化改造和居家养老上门服务试点，已确定万山区325户特殊困难老年人家庭为适老化试点改造对象。2023年，国家卫生健康委、全国老龄办命名1000个社区为全国示范性老年友好型社区，其中铜仁市沿河土家族自治县和平街道花花桥社区和松桃苗族自治县迓驾镇青山村入选。三是切实落实城市地区15分钟养老服务圈、社区养老服务设施服务半径应小于700米的要求。对新建城区、新建居住区按照每百户不少于20平方米建筑面积且单处用房面积不少于350平方米标准配建社区养老服务设施，早在2022年覆盖率已达100%；老城区、已建居住区按照每百户不低于15平方米建筑面积配备社区养老服务设施。例如，铜仁市万山区养老服务中心位于仁山街道开天村开天避暑山庄旁，紧邻铜玉高等级公路，距离主城区10千米，距离茶店至铜仁公交车站台30米，交通便利；该中心占地6350平方米，总建筑面积8135平方米，活动面积宽广；该中心地处城郊且地势较高，夏日平均气温比市区低

7℃左右，空气清新凉爽；该中心秉承以长者为中心的服务理念，从医疗康复和生活娱乐两大方面10个系列为入住长者提供全方位人性化养老服务，其中医疗康复包括医疗护理、心理疏导、机体康复、紧急救助和体检5个服务系列，生活娱乐包括生活照料、精神慰藉、营养配餐、文化娱乐和舒适照料5个服务系列。又如，德江县创新推进医养一体化养老服务。该县立足实际、整体布局、不断探索，在医养结合服务工作中，采取县级整体统筹、乡镇引领带动、社区一体推进的模式，点、线、面整体发力，使健康养老资源得到有效利用，成功探索了县域医养融合的立体发展路径。新建的德江县民族中医院医养一体化项目，着力打造集养老康复、医疗、娱乐、心理咨询于一体的综合性老年服务示范基地，总面积4.6725万平方米，拥有护理型床位288张，是贵州省首批省级医养结合示范点项目。

（三）强化养老机构建设

按照2023年7月出台的《铜仁市养老服务设施布局规划》要求，全市共建成养老机构89家，床位10280张，其中保留现有机构27家、新建14家、改扩建7家、提质改造41家、整合机构31家。截至2023年10月，全市已整合养老机构8家，其中江口县3家（太平、双江、坝盘）、德江县3家（稳坪、龙泉、泉口）、思南县1家（板桥）、石阡县1家（场地坪）；同时，新建成的市老年公寓养护楼和印江县、思南县、石阡县老年公寓养护楼相继正式运营。截至2023年底，全市户籍人口总数449.04万人，其中：60周岁及以上户籍人口70.90万人，同比增加44274人，年度增幅为6.66%，老龄化程度发展十分迅速。目前，像幸福里这样的养老机构，全市有102家，全市县级标准化养老机构基本实现全覆盖。通过整合养老机构的服务对象、物资、资金及服务数据，构建统一的养老服务及大数据监管中心，重点对养老机构资金、物资及吃、住、安全等基本服务进行日常管控，助力全市养老机构一站式、信息化管理。目前，平台已试运行。不断强化铜仁市智慧养老监管平台建设，通过平台实现对养老机构的全流程监管，解决了养老机构中存在的人员和物资管理不规范、老年人生活质量不高、护理人员照护不到位、消防和食品安全隐患等难点问题。

铜仁市切实加强养老机构规范管理，持续推动机构养老充分发展，对全市养老机构、农村幸福院、日间照料中心的消防、食品、房屋等各方面安全进行评估。例如，松桃苗族自治县规范养老机构管理，在孟溪镇敬老院试点推行养老机构服务规范管理，全面推行“五统一”（统一标识、统一膳食、统一着装、统一住宿、统一卫生），规范管理服务，让入住老年人真正享受宾馆式服务，感受到家的温暖。对养老机构护理人员护理费每月按照80%发放，另外20%护理费作为绩效考核发放，不断完善养老机构考核机制，提高了养老机构护理人员的积极性和责任心。

2023年3月，铜仁市印发《全市养老机构规范化管理提升行动实施方案》，从入院管理、内部管理、在院服务、离院管理四个方面，对养老机构18项工作任务进行具体规范。全市养老机构档案及物资管理得到进一步提升；入住养老机构的老年人每年健康体检及每月零花钱得到保障，衣、食、住及环境卫生水平得到显著提升，生活质量得到显著改善，增强了老年人的获得感和幸福感。同时，不断提高养老服务从业人员待遇，从方案印发至今，全市养老机构从业人员薪酬从每月1800元增加到每月3000元以上不等；思南县从每月1500元增加到每月2800元以上不等。位于铜仁市的碧江区幸福里长照之家，毗邻森林公园，是全市唯一一家拥有认知症照护专区的养老机构，提供涵盖医养护理、生活照料、健康管理、老年文娱等全方位的养老服务，现有老年人49人，可以容纳260多人入住。幸福里员工队伍中“80后”占70%，且多数为大专院校老年服务与管理专业、社会工作专业、医疗康复专业毕业生。2023年，贵州健康职业学院完成了对铜仁市养老机构44名管理人员、44名专业技术人员的培训。铜仁职业技术学院实施老年照护1+X证书，共计培养学员120人、考评员8人、培训师9人。

（四）促进养老服务高质量发展

有序推进基本养老服务体系建设。聚焦老年人面临家庭和个人难以应对的失能、残疾、无人照顾等困难时的需求，正在起草《铜仁推进基本养老服务体系建设工作方案（送审稿）》，重点对基本养老服务动态调整机制、基本保障、统计调查、老年人能力综合评估、特殊困难老年人探访关爱机制、社区养老服务、老年助餐等20项重点工作进行明确，这将有助于推动全市加快构建覆盖全体老年人、权责清晰、保障适度、可持续发展的基本养老服务体系。

全力组织经济困难失能老年人入住养老机构。督促指导各区（县）严格按照《省民政厅 省财政厅关于组织开展中央财政支持经济困难失能老年人集中照护服务工作的通知》要求，组织动员有意愿入住养老机构的经济困难失能老年人入住养老机构进行集中照护，并通过中央财政困难群众救助补助资金渠道安排资金，对入住养老机构的经济困难失能老年人给予救助，减轻其家庭照护压力，切实增强经济困难失能老年人及其家庭的获得感、幸福感和安全感。截至目前，全市已组织动员 114 名经济困难失能老年人入住养老机构。

积极探索发展老年助餐。按照《贵州省积极发展老年助餐服务实施方案》《贵州省老年助餐服务场所建设及运行管理工作指引》要求，聚焦老年人就餐的实际困难，以普惠性、多样化为发展路径，因地制宜、精准施策，抓好项目前期摸排、设计、施工、设备采购、运行管理等工作，在全市打造了 11 个老年助餐点。目前，万山区、沿河土家族县老年助餐点已试运行，碧江区、松桃苗族自治县、德江县正在进行装修，思南县完成选址并签订协议，其余 4 个区县正在选址。

持续做好高龄补贴发放管理。持续落实 80 周岁及以上高龄老年人高龄津贴发放要求，切实维护老年人的合法权益，让老年人共享改革发展成果，进一步建立健全养老服务制度体系。自 2023 年 1 月起，全市高龄补贴统一采取每月发放的方式，有效减少了长时间挂账的现象。截至 2024 年 5 月，共向全市 87310 名 80 周岁及以上高龄老人发放高龄补贴 2365.235 万元。

严格实行特殊困难老年人探访关爱打卡。从 2023 年至今，特殊困难老年人探访关爱制度均被纳入铜仁市基本养老服务清单。按照《省民政厅等 9 部门关于开展特殊困难老年人探访关爱服务的实施方案》要求，依托贵州省集约化社区综合信息服务平台对独居、空巢、留守、失能、重残、计划生育特殊家庭等老年人实施每月探访关爱。2024 年 1—3 月，全市完成特殊困难老年人核查，人数共计 1787 人。2024 年 4 月以来，完成特殊困难老年人探访总次数达 3500 余次。

持续提高养老服务水平。持续深化政校合作，依托与贵州健康职业学院共同建立的健康养老产教融合发展联席会议制度，强化养老服务从业人员的培训，从而提升全市养老服务能力和水平。主动争取贵州省民政厅养老护理员培训名额，动员辖区养老机构未获养老护理证的从业人员积极参加培训。截至 2024 年 6 月，培训人数达 176 人，其中初级养老护理员 110 人、中级养老护理员 46 人、养老机构医护人员 20 人，持有养老护理员等级证书的从业人员新增约 150 人。

二、铜仁市养老服务存在的问题及困难

（一）养老服务市场需求有待激发

老年人普遍存在节俭、储蓄的习惯，他们往往更注重实用性和价格，而不是品质和品牌，这在很大程度上限制了他们的消费选择。例如，日间照料中心在免费试运营期间，老年人入住积极性较高，试运营结束后考虑运营成本问题，象征性地收取一定费用，老人们就都不愿缴费，纷纷离开，导致后期入住率低，运营困难。

（二）养老服务保障不够完善

经费保障不足，部分养老服务设施、养老服务工作站、日间照料中心和农村互助幸福院因为运营资金不足、服务对象单一、养老基础设施不完善、从业人员缺乏稳定性和专业性等，出现间歇性经营、闲置等现象。从业人员供给不足，养老服务机构人员工资待遇普遍偏低，人员流动性大，无法保证养老工作服务质量。同时，部分从事养老服务业人员年龄偏大、文化水平较低，仅能提供买菜、煮饭和打扫卫生等基础服务，缺乏基本的护理知识和技能，其他各类专业人才更是严重短缺，难以满足老年人日益增长的多元化养老需求。

（三）养老服务体系不够健全

部分养老机构的服务处在“保基本、兜底线”的供给水平，仅提供吃、住和日常照顾等最基本的服务，缺乏护理、医疗、康复、教育、心理慰藉等综合性服务，不能满足老年人日益增长的精细化、多样化的养老需求。社会力量参与社会养老程度偏低，养老事业发展以公办为主，民办、公建民营社会化养老机构较少，产业发展极不均衡，养老产业多元化主体

发展格局尚未形成。农村养老机构基础设施及服务仍是短板，距高质量养老服务需求还有一定差距。居家和社区养老服务发展起步晚、基础弱、发展滞后，如老年助餐、居家社区网络服务均未形成规模。

三、促进铜仁市养老服务高质量发展的对策与建议

（一）合力推进养老服务

严格按照《贵州省民政厅关于做好2023—2025年养老领域项目储备工作的通知》《铜仁市养老服务设施布局规划》要求，做好全市养老机构提质项目的申报，持续补齐养老服务设施短板。严格按照《全市养老机构规范化管理提升行动实施方案》要求，进一步抓好养老机构规范管理，全面提高养老机构的服务质量和水平，推进全市养老事业高质量发展。建立完善协同联动的老龄工作机制，市级老龄工作委员会发挥统筹协调作用，推动老龄工作委员会各成员单位履职尽责，形成工作合力。进一步加大宣传力度，及时回应群众关心关注的问题，认真做好政策解读工作，营造全社会关注老龄问题、关心老龄事业、支持老龄工作的良好氛围。

（二）整合养老服务资源

加大招商引资力度，充分整合利用地方优势资源，结合铜仁实际，积极探索以森林、温泉、乡村农业、民族文化、中医药为优势资源的老年度假养生、养老照护服务等产业发展新模式，编制谋划一批、整合资源建设一批、引进和培育一批高质量康养项目及企业，形成养老产业多元化发展格局。

（三）贯彻落实养老服务政策

严格按照《省民政厅 省财政厅 省住房城乡建设厅 省乡村振兴局 省残联关于加快推进“十四五”特殊困难老年人家庭适老化改造工作的意见》《省民政厅关于印发〈关于开展特殊困难老年人家庭适老化改造和居家养老上门服务试点工作方案〉的通知》的要求，统筹民政、财政、住建、乡村振兴、残联等部门力量，围绕“如厕洗澡安全，室内行走便利，居家环

境改善，智能监测跟进，辅助器具适配”目标，指导各地加快推进“十四五”特殊困难老年人家庭适老化改造。

（四）促进养老服务队伍专业化发展

有计划、有针对性地开展对养老服务从业人员的培训，提高他们对老年人服务的能力和水平。鼓励社会力量参与养老事业，加快养老机构护理人员的职业体系建设，提高从业人员整体保障水平，逐步提升养老服务质量，实现“老有所养、老有所乐、老有所为”。充分借助铜仁学院、贵州健康职业学院、铜仁职业技术学院等高校资源，进一步深化政校企合作，以委培、轮训等方式，委托高校对全市养老机构管理人员、护理人员和护工人员进行专业化培训，引导老年服务与管理相关专业的本科、专科（高职）毕业生到养老机构工作，探索完善养老服务薪酬体系建设，引导养老机构根据从业人员的工作年限、技能水平和工作业绩等因素合理确定薪酬标准，不断提升养老从业人员的整体素质，推进铜仁市养老事业高质量发展。

参考文献

［1］铜仁市人民政府关于“十四五”铜仁市老龄事业发展和养老服务体系规划中期评估的报告，铜仁市民政局提供.

［2］2023年养老服务工作情况及2024年养老服务工作计划，铜仁市民政局提供.

［3］2024年上半年铜仁市养老服务工作情况及下半年工作计划，铜仁市民政局提供.

［4］铜仁市人民政府关于印发“十四五”铜仁市老龄事业发展和养老服务体系规划的通知，铜府发〔2022〕15号.

B.14 黔东南苗族侗族自治州养老服务发展报告

杨明锡*

摘要： 本报告对黔东南苗族侗族自治州养老服务发展进行了全景式概述，总结了该州在养老服务发展过程中取得的成绩，同时分析了该州在养老服务发展过程中存在的问题，并提出了促进该州养老服务发展的对策建议。

关键词： 黔东南州　养老服务发展　研究报告

根据最新统计数据，黔东南苗族侗族自治州（以下简称黔东南州）常住人口为373.1万，其中60周岁及以上老年人口70.8万人，占常住人口总数的18.98%①。按照国际标准，即将进入中度老龄化社会。面对老年人口增加这一趋势，黔东南州采取多项举措，推动全州养老服务发展。

一、黔东南州养老服务发展基本情况

（一）注重养老服务发展制度机制建设

强化制度设计，制定印发《“十四五”黔东南州老龄事业发展和养老服务体系建设实施方案》《黔东南州创建健康养老示范州实施方案》《黔东南州整体提升卫生健康水平攻坚行动计划（2022—2030年）》《黔东南州

---

* 杨明锡，贵州省社会科学院对外经济研究所助理研究员。

① 科学合理布局 抓好养老服务工作［EB/OL］．（2024-01-25）［2024-06-28］．https：//baijiahao. baidu. com/s？ id=17890322168 18283706&wfr=spider&for=pc.

加快推进养老服务发展实施方案》《黔东南州民政事业发展和养老服务体系建设规划（2021—2025）》等系列文件，制订了《黔东南州基本养老服务清单》等文件，将老年健康服务专项行动列入“八大攻坚行动”之一，明确各相关部门工作职责，形成高位推动、合力推动养老服务工作的格局①。

健全完善工作机制，制定下发《黔东南州贯彻落实全省老龄工作会议精神重点任务分工方案》《加强新时代老龄工作重点任务清单》，把责任分解到全州各县（市）和州直有关部门具体落实。率先在全国以州为单位创建健康养老示范州，出台《黔东南州创建健康养老示范州实施方案》，启动健康养老示范州创建工作。2023 年 7 月，黔东南州健康养老示范州创建启动大会暨健康养老行动推进大会召开，高规格研究部署全州健康养老工作，将养老服务工作纳入年度综合考核。制定印发系列文件，从布局规划、机构建设、扶持发展、服务监管、人才建设等方面作了具体的政策性安排。

建立健全基本养老服务机制，印发《黔东南州基本养老服务清单》《黔东南州特殊困难群体关爱帮扶机制的实施意见》，分层分类保障老年人权益，按月上门探访分散供养老年人。目前，全州在册享受 80 周岁以上高龄津贴 93978 人，已发放高龄补贴 3980 余万元；特困供养对象 12747 人，每人每月救助标准达到 937.5 元。

（二）不断完善养老服务基础设施建设

养老服务设施得到进一步夯实。按照“渠道不乱、用途不变、各负其责、各计其功”的原则，以标准化养老机构提升改造为抓手，统筹各方资金用于城乡养老机构转型升级。以创建健康养老示范州为契机，探索创新“康养医”医养结合养老新模式，加强养老机构标准化改造建设。截至 2023 年初，争取省级养老服务项目 774 个、资金 8.5 亿元，吸引社会投资近 10 亿元，提质改造 25 个养老机构标准化建设，划拨 500 余万元支持民办养老机构发展，全面改善养老机构人居环境。目前，县级失能、半失能

① 州人民政府关于对全州养老服务体系建设审议意见的整改落实情况报告［EB/OL］.(2022-04-27)［2024-06-28］. http://www.qdnrd.gov.cn/tqhsyztbg/4489.jhtml.

社会养老和兜底养老实现全覆盖，中心乡镇特困供养机构覆盖率 100%，易地扶贫搬迁社区养老服务设施覆盖率 100%，城市社区养老服务设施覆盖率达 86%。农村社区互助幸福院覆盖率达 30%①。

（三）养老服务水平持续提升

由民政部门牵头，各部门密切配合，推动全州养老事业步入快车道，逐步实现高质量发展。

一是逐步落实社区养老服务设施配建要求。凡新建城区和新建居住（小）区，要严格按照人均用地不少于 0.1 平方米的标准分区分级规划设置社区养老服务设施，且单处用房面积不得少于 350 平方米。凡老城区和已建成居住（小）区无养老服务设施或现有设施没有达到规划和建设指标要求的，要按每千户室内老年人服务场所建筑面积不少于 150 平方米、室外老年人活动场所不少于 350 平方米的标准配建。

二是积极鼓励社区养老服务机构、基层医疗机构利用资源为失能老年人提供集中或居家养老护理服务。推动乡镇养老机构和乡镇卫生院协同发展。鼓励各地将闲置的公共服务用房改建为养老设施。鼓励社会力量运营承办社区老年人日间照料中心，主动承接社区、居家养老服务，落实老年人福利政策，增强老年人幸福感。

近年来，黔东南州结合苗侗医药优势，大力推动医疗与养老深度融合，积极探索“医疗、医防、医养”三医融合发展的新路径，加快医养机构融合发展，推动“养中有医”“医中有养”，实现“医养联动”。率先在全省探索“党委领导定方向、政府主导出政策，社会参与出效益，老人入住得实惠”的“三赢”公建民营模式；探索“3+N”医养结合模式，为老年人提供便捷的养老、医疗服务。例如，在三穗县推行“建立一个中心、推进三院融合、做好五项医养服务”的“一三五”医养结合养老模式，打造优质高效养老服务，创建了全国首批医养结合示范县，让养老更有“医”靠②。目前，全州共有 52 家养老机构，其中公建民营养老机构 34

① 黔东南州多元化体系推动兜底和社会养老融合发展［EB/OL］．（2023-01-10）［2024-06-24］．http：//www. gzss. gov. cn/zwgk/xxgkml/zdlygk/ylty/202301/t20230110_ 77890917. html.

② 黔东南州民政局．黔东南州探索医养结合让养老更有“医”靠［EB/OL］．（2024-02-19）［2024-06-28］．https：//www. tianzhu. gov. cn/zwgk/zdlygk/ylfw/202402/t20240219_ 83821396. html.

家，医养结合养老机构 6 家，凯里市中医医院康养中心、榕江县中医医院等 24 家医养结合机构被命名为省级医养结合试点单位。

发展居家养老上门服务，提升老年人幸福感。划拨资金支持开展居家社区老年人助餐、助浴试点，引进智慧养老服务公司，设立应急响应点，满足老年人基本需求。2023 年，全州 5 家养老机构拓展居家上门业务，累计服务老年人 53800 余人次，开展社区联谊活动 216 次，实施紧急救助 23 起。

推进老年友好型社会建设。老年精神文化生活更加丰富，老年宜居环境建设扎实推进，老年人社会参与更加广泛，敬老爱老助老社会风尚更加浓厚。确定每年农历九月为“敬老月”并集中开展“爱老、敬老、孝老”宣传活动，定期举办老年康体活动。

养老从业人员护理能力得到进一步提升。以健康养老示范州创建活动为抓手，扎实开展养老服务骨干和社会工作人才三年培养计划以及养老院服务质量建设专项行动，620 人参加养老服务人才培训，切实加强养老工作人员和服务护理人员的政策理论、监督管理、职业道德和服务护理技能，同时加强养老服务志愿者队伍和社会工作人才队伍的培育。

引导社会力量参与养老服务建设。通过出台政策支持、争取资金补助和招商引资等方式，先后引进河北百孚集团、珠海老人与海、吉林幸福里等国内优强企业参与黔东南州养老产业发展。截至目前，吸纳社会资本投资 5.18 亿元，争取慈善关爱资金 180.72 万元。建立志愿服务队 127 支，对分散供养特困老年人等特殊老年群体探访服务 8.5 万人次。

养老服务市场活力进一步释放。全面放开养老服务市场，激活健康养老产业发展，全力推进公建民营改革。全州注册涉及养老服务企业 401 家，在运营养老机构 57 家，有效盘活养老服务资产。

（四）推进养老事业和养老产业融合发展

黔东南州在实现养老事业稳步发展的同时，大力推动康养产业发展，打造康养新亮点。抢抓国发 2 号文件政策机遇，推动以“黎从榕”为核心的贵州侗乡大健康产业示范区建设，打造成贵州对接粤港澳大湾区的“桥头堡”，落地一批中医药苗侗医药康养旅游基地（项目），推出一批中医药苗侗医药康养旅游精品线路。积极推动县（市）公立中医医院及社会资本兴办中医医养结合机构，培育一批技术成熟、服务规范、信誉良好的中医康养保健集团或连锁机构①。

健康养老产业高质量发展。以“一核两区”健康养老聚集区为重点，全力打造健康养老示范州品牌，大力发展苗医侗药为主的中医药康养、温泉康养、旅居康养、森林康养等老龄产业发展新模式、新业态。2023年，出台支持社会力量参与养老产业发展优惠政策，打造3家以上三星级康养机构。到2025年，打造完成5个以上集休闲旅游、休闲度假、康体养老于一体的健康养老基地，10家三星级康养机构，适老化康养精品旅游路线5条以上。

二、黔东南州养老服务发展存在的问题

在体制机制、养老服务设施建设、供需及养老服务创新等方面取得诸多成绩的同时，黔东南州养老服务也存在诸多共性和个性问题。

（一）养老服务基本供给和配套不足

由于经济发展相对落后，部分县（市）养老服务项目建设资金缺口大，地方财政配套不到位，基本的养老服务设施未建成或未能投入运营，导致资源分配不足、利用率不高。

（二）养老服务需求乏力

黔东南州属于少数民族聚居地区，还处于较为传统的乡邻社会，家庭养老观念较为普遍，大多属于自给自足，家庭成员作为主要支撑的主要模式，对社会化的养老服务认知有限、需求较少；即便对养老服务有所知晓，但由于支付能力不足、支付意愿不强，大多数家庭都不会有偿购买居家或社区养老服务，尤其在广大农村地区。

① 黔东南州大力推动康养产业发展 助力“桥头堡”建设［EB/OL］．（2023-07-12）［2024-06-28］．http：//www.qdn.gov.cn/xwzx_5871605/bmdt_5871609/202307/t20230712_80899612.html.

（三）专业人才队伍建设有待加强

由于养老行业处于起步阶段，利润薄、待遇低是常态，目前全州从事养老服务相关行业的各类机构的护理人员大都年龄偏大且文化水平较低，更没有相关的专业知识或背景，仅仅只把养老机构的工作当作普通的日常家政护理工作，认为没有多大的“技术含量”。中医、护理等专业毕业的学生，大都优先选择医院、卫生服务中心等医疗机构，很少会把养老服务机构作为择业的首选。很难吸引年轻人从事养老服务工作，在较大程度上制约了黔东南州养老事业和养老产业的发展。

三、黔东南州助推养老服务高质量发展的对策建议

（一）政策引领

强化顶层设计和布局，以《“十四五”黔东南州老龄事业发展和养老服务体系建设实施方案》《黔东南州创建健康养老示范州实施方案》《黔东南州整体提升卫生健康水平攻坚行动计划（2022—2030年）》等政策文件的实施为引领和依据，助推黔东南州养老服务体系建设各项任务落地落实。

（二）项目推动

在明确目标和方向的基础上，通过民政、发改等部门通力配合，以项目的形式推动全州老龄事业和养老服务体系建设不断完善，打造县、乡、村三级分层分类、相互衔接、广泛覆盖的养老服务机构和设施网络。大力推进县、乡养老机构与医疗机构深度合作。实施基本养老服务普及行动，推动有条件的社区开展居家上门养老服务，让老年人足不出户就可以享受到基本的养老服务。

（三）示范带动

以打造示范养老机构为契机，以点带面，充分发挥示范带动效应。以打造健康养老示范州为抓手，全力推动“一核两区”康养示范基地建设工

作。形成以州府所在地凯里市为中心的旅居养老、休闲度假养生养老核心区；以抓住政策机遇，积极对接融入粤港澳大湾区建设为契机，以良好的自然气候条件和丰富多彩的民族文化为支撑，大力打造“黎从榕”桥头堡健康休闲养老集聚区，吸引粤港澳大湾区的游客来黔东南旅居休闲养老；充分发挥黔东南州苗族、侗族医药的优势，研发适合养生的医疗养生产品，全力打造黔东医养康养示范区。在养老机构示范带动方面，将黔东南州老年养护楼打造成全州普惠养老和中高端养老服务示范基地、养老管理服务人才培训基地、养老服务研发中心和智慧养老管理服务信息中心，以中心敬老院、区域性敬老院和嵌入式养老机构为重点，打造若干标准化养老机构；以农村养老网络建设为抓手，在全州各村（社区）打造养老服务站点设施。

（四）制度保障

将养老规划和政策的落地见效与相关行政职能部门的绩效考核相结合，形成各部门的工作合力，落实好基本养老服务清单各项任务。在制定完善《黔东南州养老机构考核管理办法》等评价管理政策的同时，引入第三方评估评价机制，加大养老服务市场化、社会化监管力度，优化养老服务供给。打造良好的营商环境。实施康养产业招商引资行动，鼓励引导社会资本进入养老服务产业，助推养老机构提质改造、提档升级，促进养老机构和服务站点建设和运营的标准化、规范化，全面提升养老机构服务水平，实现养老事业与养老产业高质量发展。

附件

2023 年黔东南州养老机构基本信息①

序号	县市	项目名称	项目地址	床位总数量（张）	建筑面积（平方米）	占地面积（平方米）
1	州级	黔东南州老年养护楼（黔东南州幸福里长照之家）	凯里市经济开发区原 210 厂北侧、中昊大道东侧黔东南州社会福利院 2 栋 1 层 01 号	302	12545.94	17016.02
2	凯里市	黔东南康福护理院有限公司	凯里市城西街道高溪社区环城西路 137 号	119	1650	3800
3	凯里市	贵州百善康养颐养院有限公司	凯里市苗侗风情园医药文化街 7 号、11 号、12 号、32 号	110	2580	3480
4	凯里市	凯里市中医医院养老院	凯里市鸭塘街道凯化社区风情大道 5 号	200	21227	21227
5	凯里市	凯里中心医院养老院	凯里市湾溪街道清水江社区清江路 221 号	300	6000	1200
6	凯里市	凯里市中心福利院	凯里市鸭塘街道凯开大道 568 号	200	19014	33333.33
7	黄平县	黄平美嘉源康养服务中心	黄平县新州镇文星社区前进广场	50	1000	3000
8	黄平县	黄平县谷陇敬老院（黄平县祥瑞福老年康养服务中心）	黄平县谷陇镇大寨村	100	3350	6666.67
9	黄平县	黄平县旧州镇中心敬老院	黄平县旧州镇冷水河社区	68	3414	6666.67
10	黄平县	黄平县重安镇中心敬老院	黄平县重安镇天塘村	84	3063	4002

① 2023 年黔东南州养老机构基本信息［EB/OL］.（2023-08-30）［2024-06-24］. http：//www.qdn.gov.cn/zwfw_5872270/rdfw_5872271/lnryd_5872272/ylfwjg_5872277/.

续表

序号	县市	项目名称	项目地址	床位总数量（张）	建筑面积（平方米）	占地面积（平方米）
11	施秉县	城关镇敬老院	施秉县城关镇城东社区	150	4300	7432
12	三穗县	三穗县彩虹社区老年人日间照料中心	三穗县武笔街道彩虹社区	12	300	150
13		三穗瓦寨镇医疗健康养老服务中心	三穗县瓦寨镇瓦寨村	12	3400	7600
14		黔东（三穗）健康医疗养老服务中心	三穗县文笔街道胜利村	200	9540	20000
15		三穗县中心敬老院	三穗县八弓镇胜利村	100	4240	5224
16	镇远县	青溪敬老院	镇远县青溪镇河东村	60	1206	2082
17		镇远县社会福利院	镇远县舞阳镇周大街社区	70	2988	1000
18	岑巩县	岑巩县天马镇敬老院	岑巩县天马镇阴山垱	44	888.33	2500
19		岑巩县社会福利中心	岑巩县㵲水街道天水坪社区大园路	120	4506	8000
20		岑巩县羊桥土家族乡敬老院	岑巩县羊桥土家族乡羊桥村老街	60	1267	3400
21	天柱县	天柱县渡马镇中心敬老院	天柱县渡马镇初级中学后面	100	2642.02	2752.8
22		天柱县白市镇敬老院	天柱县白市镇白市村院背组	46	1500	3484.3
23		天柱县坌处镇敬老院	天柱县坌处镇坌处社区	32	1176.53	2248.5
24		天柱县邦洞敬老院	天柱县邦洞街道灯塔村	60	1958.02	3288.9
25		黔东南州天柱县社会福利院	天柱县凤城街道新和村教场片河组边	105	4053.1	6700
26		天柱县金色夕阳中老年康乐中心	天柱县凤城镇雷寨村三（1）组	28	1500	560

续表

序号	县市	项目名称	项目地址	床位总数量(张)	建筑面积(平方米)	占地面积(平方米)
27	锦屏县	锦屏县社会福利院	锦屏县三江镇排洞社区村	80	1887	4100
28	剑河县	老年病科暨医养照护中心	剑河县仰阿莎街道姊妹路7号	76	3000	2000
29		剑河县南寨中心敬老院	剑河县南寨镇街上	100	2200	2500
30		剑河县敏洞中心敬老院	剑河县敏洞乡敏洞街上	80	1300	2500
31		剑河县社会福利院	剑河县仰阿莎街道城西社区秀山小区秀山巷1号	60	2000	1000
32	台江县	台江县中心敬老院	台江县台拱街道二移民区旁	100	3647	14674
33	黎平县	黎平县德凤中心敬老院	黎平县龙形街道黄家坡90号	100	3650	20000
34		黎平县水口敬老院	黎平县水口镇原卫生院	150	3323	1681
35		黎平县尚重敬老院	黎平县尚重镇尚重村	55	1087	1560
36		黎平县岩洞敬老院	黎平县岩洞镇岩洞村	48	1100	1466
37	榕江县	榕江县平江镇中心敬老院	榕江县平江镇平江村	80	2225.58	636
38		榕江县养老服务中心	榕江县车民街道车寨社区民政福利小区	220	8000	12000
39	从江县	从江县老年养护楼	从江县洛香镇洛香村	200	9300	6633
40		从江县社会福利院	从江县丙梅街道平瑞村从江县民政福利小区	75	1750	583.33
41		从江县翠里瑶族壮族乡敬老院	从江县翠里瑶族壮族乡翠里村	38	1100	340

续表

序号	县市	项目名称	项目地址	床位总数量（张）	建筑面积（平方米）	占地面积（平方米）
42	从江县	从江县加鸠镇中心敬老院	从江县加鸠镇党卡村	96	2640	3335
43		从江县洛香镇敬老院	从江县洛香镇洛香社区洛香村	38	1200	300
44		从江县庆云镇敬老院	从江县庆云镇寨井村	36	800	387.9
45		从江县西山镇敬老院	从江县西山镇西山社区西梅街	40	600	800
46		从江县丙妹镇中心敬老院	从江县丙梅街道从江县民政福利小区	96	3300	3300
47	雷山县	雷山县养老服务中心老年养护楼	雷山县丹江镇羊常社区红屯堡	200	9500	12000
48		雷山县中心敬老院	雷山县丹江镇南门社区西环路	120	5859	5859
49	麻江县	麻江颐德老年养护院	麻江县金竹街道兴坪村河庄组	200	9300	4650
50	丹寨县	丹寨县排调镇中心敬老院	丹寨县排调镇排调村	43	1316	1403
51		丹寨县兴仁镇敬老院	丹寨县兴仁镇	100	2512	6120
52		丹寨县扬武镇敬老院	丹寨县扬武镇	100	2564	3600
53		丹寨医养结合医院	丹寨县龙泉镇东街社区建设东路 14 号	120	4592.44	8439.58

B.15 黔南布依族苗族自治州养老服务发展报告

王义飞*

摘要： 本报告通过分析“十四五”以来，尤其是2023年黔南州养老服务工作在政策、设施、服务、产业、人才队伍建设等方面的发展现状、成效，对机构建设运营、养老服务开展、队伍建设等方面存在的问题进行剖析，进而从完善制度、提升服务规范化水平、加强人才队伍建设等角度，提出助推黔南州养老服务高质量发展的对策建议。

关键词： 黔南州　养老服务发展　研究报告

黔南州位于贵州省中南部，处于大西南通往华南、岭南的咽喉要津，是贵州南下出海最近通道，总面积2.62万平方千米，辖12个县（市）①。黔南州是贵州省进入老龄化较早、老龄化程度较高的地区之一，截至2023年底，全州60周岁常住人口占比已超过17%，正加速进入深度老龄化社会。

一、黔南州养老服务发展的基本情况

（一）注重顶层政策设计

“十四五”以来，在国家和贵州省相关文件精神的指导下，黔南州将养老服务事业和产业发展纳入黔南州“十四五”国民经济发展总体规划，

* 王义飞，贵州省社会科学院社会研究所副研究员。

① 黔南布依族苗族自治州人民政府网，https：//www. qiannan. gov. cn/zjqn/#page2.

制定出台了《黔南州“十四五”民政事业发展规划》《黔南州养老服务业改革发展方案》《黔南州加快推进养老服务业融合发展实施方案》《黔南州居家和社区养老服务改革试点实施方案》《黔南州人民政府关于做好特殊困难人员集中供养（养老）工作助力乡村振兴的实施意见》《黔南州提升农村养老服务质量若干措施》等系列政策文件，切实解决城市社区和农村养老服务基础设施底子薄，老年人受关注度低、被关爱少，养老工作缺乏政策指导等问题，做好养老服务顶层设计，引领、推动全州养老服务工作高质量发展。

（二）强化养老基础设施建设

近年来，黔南州将养老服务工作列入州政府每年必办的“十件民生实事”，按照“一张图一清单一方案”编制县域养老专项规划，完善基础设施建设。在城市构建“15 分钟居家养老服务圈”，全州新建居住区养老服务设施配建率达 100%，已建居住区配建率达 84%。2023 年以来，争取中央预算内资金、福彩金等 1. 29 亿元，支持社区居家网络建设、养老机构提质改造、社区居家上门服务、适老化改造等项目共 98 个。在农村推进“一乡镇（街道）一中心，一村（社区）一站（点）”建设，实现县、乡、村三级立体式推进，打造群众家门口的养老服务设施。探索推进农村“互助养老”模式，制定《黔南州社区居家养老服务站、农村幸福院运营方案》，选取社区、村级示范性养老机构（设施）作为首批运营试点，支持运营社区服务站、农村幸福院。截至 2024 年 5 月，全州建成县级综合性护理型养老机构 13 家、街道嵌入式护理型养老机构 22 家、社区养老服务站 136 家、县级中心敬老院 12 家、乡镇区域性敬老院 51 家、示范性农村幸福院 24 个、农村互助幸福院 720 个、民办养老机构 9 家。

（三）健全完善基本养老服务制度

建立老年人能力和需求综合评估制度。突出标准化养老机构和护理型床位建设，对符合标准化改造条件的各类养老机构的设施进行改造，全州有集中供养意愿的特困老年人实现“愿住尽住”比例、与所有分散供养特困老年人的委托照料人签订照料服务协议比例均达到 100%；建立特殊困难老年人定期探访制度，实现探访率达 100%。黔南州民政部门牵头编制

《黔南州基本养老服务清单》，明确特困老年人基本救助、65 周岁及以上老年人健康体检、60 周岁及以上老年人乘车优待等 19 项基本养老服务清单。做好农村留守老年人关爱服务，分类建立“四类”农村老年人台账。针对特困、低收入以及失能、半失能、重残、重病等老年人，重点聚焦监护照料、健康服务，通过制发“联系明白卡”等压实相关主体责任，切实保障基本生活。针对 60 周岁及以上活力老年人，通过组织多种形式集体活动，丰富其精神文化生活。黔南州“分类管理、精准施策”的农村老年人服务模式受到民政部高度肯定，并在“全国优化孤寡老年人服务座谈会”上进行交流发言。探索推进农村“互助养老”模式。打造示范性农村幸福院 24 个，龙里县五星村幸福院作为全省现场会观摩点推广学习。

（四）开展养老服务示范试点工作

黔南州在全省率先实施“机构带站”试点，在都匀市、福泉市、罗甸县试点推行养老机构运营社区养老服务站，推动社区养老服务站品牌化、规范化、连锁化运营。都匀市等试点经验被腾讯网、搜狐网、天眼新闻等多家国内及省内著名媒体平台宣传。深入推进医养结合发展。目前全州有 3 家养老机构提供医疗服务（平塘综合福利院、独山阳光康养中心、福泉福荣康养中心），实施两院一体模式的有 4 家，实施医养签约模式的有 54 家，养老机构医养结合实现全覆盖。进一步健全养老服务体系，持续推进县、乡镇（街道）、村（社区）“三级五类”养老机构设施示范点打造。加大养老机构护理型床位改造力度，确保 2025 年全州在运营养老机构护理型床位占比提升至 60%。强化居家和社区养老服务站建设，推动智慧养老服务云平台运营，实施好新一批“居家和社区基本养老服务提升行动项目”试点，积极推动“老年人家庭适老化”改造。

（五）促进养老产业和银发经济发展

黔南州依托自然资源禀赋，打造康养产业新业态。积极探索以森林、温泉、乡村农业、民族文化、中医药为优势资源的老年度假养生、养老照护服务、老年医疗保健、养老地产、老年产品用品、智慧养老等产业发展，丰富康养产业业态。重点推动以健康养老小镇、养老产业集聚区为产业载体的引领性项目。按照全省“四新”“四化”目标要求和州委、州政府安排部署，积极谋划“康养+工业”“康养+地产”“康养+农业”“康养+旅游”“康养+运动”等招商项目，建立了“康养+”项目库，共储备康养项目74个，其中“康养+地产”6个、“康养+工业”4个、“康养+旅游”35个、“康养+农业”9个、“康养+运动”1个、养老机构运营19个，持续推进康养产业融合发展。同时，加大康养产业招商引资力度。2021—2023年，全州加大健康养老产业招商引资规模，其中2021年、2022年两年全州健康养老产业招商引资规模、到位资金总额和完成率均排名全省第一，2022年州民政局在州级招商引资考核中名列州直部门第一。招引落地专业养老服务企业30余家。贵州省第一、第二届健康养老产业现场观摩暨项目推介会均在黔南州召开。与此同时，推进市场主体运营公建养老机构，先后培育引进国投健康、恒康集团、吉林幸福里、柯瑞康养等20余家专业企业对46家养老机构开展公建民营，运营床位占比达81.2%，超省定标准21.2个百分点，丰富了运营市场主体。此外，强化龙头引领。龙里县太阳谷大健康产业发展有限公司、独山县柯瑞康养产业开发有限公司获评全省养老服务龙头企业，龙里县获评全省健康养老产业示范县，独山县柯瑞康养产业示范园获评为全省健康养老产业集聚区，树立了黔南州养老服务标杆。

（六）提升智慧养老服务水平

一方面，建成黔南州智慧养老云平台。黔南州智慧养老服务平台于2022年12月建成并投入使用以来，积极开展“互联网+”居家和社区养老服务，通过建设智慧养老服务平台，依托平台化运营管理，构建集服务、培育、引导、管理“四位一体”的养老服务运营模式。截至2023年6月，累计服务老年人1400余人次，完成助餐、助医、助洁等服务工单7300余条，回访率达100%。另一方面，推进智能康养社区建设。推进中铁国际生态城太阳谷5G全感知智能康养社区建设，该项目总投资2000万元，拟打造全国首个国家标准全感知智能康养社区，积极探索将大数据、物联网、云计算等先进技术与健康管理、康养社区相结合，目前已建成“智慧社区、智慧健康、智慧养老”三大智慧云平台，通过5G网络技术实现软硬互通，三大智慧云平台作为点到端的服务载体，打造社区康养服务5G产品应用窗口。

（七）强化养老服务发展相关保障

印发《黔南州养老服务领域“黑机构”打击整治工作机制》《黔南州养老机构预收费管理机制》等一批监管机制文件，分年度推进“双随机、一公开”综合监管全覆盖，加大对养老领域非法集资、诈骗、安全管理等的监管。加强老年产品质量监管。2021年以来，黔南州市场监督管理部门加强对老年产品质量监管，对销售不合格产品的违法行为均已进行立案查处。2023年继续抓好对老年人产品的质量监管，将老年人服装列入本级监督抽查计划，抽检产品10批次，并做好对不合格产品的处理工作。同时加强老年医疗器械监管。制定并印发《黔南州市场监督管理局关于印发2023年医疗器械质量安全专项整治工作实施方案的通知》，借助专项行动，重点关注老年人使用的医疗器械质量监管，确保特定人群使用安全。

（八）加强养老服务人才队伍建设

为加强养老服务人才队伍建设，制订印发了《黔南州养老服务人才队伍建设三年行动计划》，建立完善养老服务人才能力提升教育培训机制。出台《黔南州养老服务人才培育三年行动方案》，2023年培育养老服务从业人员750余人，技能培训100%，持证率达57.6%，高于全省平均水平26.6个百分点。黔南医专、黔南职院、黔南师院等6所院校设置老年护理相关专业或课程，年度输出相关专业人才300余人。贵州省首届养老护理技能大赛在黔南州举办，2022年龙里县1名护理员获评“全国养老服务先进个人”。

二、黔南州养老服务发展存在的问题

黔南州养老服务在取得诸多成效的同时，在设施建设和运营、养老服务优化升级、人才队伍建设等方面也面临一些问题和短板。

（一）养老服务设施建设、维护和运营困难

一方面，养老服务设施改造难。“15分钟居家养老服务圈”的服务主体是老年人，但不同区域老年人的分布状况存在差异。受土地、规划、消

防标准提高和周边已有建筑影响，老年人比例较高的老旧社区建筑功能布局改变困难，增设社区服务设施相对复杂。据黔南州民政局统计，全州已建居住区中配建养老服务设施的有167个，配建率为62%。另一方面，养老机构运营难。社区养老机构实际运营过程中一般由第三方机构负责并自负盈亏，随着物价上涨，社区养老服务设施经营所需的场地、水电、物业、设备、人工等日常开支增加，社区养老服务设施承担的经济压力逐渐加大。以幸福里龙里县城区老年人日间照料中心为例，该中心收入目前仅靠入住的长住老年人交纳的护理费、生活费等，但每月需要缴纳物业费、水电费、燃气费、员工工资等硬性支出，保证日常运营都十分艰难。另外，黔南州大部分社区养老服务设施的老年人入住率和使用率低，第三方机构难以实现盈利，造成养老机构运营难，作用发挥有限。

（二）养老服务工作社会知晓度和认可度有限

尽管黔南州先于全省其他市（州）推行居家上门服务工作，但试点范围小、服务人次少，在推进新建楼盘、小区、居住区适老化建设和老年人家庭适老化改造、适老化元素嵌入方面较为薄弱。部分乡镇、村级养老服务设施建设因投入不足，较难实现乡镇（街道）范围具备综合功能的养老机构全覆盖、互助养老服务设施行政村全覆盖。此外，目前省级健康养老示范基地评定标准尚未出台，黔南特色康养产业示范基地培育工程难以推进完成。

（三）养老机构市场化专业化水平有待提升

一是养老机构护理人员专业照护能力不足。目前，受到人员、设施、老年人消费能力等现实因素制约，全州养老机构整体服务专业化程度低。从质上看，养老机构护理人员大多数为40~50岁年龄段人群，普遍文化水平较低，没有接受过系统的专业化照护训练，专业照护能力不足。从量上看，部分养老机构照护人员人手不足，没有按要求配齐养老护理人员等，无法兼顾满足所有老年人的照护需求。例如，都匀市怡心苑敬老院入住老年人32人，其中三分之二是失能、半失能老人，但专职护理人员仅6人，且年龄偏大，护理工作繁重。与此同时，由于社会认知、家庭期望及薪酬待遇等问题，年轻的老年护理专业毕业生离职率较高，难以满足日益增长的专业养老服务需求。二是养老机构服务质量总体偏低。全州在运营的64家养老机构，大部分以“养”为主，仅仅满足老年人的吃饱穿暖等物质生活需要，普遍缺乏精神生活的照护，相关机构也无力开展一些更为丰富的可满足老年人精神生活需求的活动。三是养老机构运营的规范化标准化不足。据黔南州民政部门反映，除福泉市养老机构形成了一套完善的管理制度外，其他县（市）均没有系统的管理制度，公办养老机构的服务质量参差不齐，缺乏激励考评机制，民营机构缺乏扶持机制，目前没有一套可以执行的质量服务、运营等考核考评标准。

三、对策与建议

针对以上养老事业和养老产业的短板，建议从以下几方面进行完善改进，助推黔南州养老服务工作实现高质量发展。

（一）全面落实基本养老服务政策

加大政府支持力度，引导公益组织积极参与，强化老年人家庭基础，继续推进实施“市场化为方向、个人承担为主体、社会各方力量参与”的多元主体分担、多渠道筹资的养老费用分担制度，提升需求端购买力。在全面实施《黔南州基本养老服务清单》的基础上，推动落实老年人最低生活保障、高龄补贴、养老保险、老年人优待等基本保障政策，切实保障特殊困难老年人基本生活。助力居家、社区和机构养老同向发力、同步发展。

（二）提升养老服务能力和水平

加大养老服务市场主体引进培育，推动建立完善针对失能、半失能、健康活力老人个性化服务标准规范。强化养老护理员能力、技能培训，实现新进护理人员岗前培训达100%。实施好民政部、财政部居家和社区基本养老服务提升行动项目。提升智慧化服务水平，推动黔南州智慧养老服务云平台的广泛使用。深入推进农村养老服务改革，做好低保家庭失能人员集中照护工作，确保“愿住尽住”。推动医养康养融合发展。推动全州在运营养老机构实现医养协议全覆盖。遵循“分级分类”管理原则，通过对养老机构进行量化分级考评，实行差异化监管措施，构建以信用为基础的养老机构差异化综合监管机制，管出公平、管出效率、管出活力，推动养老服务和设施机构高质量发展。

（三）加大财税政策的补贴支持力度

通过优化财税补贴政策，将养老服务补贴延伸到社区养老服务设施，适当减免社区养老服务设施物业管理费、租金，凸显财政资金的撬动和引导功能，更好地发挥社区养老机构和设施的作用，通过公建民营、政府购买服务、政府和社会资本合作等方式，支持各类主体进入养老服务市场。

（四）加强养老服务人才队伍建设

建立完善养老服务人才多渠道、全方位、立体式的能力提升、教育培训机制。借鉴省内外相关先进经验和做法，加大对养老护理人员的培训力度，以"专业培训一批、校企培养一批、能力提升一批、激励褒扬一批"的方式，分类、分步科学规划养老服务人才队伍建设。积极组织养老人才参加省内外提升养护能力的培训及实践，邀请业内知名专家、学者及相关实务人员进行授课，不断提升为老能力和专业护理能力。加大对养老服务人员的宣传力度，提升公众认可度和养老服务人员的职业认同感。

参考文献

［1］黔南州民政局．2023年黔南州养老服务业高质量发展情况．

［2］黔南州民政局．2023年黔南州养老服务发展工作情况报告．

［3］黔南州民政局．2024年上半年黔南州养老服务发展工作情况报告．

［4］黔南州民政局．黔南州民政局关于落实政协委员加强养老事业和养老产业发展建议的报告，2023.7.27.

［5］黔南州民政局．黔南州"五抓五化"提升养老服务质量，2023.11.

B.16 黔西南布依族苗族自治州养老服务发展报告

钟　鑫*

摘要： 老有所养，乐享安康。近年来，黔西南布依族苗族自治州进一步扩大养老服务供给，大力发展健康养老产业，推动健康养老产业项目建设，促进养老服务质量提升，基本实现保障基础不断夯实、供给质量不断加强、文旅赋能初见成效的良好格局。从整体来看，黔西南布依族苗族自治州养老服务仍处于起步阶段，社会观念有待转变，养老需求增长和有效供给存在错位，医养深度结合力度不足，专业人才支撑力度不够。因此，应发挥规划统筹引领作用，合理谋划不同阶段、不同区域的养老服务供给重心；基于区域实际，合理完善养老机构格局；发挥黔西南布依族苗族自治州优势所长，丰富养老服务内容。

关键词： 养老服务　保障　文旅　黔西南州

对经济社会发展来说，人口增长既是锚也是舵。党的二十大报告提出："实施积极应对人口老龄化国家战略，发展养老事业和养老产业，优化孤寡老人服务，推动实现全体老年人享有基本养老服务。"2023 年 5 月，中共中央办公厅、国务院办公厅印发《关于推进基本养老服务体系建设的意见》，明确指出"加快建成覆盖全体老年人、权责清晰、保障适度、可持续的基本养老服务体系，不断增强老年人的获得感、幸福感、安全感"。随着老龄化和少子化社会的到来，养老服务正成为越来越多的老年群体所需所盼，也成为越来越多的政府部门积极谋划提供的公共产品。

随着人口老龄化步伐的不断加快，黔西南布依族苗族自治州（以下简

* 钟鑫，贵州省社会科学院研究实习员，研究方向为人口、人才与就业。

称黔西南州）老年人口数量和养老服务需求越来越高。近年来，黔西南州高度重视养老服务工作发展，不断将养老服务产业作为应对人口老龄化压力，提升人民群众获得感、幸福感的公共产品，同时将其视作促进消费、推动经济社会和产业转型升级的发展重点。黔西南州先后被确定为“国家居家和社区养老服务改革试点地区”“省级医养结合示范单位”，在建设养老服务体系中取得一定成效，被誉为“中国四季康养之都”，形成了依靠自然人文资源，促进老有所养、老有所依、老有所乐的做法经验。

一、黔西南州养老服务基本现状与显著成效

第七次全国人口普查数据显示，黔西南州 60 周岁及以上人口为 44.3626 万人，占全州总人口的 14.71%，相较 2010 年提升了 3.22 个百分点，正不断迈入老龄化社会。为不断满足老年人日益增长的养老服务需求，黔西南州积极创新养老服务建设体制机制，不断拓展养老服务内容，营造浓厚的敬老爱老社会氛围，实现基本养老服务有保障、养老服务质量有提升、文旅赋能见成效。

（一）聚焦基本服务，保障基础更加夯实

2020 年，黔西南州以获批为国家第五批中央财政支持开展居家和社区养老服务改革试点地区为契机，紧密结合地方实际，积极探索方法路径，着力在服务体系、服务能力、服务保障等方面下功夫，形成对象精准化、服务专业化、方式多样化的创新模式，并健全机制、坚实保障，试点工作扎实推进，成效明显。

1. 围绕基础性服务进行布局

基础性养老服务指的是为老年人提供最基础的养老服务，包括基本的生活照料、健康护理、康复服务等，这类服务旨在满足老年人的基本生活需求。一是制定并实施了《关于进一步加快推进养老服务业发展的实施意见》《黔西南州建立完善老年健康服务体系实施方案》《黔西南州“一老一小”整体解决方案（2021—2025）》《关于全面放开养老服务市场提升养老服务质量的实施方案》等政策文件，从制度层面指导推进符合当下城乡实际的“医养一体、两院融合”农村养老服务模式，进一步完善全州养

老体制机制。二是建立健全覆盖城乡居民的社会保障体系。实施基本养老政策，确保60周岁及以上老年人养老保险全覆盖。2022年数据显示，全州城镇职工共24万人参保城乡居民基本医疗保险，城乡居民306万人参保城乡居民基本医疗保险。三是着力改善养老机构的基础设施。积极向上争取资金，先后争取“积极应对人口老龄化工程和托育建设项目”21个，累计争取中央（省）预算内投资1.011亿元，通过新建、改造和扩建等方式，提升养老服务的硬件水平。例如，实施了包括兴义市老年养护楼、普安县社会福利院等59家公办养老机构的建设项目，确保养老机构能够提供安全、舒适、便利的服务环境。

2. 围绕兜底性服务进行补缺

兜底性养老服务主要针对经济困难、失能、高龄、无人照顾等特殊困难老年群体，这类服务旨在保障这部分老年人的基本生活和护理需求，确保他们不会因经济或社会原因而得不到必要的养老服务。一是制订《黔西南州“一老一小”整体解决方案（2021—2025）》，通过强化城乡公共服务体系建设，保障最基本的老龄化需求。对于特殊困难群体，提供必要的财政支持和资源配备，确保他们能够得到基本的养老服务。二是对经济困难的老年人提供高龄补贴和失能补贴，确保他们的基本生活和照护需求得到满足。2023年，为全州80周岁及以上高龄老人发放生活津贴共计3866.4万元，惠及全州5.95万名高龄老人。三是推进长期护理保险，为失能老年人提供必要的照护服务，目前全州参保居民23.8万人。四是实施特困人员供养服务设施改造提升工程，确保每个县至少建有1家具有医养结合功能的县级标准化特困人员供养服务机构。

3. 围绕普惠性服务进行覆盖

普惠性养老服务是指面向广大老年群体，特别是中低收入老年人的服务，这类服务旨在使更多的老年人享受到价格合理、质量较好的养老服务，包括居家养老、社区养老和机构养老等多种形式。一是大力推进养老服务的普惠性发展，实施了多个普惠养老机构建设项目。例如，黔西南州阳光颐智医养中心建设项目和兴义市万峰林森林康养基地项目在原有基础上新增床位，旨在提供优质养老服务的同时兼顾健康养生需求，并且通过降低养老服务价格，让更多老年人能够负担得起养老服务。二是全州已建成老年大学（老年学校、老年教学点）共634所，覆盖485个村（居、社区）、46个易地扶贫搬迁居住区，乡镇老年学校建校率达100%。全州有全国“敬老文明号”单位9家、全国“敬老爱老助老模范人物”9人。2021年开展了“全国示范性老年友好型社区”创建活动，3个社区被国家卫生健康委和全国老龄办批准为首批“全国示范性老年友好社区”。三是积极推动智慧养老服务建设，利用大数据、人工智能等技术手段提高养老服务的效率和质量。例如，通过建设智慧养老服务平台，为老年人提供线上预约、在线咨询、远程监测等服务，提高了服务的便捷性和准确性。这些举措有助于提高养老服务的覆盖率和满意度，进一步提升老年人的生活质量。四是按照“如厕洗澡安全、室内行走便利、居家环境改造、智能监测跟进、辅助器具适配”的目标，投入彩票公益金150万元，在兴义市老年人口多、养老服务基础和条件好的小区，组织开展特殊困难老年人家庭适老化改造试点，重点对符合条件的50户居家养老老年人家庭地面、门、厨房、卧室、厕所等进行适老化改造，安装防老人走失装置和安全监控设备，配备老年人生活必要的助行、助餐、助听等器具，保证老年人居家安全，提升居家老年人生活质量。

（二）聚焦组合发力，供给质量不断加强

2023年，黔西南州把开展“养老服务提质增效”行动作为全州民政工作七大专项行动之一，将推进基本养老服务体系建设作为重大民生工程，持续推进养老服务体系建设，老年人的幸福愿景一步步变为幸福实景。

1. 用好用活世行贷款支持

2020年，黔西南州获批为全省5个世行贷款项目市（州）之一，项目资金3.41亿元。自2021年项目实施以来，全州共获批项目18个，其中养老机构提质改造和装修项目17个，老年人信息初筛和能力评估项目1个，项目资金9800余万元。完成兴义市、兴仁市、安龙县、贞丰县、晴隆县、册亨县6个老年养护楼项目的装修和养老设备配置；完成兴仁市、普安县、册亨县3家县级社会福利院的提质改造；完成兴义市则戎敬老院、泥凼敬老院、义龙新区区域性敬老院和望谟县王母敬老院改扩建；建成兴义市印象兴义嵌入式养老机构、丰都街道社区老年人日间照料中心、下五屯街道坝佑社区老年人日间照料中心和普安县惠民小区日间养老服务中心。通过世行项目的实施，养老机构硬件设施得到有效改善，护理型床位比例大幅

提升，适老化改造成效明显，书画室、棋牌室、舞蹈室、康复室、健身房等功能室配套齐全，休闲娱乐活动项目丰富齐全，机构养老服务能力不断增强，入住机构老年人的幸福感、安全感和满意度显著提升，为推进全州养老服务高质量发展提供了基础保障。提质改造后的兴义市老年养护楼(兴义市安佳坪东颐养园)，引进上海和佑养老服务公司运营管理，目前入住老人 89 人，通过提升服务质量获评省级四星级养老机构，是全省 4 个四星级养老机构之一。

2. 建立健全医养衔接机制

首先，相继出台了《黔西南州推进医养结合工作实施方案》《黔西南州关于加快推进医疗健康服务和养老服务融合发展的实施方案》等文件，明确了医养结合的目标、任务和措施，为医养衔接机制的建立提供了政策支持。其次，为了满足老年人医疗和养老需求，积极推进二级以上综合医院老年医学科建设，并将医疗保健机构与实际工作相结合，扩建州医院和设立县域医疗次中心，提高医疗水平和服务能力。最后，推动医疗资源向家庭和社区延伸，推动社区养老机构与基层医疗卫生机构签约，利用医疗卫生服务网络，与医院、社区卫生服务中心等建立合作关系，定期为老年人开展体检、上门巡诊、健康管理等服务。探索建立社会化护理与居家护理协调发展的长期护理服务机制，使老年人在居家和社区养老服务中获得方便、快捷、可及的医疗卫生服务。

3. 引导鼓励社会力量参与

以整合资源、新建、改造等方式增加居家和社区养老服务设施供给，优化养老服务的发展环境，制定包括床位补贴、运营补贴等系列优惠政策，采取主动培育、公办民营、公建民营、民办公助等模式鼓励社会力量投资兴办养老机构，引进海福祥连锁企业、上海和佑、景地康联等知名企业入驻，共同发展养老产业，并对参与养老服务的社会力量，在房租、用水、用电等方面给予相应的优惠条件，降低其运营成本。以上措施不仅提升了养老服务的质量和水平，还促进了养老服务的多元化和市场化，满足了老年群体的不同需求，提高了老年人的获得感和幸福感。

（三）聚焦养老产业，文旅赋能初见成效

黔西南州拥有丰富的旅游资源、浓郁的民族风情和优美的人居环境。

大部分县（市）空气清新、气候宜人，加之山清水秀、天蓝地绿的良好生态，营造出最佳的人居环境，2019 年 8 月，黔西南州被中国气象学会授予“中国四季康养之都”的称号。近年来，黔西南州委、州政府明确“123456”发展思路，高站位选树“康养胜地、人文兴义”城市定位，高标准打造“康养胜地、人文兴义”城市品牌，着力将资源优势转化为发展优势。乘此东风，黔西南州充分发挥气候资源、生态资源、人文资源等得天独厚优势，推动文旅赋能养老产业不断向前发展。

1. 大力建设文旅养老项目

近年来，黔西南州推动建设了一批州市共建养老产业示范园，如兴义市则戎镇纳具颐养小镇、兴仁民政园、安龙养生谷等综合性养老服务项目。这些项目结合了康养、医养、旅养等多种养老服务模式，具有全托、日托、上门服务等综合功能，为老年人提供专业化、个性化的养老服务。例如，“纳具·和园”国际康养小镇，依托当地已有 600 多年历史的纳具布依族古村寨，融入丰富的森林资源、人文历史和民族文化，打造集中医康养、药膳食疗、智慧养老等多功能于一体的康养目的地。

2. 用生态人文丰富养老服务内容

一方面，充分挖掘和整合人文资源。在打造“康养胜地、人文兴义”城市品牌时，大力挖掘庙宇、古镇、民俗文化等当地文化风俗，巧妙地将其纳入养老服务项目的设计，通过在养老院、养老社区等地方建设人文景观、设立人文展示区等措施，让老年人在养老期间能够感受到浓厚的人文氛围和地方文化。另一方面，将养老服务与文化生活相结合。建设了文化养老社区，将人文胜地与康养服务相结合，在养老社区中设置了康养中心、文化活动场所、图书馆等设施，在为老年人提供各类文化娱乐活动和康养服务的同时，组织各类文化活动，并将其作为养老服务项目的重要组成部分，其中包括举办民俗节庆活动、老年书画展、传统手工艺体验等，让老年人参与各种活动，丰富他们的养老生活。

3. 用康养产业培育助推养老服务产业

首先，除建设养老机构、提供健康管理和咨询服务、健康餐饮服务外，黔西南州还大力发展适合老年人群营养健康需求的食品产品，指导医院、养老机构营养配餐，对低体重高龄老年人进行专项营养干预，逐步提高老年人群的整体健康水平；大力发展“体育+医疗+养老”模式，使养老服务工作人员、传统养生体育专业人员与医疗专家共同解决现行养老框架下老年慢性病的运动健康促进问题，形成体医养服务新业态，促进体医养服务产业发展；大力发展养老辅助设备产业，为老年人提供各种便利的辅助设备，如助行器、助听器、轮椅等。其次，黔西南州还支持本地健康养生产品的研发和推广，推动建设“定制药园”，鼓励企业种植、加工生产保健食药材，例如中草药保健品、养生茶等。通过合理推广和销售，给老年人提供更多的健康选择和养生产品。再次，黔西南州还利用得天独厚的自然资源发展康养旅游，吸引社会资本投资建设康养旅游示范基地，如兴仁市中医院与草喜堂养生养老中心合作，提供中医养生服务。最后，黔西南州积极拓展文旅产品形式，紧扣地方特色文旅资源，开发万峰湖野钓户外运动基地，推出楼纳村等125个精品旅游村寨，以及《布依八音》《阿妹戚托》等民族文化旅游剧目，丰富了文旅产品供给。

二、黔西南州养老服务发展中遇到的堵点

黔西南州在养老服务方面虽然取得了一定的进展，但从宏观视角看，经济总量较小和人均水平较低造成养老需求和养老服务始终存在同频共振堵点，社会对养老服务的需求依旧有着广阔开发空间。在实际运行中，养老服务发展依旧存在显著堵点，具体体现在以下几个方面。

（一）传统观念的禁锢长期存在

调研发现，“在家养老”的传统观念一直存在，主要表现为老年群体普遍认为在家中养老才是唯一途径，不愿脱离现有社交场域；老年人子女受这一传统观念束缚，认为一旦将父母送至养老机构，会受到周围居民和父母甚至自己的道德谴责。此外，对养老机构的偏见一直存在，由于养老机构发展初期的主要受众是患病需要长期医疗照顾，或是专门针对完全缺乏配偶或家人照顾、自理能力丧失严重、年事已高且行动不便的老年人，多数身体相对正常的老年人拒绝进养老机构养老。

（二）养老需求增长和有效供给存在错位

养老需求增长和有效供给是一个相互依赖、密不可分的有机体，逐渐

增长的养老需求推动服务的有效供给，服务的有效供给则刺激养老需求增长。一方面，随着人口老龄化程度的加深和精神文化生活的丰富，多样化的养老需求越发显著，黔西南州面临着应对快速增长需求的挑战，例如，2020 年数据显示，黔西南州养老机构床位数量仅为老年人口的 1.5%，远远低于国家标准；另一方面，尽管全州养老机构正不断增加，但养老床位空置的情况一直存在。

主要有以下几点原因：一是全州养老机构多属于小规模民营企业，管理、服务观念和手段相对落后，缺乏足够意识和动力进行创新改革；二是养老机构运营效率较低，服务质量不高普遍存在，这与其入住人数不足或稳定性不高存在一定关联，致使其没有足够资金进行优化；三是养老机构本身在提供的设施设备、养老服务和价格水平等方面定位与市场的需求和可接受程度存在偏离，这些情况在农村地区更为突出。

（三）医养深度结合力度不足

虽然黔西南州在医养结合方面做了一些探索，但在养老服务过程中，医疗机构和养老机构之间的结合程度仍然较低，在实现医疗和养老服务的有效衔接上存在短板，影响了老年人的健康管理和护理服务。一是提供的医疗服务相对基础，很难聘请专业资深医生稳定地提供医疗服务；二是一些养老机构规模和服务范围小，与周围医院、卫生服务中心的联动不足，医疗服务相对孤立，社区和养老机构只能满足老年人的基本健康筛查，实现养老设施和医疗机构共同体式耦合发展仍有较长路要走；三是缺乏医养结合示范项目，未能充分发挥医疗机构的资源优势，尤其是专科医院和医疗技术应用不足。

剖析原因发现，在资金方面，黔西南州的经济总量较小，人均消费水平较低，极大影响市场主体参与养老服务发展的积极性，使产业发展的资金投入和资源分配一直处于较低水平；此外，当下的养老机构处于微利发展阶段，多数勉强维持，很难有足够资金补充医疗设备和人员，日常工作中大型医疗设备的空置率较高，造成资源浪费。在机制方面，部分医疗机构和养老机构之间缺乏有效的主动响应机制，当前的医疗服务主要属于公益类，医患间关系并不稳定、老年人基本医疗信息没有互联互通，与居家养老相比，无法形成优势。

（四）专业人才支撑力度不够

与其他领域相比，养老护理尤其是失能、失智老年人的护理，无论是家人还是保姆都不一定能够完全满足需求，因此，医养结合、健康养老需求迫切。但调研发现，黔西南州在养老服务领域缺乏专业人才，特别是缺乏养老护理人员和专业管理人才。数据显示，黔西南州平均每千名老年人只有 2.4 名护理人员。此外，护理人员学历偏低、专业化水平不足等情况也较为突出，导致养老服务的专业化水平有限，难以提供高质量的养老护理和康复服务。全州养老机构人员中临时人员占据相当比重，护理人员队伍稳定性较差，对高水平养老服务供给支撑力度不足。

究其原因，主要在于护理人员的收入普遍较低、工作条件艰苦、工作繁重和缺乏上升通道等，这些因素导致年轻人和高学历专业人员不愿意进入养老服务行业。

三、促进黔西南州养老服务发展的建议

（一）制度先行，健全养老服务制度体系

一是在《黔西南州养老服务体系建设“十四五”规划》的基础上，结合行政区划、地理方位，做好养老服务设施布局和发展规划，避免某一区域内出现同质化和功能单一情况，努力形成不同层级养老设施共同组成的多样化和差异化发展格局。结合经济社会发展趋势，科学预测人口变动和养老需求，结合城市建设和发展，不断提升养老服务质量，循序渐进地建立覆盖全域、结构科学、功能完备、布局合理的养老服务网络。

二是参照《关于推进基本养老服务体系建设的意见》《养老机构服务质量基本规范》等文件要求，结合实际制定和更新黔西南州养老机构指导性目录清单和建设、服务标准。从基础性、普惠性、兜底性服务出发，围绕清单内项目的服务内容、对象、标准和牵头部门，明确政府、市场、社会和家庭的边界；围绕供需对接、服务供给、服务保障、医养康养、权益维护等项目性质，和不同区域、不同类别、不同年龄等老年人条件，明晰政府、养老机构和医疗机构负责提供的服务和标准。

三是聚焦服务质量、人员、资金、安全和突发事件等事项，强化政府和行业主管部门的领导、监管责任，夯实养老机构主体责任，发挥标准规范的引领作用，加强协同监管和信用监管，提高养老机构的服务质量。

（二）由点及面，完善养老服务发展体系

坚持规划引领，加快县域、乡镇（街道）、社区三级养老服务设施与县级医院、乡镇（街道）卫生服务中心和村（居）卫生室相结合，探索建立“居家为基础、社区为依托、机构为补充”的医养融合发展特色品牌和服务体系。

一是逐步完善县、乡镇（街道）、村（居）、家庭四级养老服务网络。基于经济社会发展科学布局养老机构，充分结合老年人口比例、服务需求、经济能力和地理分布等因素，积极引进优质企业和优质项目，重点发展全托养服务；基于行政区域划分和各区域“15 分钟医保服务圈”，或依托卫生服务中心，或独立建设，确保每个乡镇（街道）至少建立一个养老服务中心（站），重点发展以医养结合为特色的嵌入式养老服务和提供日常护理、慢性病管理、康复保健、健康营养管理等普适性半托养服务；基于村（居）和部分大型居民小区，就地设置养老公益的爱心驿站、家政物业的邻里中心、休闲憩养的文娱活动室等，为居家养老的老年人提供助餐、助康、助洁、助浴、助医、助行“六助”服务，满足老年人就近养老需求。

二是建立健全机构协同的运营模式。通过政府补贴、税费减免等政策支持，引导推动大型养老机构和小型养老服务中心、日间照料中心实现资源共享和服务延伸，通过统一服务标准、评估体系和品牌化、连锁化经营，实现全面、专业的服务和便捷、基础的服务相结合，实现居家养老、日间照料和托养兼顾。通过大型养老机构提供专业化培训、管理指导，实现健康档案共建、远程医疗服务共享，推动不同规模的养老机构提供相对均等的服务质量，同时带动小型养老机构的服务质量和运营效率。实现三级养老服务设施品牌形象、建设标准、服务标准、运营管理、监管考核统一协调。推动养老服务设置联动机制，健全畅通，满足老年人多样化的养老需求。

三是建立不同层级专业化人才队伍。每个县（市）探索建设一支专职

与兼职相结合、远程与线下相结合、志愿服务与有偿工作相结合、长期项目与短期任务相结合的养老人才队伍，为本地区提供急救援助、个性化保健计划、知识宣讲等综合性服务；乡镇（街道）要依托卫生服务中心的专业医生，开展居家上门康复护理、预防和转诊处置等专业性服务；社区要依托村医队伍，提供健康档案、日常健康筛查等基础性服务。要通过明确人才需求、拓宽人才来源、在职培训和规范管理等手段，在优化薪酬体系、建立激励机制、经费和政策支持等方面给予充分保障，打造一支结构合理、技能专业、服务优质的人才队伍。

四是着力构建养老人才供应链体系。加强与贵阳康养职业大学、黔西南民族职业技术学院等院校的合作，实现产学研深度融合，建立订单式定向培养合作关系，为养老机构输送专业化和职业化的人才。同时，对现有人才队伍进行多方位培训管理，不断优化人才结构，引导辖区内符合条件的养老服务人员全面参与相关职业技能等级认定，进一步提升养老服务人员的薪酬水平，提升人才队伍的积极性。

五是逐步健全“医养康护”四位一体养老服务体系。通过财政资金、民间资本、个人缴费并举，社会福利、社会保险、公益慈善相衔接的发展协同和责任共担机制，不断推动养老服务体系逐步健全。在服务对象上，以老年人集中的老城区和大型社区为重点，以特困、经济困难老年人和优待对象为重点，适时、渐次向低保、低收入、中等收入家庭老年人以及社会老年人扩面；在服务内容上，推动生活照料、康养照护、健康咨询、疾病诊治和上门巡诊等服务内容向覆盖“床、护、助、餐、医、康”的全链条、全周期、全要素普惠型居家养老服务供给体系不断延伸，为老年人提供价格可负担、品质可信赖、运营可持续的养老服务。

（三）立足优势，丰富养老服务内涵外延

习近平总书记在党的二十大报告中指出：“把保障人民健康放在优先发展的战略位置，完善人民健康促进政策。”黔西南州凭借气候资源、生态资源、人文资源等得天独厚的优势，成为人们颐养天年的理想之地。据复旦大学老龄研究院银发经济课题组预测，在人均消费水平中等增长速度背景下，2035 年银发经济规模为 19.1 万亿元，占总消费比重的 27.8%，占 GDP 比重的 9.6%；2050 年银发经济规模为 49.9 万亿元，占总消费比

重的 35.1%，占 GDP 比重的 12.5%。[1] 因此，黔西南州应发挥在人文生态方面的特有优势，进一步丰富养老服务的内涵与外延。

一是做强全产业链服务。要整合养老机构、医疗机构、文旅机构和农业产业园等多方资源，做好医疗卫生服务、康复理疗、护理服务、看护服务、社区养老服务、养老金融服务、养生旅游、健康咨询等服务，让养老院建在景区旁、公园里，让老年人在农业观光、乡村休闲中颐养天年。

二是推进农旅养深度融合。推动“托养、医养、康养、体养”不断向“文养、智养”延伸。以打造集科普教育、乡村观光、农业休闲、田园度假于一体的乡村旅游产业集聚区为契机，结合整合旅游资源，开发旅游休闲、“候鸟式”养老等多种老年群体旅游和养老模式，吸引更多本地和外地老年游客在旅居、定居的过程中颐养天年。

三是塑造“大养老”格局。深入开展产业大招商，积极引进康养服务业、康养农业、康养设备制造业、康养文旅产业的行业龙头企业“赴金州、探蓝海”。以康养药业与食品、果树种植、农业观光、人文景观、养老设备、智能医疗设施等产业为突破点，推动医药、养老、运动、医疗、旅游、食品等全产业链融合发展，让产业发展与养老需求相互促进。

① 学习贯彻《关于推进基本养老服务体系建设的意见》系列谈③基本养老服务体系建设“怎么好”［EB/OL］.（2023-06-29）［2024-06-24］. https：//www.mca.gov.cn/n152/n156/c1662004999979993854/content.html.

V 附　录

B.17 贵州省养老服务条例

（2021年7月29日贵州省第十三届人民代表大会常务委员会第二十七次会议通过）

第一章 总 则

第一条 为了实施积极应对人口老龄化国家战略，推动养老事业和养老产业协同发展，完善养老服务体系，根据《中华人民共和国老年人权益保障法》等法律、法规的规定，结合本省实际，制定本条例。

第二条 本省行政区域内的养老服务及其监督管理工作适用本条例。

本条例所称的养老服务，是指在家庭成员承担赡养、扶养义务的基础上，由政府的基本养老服务、社会组织的公益性服务和互助性服务、企业的市场化服务等共同组成的养老社会化服务，包括生活照料、医疗保健、康复护理、安宁疗护、文体娱乐、精神慰藉、紧急救援等。

第三条 养老服务发展应当与经济社会发展水平相适应，坚持党委领导、政府主导、社会参与、统筹发展、重点保基本的原则。

坚持健全基本养老服务，大力发展普惠型养老服务，支持家庭承担养老功能，构建居家社区机构相协调、医养康养相结合的养老服务体系。

第四条 省人民政府建立养老服务工作协调机制，统一指导、统筹协调全省养老服务工作，定期研究养老服务重要政策、重要工作、改革创新重点事项。省人民政府民政部门和市州人民政府负责落实养老服务协调机制的决策。市州、县级人民政府可以根据实际情况，参照建立相应的协调机制。

省人民政府应当健全上下联动、部门协作的养老服务工作推进体系，将养老服务工作纳入省年度综合考核，并予以督促检查落实。

第五条 县级以上人民政府应当加强对养老服务工作的领导，将养老服务工作纳入国民经济和社会发展规划，制定养老服务体系规划。

县级以上人民政府应当将养老服务事业发展所需经费列入同级财政预算，建立稳定、有效的经费保障机制。

乡镇人民政府、街道办事处负责本辖区内的养老服务工作。

第六条 县级以上人民政府民政部门主管本行政区域内的养老服务工作。

县级以上人民政府卫生健康部门负责推进本行政区域内的老年健康服务体系建设和医养结合工作。

县级以上人民政府发展改革、财政、自然资源、住房城乡建设、文化和旅游、应急、退役军人、人力资源社会保障、市场监管、医保、中医药等部门，应当在各自职责范围内做好养老服务工作。

第七条 工会、共青团、妇联、残联、红十字会等人民团体和养老服务行业协会、老年人组织、慈善组织、志愿服务组织等社会组织，根据职责或者章程参与养老服务工作。

村（居）民委员会发挥基层群众性自治组织作用，协助乡镇人民政府、街道办事处做好养老服务工作。

第八条 全社会应当践行社会主义核心价值观，弘扬中华民族传统美德，开展敬老、爱老、助老宣传教育活动，树立尊重、关爱、帮助老年人的社会风尚。

广播、电视、报刊、网络等新闻媒体应当加强对养老服务的公益宣传。

第九条 对养老服务工作成绩显著的单位和个人，由县级以上人民政府按照国家和省有关规定给予表彰或者奖励。

第十条 省人民政府民政部门应当建立本省老年人状况统计调查和信息发布制度，建立全省养老服务云平台，推进养老服务数据标准化和规范化，实现跨部门、跨区域协同合作和信息共享。

全省养老服务云平台的相关资源信息应当依法向社会公开，接受社会公众查询。

第十一条 鼓励和支持社会力量通过多种方式提供养老服务，提升自然人、法人等市场主体活力，形成开放、竞争、公平、有序的养老服务市场。

第二章　规划与建设

第十二条　市州、县级人民政府民政部门应当根据经济社会发展水平、人口老龄化发展趋势、老年人口分布和医养康养等养老服务需求情况，按照人均用地不低于国家标准，编制养老服务设施布局专项规划。市州、县级人民政府自然资源部门应当将经依法批准的养老服务设施布局专项规划的主要内容纳入详细规划。

乡镇人民政府组织编制乡镇、村庄规划时，应当根据本地实际情况，落实农村养老服务设施用地布局、建设要求等具体安排。

第十三条　各级人民政府编制土地利用年度计划时，应当根据国土空间规划，保障养老服务设施建设用地。

政府出资举办的特困人员供养服务机构等非营利性养老服务设施建设用地，应当采取划拨方式供应。

其他非营利性养老服务设施建设用地，经依法批准可以采取划拨方式供应。

营利性养老服务设施建设用地，可以以出让、租赁等方式供应，鼓励以租赁、先租赁后出让等方式供应土地。

县级以上人民政府自然资源部门应当将养老服务设施建设要求纳入居住、商业、公共服务等土地使用权出让条件，明确配套养老服务设施建设面积及标准。

第十四条　城镇居住区应当按照标准建设配套养老服务设施，并将其作为公益性公共服务设施。

新建的城镇居住区应当以每百户不低于20平方米的标准建设配套养老服务设施。

已建成的城镇居住区无养老服务设施或者养老服务设施未达到规划要求和建设标准的，所在地县级人民政府应当按照每百户不低于15平方米的标准，通过新建、改建、购置、置换、租赁等方式配置。

第十五条　配套养老服务设施应当与住宅建设项目同步规划、同步建设、同步验收、同步交付。

县级以上人民政府自然资源部门在审查城镇居住区建设项目设计方案前，应当征求同级人民政府民政、卫生健康部门意见。

县级以上人民政府自然资源部门应当依法对配套养老服务设施建设是否符合规划条件予以核实，未经核实或者经核实不符合规划条件的，建设单位不得组织竣工验收。

第十六条 养老服务设施应当按照国家和省规定的建设标准和技术规范进行建设，并符合无障碍环境、消防安全、环境保护、卫生防疫等要求。

建设单位应当自竣工验收合格之日起3个月内将出让条件中约定的配套养老服务设施以及有关建设资料无偿移交所在地县级人民政府。县级人民政府有关部门依法办理不动产登记手续后，将其用于开展非营利性养老服务。采取公建民营方式提供养老服务的，应当采用招投标等竞争性方式确定运营方。

第十七条 县级以上人民政府应当统筹加强农村养老服务设施建设，支持农村集体经济组织、村民委员会或者村民小组建设养老服务设施。

鼓励社会力量参与农村养老服务设施建设。

第十八条 新建、改建和扩建城镇居住区应当符合国家无障碍设施工程建设标准。

县级人民政府应当加快已建成城镇居住区公共服务设施的适老化无障碍改造，推动和扶持老年人家庭开展无障碍设施改造，为老年人创造无障碍居住环境。

第十九条 鼓励将具备条件的闲置办公用房、学校、宾馆、医院、疗养院、厂房、商业设施等，依法办理手续后改造为养老服务设施。

第二十条 任何组织和个人不得擅自改变养老服务设施用地用途和政府投资、资助建设配置的养老服务设施使用性质，不得侵占、损害或者擅自拆除养老服务设施。

第三章 基本养老服务

第二十一条 省人民政府应当结合本省实际，综合老年人服务需求、老年人能力、财政承受能力等因素，制定全省基本养老服务清单。市州、县级人民政府可以根据当地实际在全省基本养老服务清单基础上，综合当地老年人服务需求、老年人能力、财政承受能力等因素适当增加服务内容，制定本级基本养老服务清单，并报上一级人民政府备案。

基本养老服务清单应当定期发布。

第二十二条 省人民政府民政部门应当组织制定老年人能力评估标准，为全省基本养老服务清单具体项目和内容的确定提供重要参考。

县级人民政府民政部门根据前款的评估标准，开展本行政区域内老年人能力综合评估，评估结果作为接受基本养老服务的依据。

第二十三条 省人民政府应当将向社会力量购买基本养老服务纳入政府向社会力量购买服务指导性目录。

第二十四条 各级人民政府出资建设的养老机构、养老服务设施和城镇居住区配套建设的养老服务设施，应当优先用于提供基本养老服务。

第二十五条 县级以上人民政府卫生健康、中医药部门应当为辖区老年人建立统一、规范的健康档案。对65周岁以上老年人，每年提供1次免费的体检、中医体质辨识、中医药保健等健康管理服务。

第二十六条 县级以上人民政府卫生健康、医保部门应当完善基层用药管理制度，保证基层医疗卫生机构药品配备，为老年人治疗常见病、慢性病用药提供方便。

第二十七条 县级以上人民政府民政部门应当建立健全高龄津贴、经济困难的老年人养老服务补贴、生活不能自理的经济困难老年人护理补贴等制度，完善特困老年人救助供养制度、临时救助制度。

第二十八条 医疗、社保、民政、金融、电信、邮政、生活缴费等与老年人密切相关的服务事项，应当设立便民热线、老年人服务引导台、绿色通道等必要的线上线下便利化服务渠道，为老年人提供咨询、帮办、转办、代办服务。

推动老年人便利化服务事项向农村延伸，乡镇（街道）政务服务中心、村（居）便民服务站、金融机构涉农代办点等部门应当结合区域实际，明确帮办、代办人员，为老年人提供上门服务。

提供服务的单位和个人，不得拒收现金，不得强制老年人使用智能设备办理。

第四章 居家社区养老服务

第二十九条 企业事业单位、社会团体或者个人可以投资成立居家社区养老服务组织，为社区老年人提供居家社区养老服务。

居家社区养老服务组织，应当依法办理企业登记或者社会服务机构登记。

第三十条 依法设立的居家社区养老服务组织可以接受政府委托，签订委托运营协议，运营社区的配套养老服务设施，开展居家社区养老服务。

鼓励居家社区养老服务组织通过投资新建、购买房屋、利用自有房屋、租赁场地等方式建设或者获得养老服务设施，依法设立服务网点，为社区老年人提供养老服务。

第三十一条 居家社区养老服务主要包括下列内容：

（一）助餐、助浴、助行、助洁、助急、助购、助医等日常生活服务；

（二）健康管理、家庭护理、康复理疗等健康服务；

（三）关爱探访、生活陪伴、心理咨询等精神慰藉服务；

（四）安全指导、紧急救援服务；

（五）法律咨询等服务；

（六）文化娱乐、体育健身、休闲养生等服务。

第三十二条 居家社区养老服务组织提供居家社区养老服务时，应当优先提供政府发布的基本养老服务清单内的服务项目，可以提供其他居家社区养老服务项目。

居家社区养老服务组织为社区老年人提供居家社区养老服务的，可以与接受服务的老年人或者其代理人签订养老服务合同。

第三十三条 居家社区养老服务组织应当建立健全规章制度，配备与服务规模相应的服务设施设备和工作人员，保障安全和服务质量。

第三十四条 鼓励物业服务企业按照有关规定，将小区闲置或者低效使用的房屋和设施改造用于居家社区养老服务。

支持物业服务企业根据老年人生活和社交需要，实施增设无障碍通道、加装电梯、提供地面防滑、加装扶手、消除地面高差等适老化改造。

第三十五条 鼓励物业服务企业因地制宜开办老年餐桌，提供文体健康指导、高龄独居老年人安全预警等服务。

符合条件的物业服务企业可以内设居家社区养老服务部门，提供居家社区养老服务，物业服务企业对居家社区养老服务的营收实行单独核算。

第三十六条 鼓励发展产教融合型家政服务企业，通过现代学徒制、订单培养等方式，培训具备养老护理能力的家政员，参与居家社区养老服务。

第三十七条 县级以上人民政府应当重视老年教育的发展，支持创办社区老年学校或者老年大学分校，鼓励教育机构通过多种形式举办或者参与社区老年教育，方便老年人就近学习。

第三十八条 鼓励、支持发展邻里互助、亲友相助、志愿服务等互助养老服务模式，提倡低龄健康老年人帮助高龄、独居、失能（失智）、计划生育特殊家庭等老年人。

第三十九条 鼓励村（居）民委员会、老年协会等组织利用农村幸福院等养老设施开展养老服务工作，为农村老年人提供助餐、助医、文化娱乐等服务。

第四十条 乡镇人民政府、街道办事处应当健全完善农村老年人信息管理和定期巡访制度，村（居）民委员会协助开展农村老年人信息管理和定期巡访工作，重点关爱子女长期不在身边的高龄、失能（失智）、独居的老年人。

探索设置农村养老护理员公益性岗位，为农村居家老年人提供定期巡访、健康指导、帮办代办、精神慰藉等服务。

第五章 机构养老服务

第四十一条 设立养老机构，应当依法办理登记等相关手续，并自登记之日起10个工作日内向所在地县级人民政府民政部门备案。设立医养结合机构还应当依法向所在地卫生健康部门登记备案或者申请审批。

第四十二条 公办养老机构、公建民营养老机构应当坚持公益属性，在满足特困老年人集中供养需求的前提下，重点为经济困难失能（失智）、计划生育特殊家庭老年人提供无偿或者低收费托养服务。床位有剩余的，可以向社会开放。

第四十三条 养老机构应当为老年人提供全日制集中住宿和照料护理等养老服务，主要包括下列内容：

（一）提供符合老年人居住条件的住房，配备适合老年人安全保护要求的设施、设备以及用具；

（二）提供符合食品安全要求、适宜老年人食用、有利于老年人营养平衡、符合民族风俗习惯的膳食；

（三）定期对老年人活动场所和使用物品进行清洗消毒；

（四）开展适合老年人的文化、教育、体育、娱乐活动；

（五）根据需要为老年人提供生活照料、精神慰藉等服务，医养结合机构根据需要为老年人提供医疗保健、康复护理、安宁疗护等服务；

（六）建立24小时值班制度，做好老年人夜间监护工作；

（七）其他适合老年人的服务。

第四十四条 养老机构应当与入住的老年人或者其代理人依法签订养老服务合同，明确各方权利义务。

政府出资建设的养老机构，符合委托运营条件的，可以委托养老服务组织运营。

第四十五条 养老机构应当依法履行安全生产和消防安全主体责任，建立健全消防、安全值守、设施设备、食品药品等安全管理制度。

养老机构应当制定突发事件处置和消防安全应急预案，开展经常性安全检查，定期组织开展应急演练和安全培训。突发事件发生后，应当立即启动应急预案，落实应急处理措施，及时疏散、撤离、安置入住老年人，预防危害发生或者防止危害扩大，并及时向有关部门报告。

第四十六条 养老机构暂停或者终止服务的，应当于暂停或者终止服务60日前，书面通知老年人或者其代理人，并书面告知民政部门。

老年人需要安置的，养老机构应当根据服务协议约定与老年人或者其代理人协商安置事宜。民政部门应当为养老机构妥善安置老年人提供帮助。

第四十七条 县级以上人民政府应当采取多种措施改善农村养老机构的运营条件，可以通过引入社会资本和专业管理服务提升其养老服务能力。鼓励将具备条件的农村特困人员供养设施转型为区域性养老服务设施，向社会开放。

县级以上人民政府应当建立城市与农村养老机构对口支援和合作机制，通过人员培训、技术指导、设备支援等方式，提高农村养老机构服务水平。

第四十八条 县级以上人民政府应当推进养老机构建设和功能完善，每个县至少有1所护理型养老机构和1所特困供养服务机构。

县级人民政府民政部门应当会同乡镇人民政府、街道办事处，对有集中供养意愿的特困老年人进行集中供养，对特困人员中失能（失智）老年人应当集中到护理型养老机构统一供养。

第六章　医养与康养

第四十九条　县级以上人民政府应当建立健全医养结合工作机制，根据老年人口数量和分布等情况，统筹医疗卫生和养老服务设施等资源，发挥互补优势，促进医疗卫生与养老服务融合发展。

县级以上人民政府及其民政、卫生健康、医保、文化和旅游、中医药等部门应当在政策体系、设施布局、人才培养、合作机制等方面推动医养康养相结合。

第五十条　县级以上人民政府在编制和完善区域卫生规划、养老服务设施规划时，应当统筹考虑养老服务设施与医疗卫生设施的布局，将两者同址或者邻近设置，方便老年人就近获取医疗服务。农村地区应当统筹规划乡镇卫生院与敬老院、村卫生室与农村幸福院建设。

第五十一条　县级以上人民政府卫生健康、民政、中医药部门应当推动养老机构与医疗机构开展双向合作，形成医疗护理与养老服务之间的转介机制，建立康复病床、预约就诊、双向转诊、急诊就诊等医疗服务绿色通道。

第五十二条　县级以上人民政府卫生健康部门应当鼓励养老机构依法设立老年医院、康复医疗中心、护理中心等医疗机构或者在其内部设置门诊部、医务室、护理站等医疗卫生服务场所。

前款设立的医疗机构或者医疗卫生服务场所符合条件的，医保部门应当纳入基本医疗保险定点医疗机构范围。

第五十三条　县级以上人民政府卫生健康、民政部门应当鼓励医疗机构依法设立养老机构、设置老年病专科和门诊。

具备法人资格的医疗机构设立养老机构，依法可以不再另行设立新的法人。医疗机构设立的养老机构符合条件的，享受养老机构有关建设、运营补贴和其他养老服务的扶持政策。

第五十四条　县级以上人民政府卫生健康、民政、医保部门应当推动医疗卫生服务向家庭、社区延伸，鼓励医疗机构上门为老年人提供康复、护理等服务。

支持医师、护士到养老机构内设置的医疗机构开展多机构执业。鼓励乡村医生、乡镇卫生院和养老机构中的护理人员为农村居家失能（失智）老年人提供上门护理服务，对其家庭成员进行护理指导。

第五十五条 县级以上人民政府卫生健康、中医药、民政部门应当支持中医院为老年人提供医疗、护理、康复、养生等服务，充分发挥中医药在治未病、慢性病、疾病治疗和康复中的作用，推广中医药适宜技术产品和服务，增强中医药医养结合服务能力。

中医执业医师可以到养老机构内设置的医疗机构开展多机构执业，也可以直接到养老机构开展治未病、营养、中医调理养生等健康咨询和调理服务。

第五十六条 鼓励和支持公立中医院以品牌、技术、人才、管理等优势资源与民政部门以及社会资本等开展合作，新建、托管、协作举办非营利性医养结合机构，具体办法由省人民政府规定。

第五十七条 鼓励各地依托气候、森林、温泉、民族医药、红色文化、民族文化等特色资源，开发健康养老、避暑养老、旅游养老、生态疗养、中医保健等为核心内容的地方特色品牌康养项目。

第五十八条 县级以上人民政府应当出台优惠政策，利用本地优势资源，引进国内外知名康养产业市场主体落户，支持本行政区域内康养市场主体发展。

第五十九条 县级以上人民政府应当采取措施，探索建立与避暑、旅居老年人等主要客源地人民政府的沟通协调机制，为避暑、旅居老年人提供公共服务。

第七章 扶持保障

第六十条 县级以上人民政府用于社会福利事业的彩票公益金，应当主要用于支持发展养老服务和医养结合服务。

鼓励有条件的行政村依法将集体经济收益按照一定比例用于解决本村老年人的养老服务需求。

第六十一条 县级以上人民政府应当在非营利性养老服务组织和社区开发养老服务公益性岗位。

第六十二条 养老服务组织聘用的医护人员，在职称评定、职业技能培训等方面与医疗机构同类专业技术人员享受同等待遇。

第六十三条 县级以上人民政府应当建立健全养老服务专业人才教育培训体系，支持高等学校、职业院校和培训机构开设老年医学、康复护理等相关专业或者课程；支持职业院校建设养老服务实训基地，在养老服务组织、医疗机构设立教学实习基地。

支持培训机构和养老服务组织开展健康护理、养老护理、家政服务等培训，并按照规定给予培训补贴。

对在养老机构从事护理工作连续达到5年以上的高等学校、职业院校毕业生，县级以上人民政府可以给予适当入职奖励，具体办法由省人民政府规定。

第六十四条 县级以上人民政府应当培育发展为老年人服务的志愿服务组织，建立健全志愿服务回馈激励机制。

志愿者可以通过国家志愿服务信息系统，注册并记录为老年人提供志愿服务的活动时间，并根据志愿服务活动时间优先享受养老服务。

第六十五条 国家机关、企业事业单位和社会组织职工年满60周岁的父母或者由其赡养的老年人患病住院的，鼓励所在单位结合本单位的实际情况，依据医院开具的疾病证明，给予职工陪护假。职工是独生子女的，每年陪护假累计不超过15天；职工是非独生子女的，每年陪护假累计不超过7天。职工在陪护假期间的工资照发，福利待遇不变，不影响考勤、考核和晋级、晋职、提薪。

第六十六条 省、市州人民政府应当逐步建立长期护理保险制度，为长期失能（失智）老年人提供基本生活照料和与基本生活密切相关的医疗护理。

支持商业保险机构发展与长期护理保险相衔接的商业护理保险，参与政策性长期护理保险经办服务。

第六十七条 鼓励银行业金融机构为符合条件的养老服务项目提供金融服务，对养老服务业的信贷给予支持。

鼓励采取发行企业债券等方式筹集资金，用于兴办养老机构、建设养老设施、购置设备和收购改造社会闲置资源等。

第六十八条 县级以上人民政府应当鼓励社会资本参与发展养老服务

产业，扶持企业开发、生产、经营安全有效的老年产品，促进老年消费市场健康发展。

第六十九条 县级以上人民政府应当促进互联网与养老服务深度融合，依托互联网、物联网、云计算、大数据、智能养老设备等，打造多层次智慧养老服务体系。

县级以上人民政府应当推动智慧健康养老产业发展，制定智慧健康养老产品及服务推广目录，鼓励人工智能、大数据等信息技术和智能硬件等产品在养老服务领域的应用。

第七十条 养老机构按照国家和省有关规定享受税收优惠和行政事业性收费减免政策。

养老机构用电、用水执行居民生活用电、用水价格，用气价格按照居民生活用气、非居民用气价格的较低者执行。安装固定电话、有线（数字）电视、宽带互联网，按照国家和省有关规定减免收费。

第八章 监督管理

第七十一条 省人民政府民政部门应当会同市场监管部门制定养老服务相关地方标准，并对标准实施情况进行监督检查。

鼓励、支持行业协会、养老服务组织制定高于国家标准的行业标准、企业标准。

第七十二条 县级以上人民政府民政部门应当建立养老服务组织等级评定和养老服务质量监测评估制度，定期委托第三方专业机构，按照国家和省的标准对养老服务组织进行等级评定和质量评估。

评估结果应当向社会公开，并作为政府购买服务的参考依据。

第七十三条 公办养老机构实行政府定价或者政府指导价。公建民营养老机构收费标准按照委托协议等合理确定。

民办养老机构和其他养老服务组织收费标准实行市场调节价，并接受政府有关部门和社会的监督。

养老服务组织应当在醒目位置公示服务项目、收费标准。

第七十四条 县级以上人民政府应当建立责任追究制度，对有关部门和下级人民政府履行养老服务工作职责的情况进行监督，对发现的问题及时予以纠正。

第七十五条 县级以上人民政府民政部门应当加强对本行政区域养老服务活动的监督管理，每年不少于 1 次组织开展监督检查，依法查处违法行为。

卫生健康部门应当加强对本行政区域医养结合机构医疗服务活动的监督管理，并对其突发公共卫生事件应对工作进行督导检查。

其他有关部门应当在职责范围内，加强对养老服务活动的监督管理，发现存在违法行为的，应当及时查处，必要时开展联合执法。

第七十六条 县级以上人民政府市场监管部门应当加强对养老服务广告、产品用品、食品药品等的监督管理和价格的监督检查。

第七十七条 单位和个人涉嫌借养老服务名义实施非法集资、诈骗等违法行为的，公安机关应当依法查处，其他有关部门应当协助配合，并按照规定移送有关证据材料。

第七十八条 省人民政府民政部门应当会同有关部门建立养老服务领域信用体系，加强养老服务信用信息的记录、归集、共享和披露，相关信用信息应当纳入全国信用信息共享平台（贵州），将信用信息作为享受扶持保障政策的重要参考，对严重失信组织和个人依法实施多部门、跨地区的联合惩戒。

养老服务行业组织应当加强行业自律和诚信建设，制定行业服务规范，提升服务质量。

第七十九条 县级人民政府民政部门对已经备案的养老机构，应当自备案之日起 20 个工作日内进行现场检查，并核实备案信息；对未备案的养老机构，服务场所所在地的县级人民政府民政部门应当自发现其收住老年人之日起 20 个工作日内进行现场检查，并督促及时备案。

县级人民政府民政部门应当每年对养老机构服务安全和质量进行不少于 1 次的现场检查。

第八十条 县级以上人民代表大会及其常务委员会应当加强对养老服务工作的监督，适时听取和审议同级人民政府有关养老服务工作情况的报告，检查督促有关法律法规的实施。

第八十一条 自然人、法人和非法人组织对养老服务违法行为，有权向民政部门或者其他负有养老服务监督管理职责的部门举报。

自然人、法人和非法人组织发现各级人民政府及其民政部门、其他负有养老服务监督管理职责的部门不依法履行职责的，有权向其上级机关和有关部门举报。

县级以上人民政府民政部门应当设立并向社会公布养老服务监督举报电话和投诉信箱，受理投诉举报。

第九章　法律责任

第八十二条　国家机关及其工作人员未按照本条例履行监督管理职责或者有其他滥用职权、玩忽职守、徇私舞弊行为，情节轻微的，由上级机关，主管部门，任免机关、单位或者监察机关责令改正；情节严重的，对直接负责的主管人员和其他直接责任人员依法给予处分。

第八十三条　违反本条例规定，擅自改变养老服务设施建设用地用途或者擅自改变政府投资、资助建设配置的养老服务设施使用性质，依照相关法律、法规的规定予以处罚。

侵占、损害或者擅自拆除养老服务设施的，依法予以处罚。

第八十四条　违反本条例规定，建设单位未按照规定将城镇居住区配套养老服务设施以及有关建设资料全部无偿移交所在地县级人民政府的，由县级以上人民政府住房城乡建设部门责令限期改正；逾期不改正的，处以配套养老服务设施建设工程造价 2 倍以上 5 倍以下罚款。

第八十五条　违反本条例规定，居家社区养老服务组织未按照规定标准提供居家社区养老服务的，由县级以上人民政府民政部门责令限期改正；逾期不改正的，处以 1000 元以上 5000 元以下罚款；情节严重的，处以 5000 元以上 1 万元以下罚款。

第八十六条　违反本条例规定，养老机构有下列行为之一的，由县级以上人民政府民政部门责令限期改正，给予警告；情节严重的，处以 1 万元以上 3 万元以下罚款；可能危及人身健康和生命财产安全的，责令停业整顿，并处以 3 万元以上 10 万元以下罚款：

（一）未与老年人或者其代理人签订养老服务合同的；

（二）未按照国家和省规定的技术标准和规范开展服务的；

（三）暂停、终止养老服务时未妥善安置入住老年人的；

（四）有歧视、侮辱、虐待、遗弃老年人或者其他侵犯老年人合法权益行为的。

第八十七条 违反本条例规定，单位或者个人采取虚报、隐瞒、伪造等手段，骗取政府养老服务补贴、补助、奖励的，由县级以上人民政府民政部门责令退回，并处以骗取资金数额1倍以上3倍以下罚款。

第八十八条 违反本条例规定的其他行为，法律、法规有处罚规定的，从其规定。

第十章 附 则

第八十九条 本条例下列用语的含义：

（一）养老服务组织，是指居家社区养老服务组织、养老机构和其他依法提供养老服务的组织。

（二）居家社区养老服务组织，是指在社区依法举办的，为社区老年人提供居家社区养老服务（不含全日集中住宿）的组织。

（三）养老机构，是指依法办理登记，为老年人提供全日集中住宿和照料护理服务，床位数在10张以上的机构。养老机构根据投资主体不同，分为公办养老机构、公建民营养老机构和民办养老机构。

公办养老机构是指由政府出资建设并运营的养老机构。

公建民营养老机构是指由政府出资建设，通过签订委托运营协议委托社会力量运营的养老机构。

民办养老机构是指由企业事业单位、社会团体和个人依法投资设立并运营的养老机构。

（四）护理型养老机构，是指能够提供医疗护理服务的养老机构。

第九十条 本条例自2021年10月1日起施行。

B.18　贵州省人民政府办公厅关于印发贵州省推进基本养老服务体系建设实施方案的通知

黔府办发〔2023〕21号

为认真贯彻落实中共中央办公厅、国务院办公厅《关于推进基本养老服务体系建设的意见》部署要求，进一步健全我省基本养老服务体系，制定本实施方案。

一、总体要求

以习近平新时代中国特色社会主义思想为指导，全面贯彻党的二十大精神，深入贯彻落实习近平总书记关于养老服务工作的重要论述和视察贵州重要讲话精神，按照省委十三届三次全会部署，坚持基础性、普惠性、共担性、系统性原则，加快构建覆盖全体老年人、权责清晰、保障适度、可持续的基本养老服务体系，提高基本养老服务供给水平，不断增强全省老年人的获得感、幸福感、安全感。“十四五”时期，重点聚焦我省老年人面临家庭和个人难以应对的失能、残疾、无人照顾等困难时的需求，推进基本养老服务体系建设，强化老有所养、老有所依必须的基础性、普惠性、兜底性服务供给，确保到2025年，全省基本养老服务制度体系基本健全，基本养老服务清单更加完善，服务对象、内容、标准等更加清晰明确，服务供给、保障、监管等机制不断健全，基本养老服务体系覆盖全体老年人。

二、重点任务

（一）完善基本养老服务清单管理机制

1. 制定落实基本养老服务清单。省级对照《国家基本养老服务清单》，制定公布《贵州省基本养老服务清单》，服务项目、覆盖范围和实现程度不低于《国家基本养老服务清单》要求。各地各有关部门要严格落实《贵州省基本养老服务清单》。具备条件的市（州）、县（市、区、特区）可结合当地老年人服务需求、财政承受能力、可持续性等因素适当拓展服务内容，制定本地区基本养老服务清单，并报上一级人民政府备案。（责任单位：省民政厅，各市〔州〕、县〔市、区、特区〕人民政府。以下任务责任单位均包含各市〔州〕、县〔市、区、特区〕人民政府，不再列出）

2. 建立基本养老服务清单动态调整机制。省级基本养老服务清单根据我省经济社会发展水平、财力状况等因素动态调整，具体由省民政厅会同有关部门研究提出调整意见，报省人民政府批准后以部门名义印发实施。制定基本养老服务清单的地方要相应建立动态调整及备案机制。（责任单位：省民政厅）

（二）完善精准服务主动响应机制

3. 建立基本养老服务统计调查制度。按要求做好年度人口变动情况抽样调查中的老年人口状况和养老服务指标调查统计工作，适时发布全省老年人口状况。加强人口普查和抽样调查结果运用，助力开展全省老年人口数量、结构、分布和养老产业发展等方面研究。（责任单位：省民政厅、省统计局）

4. 开展老年人能力综合评估。根据全国老年人能力综合评估标准，统筹现有的老年人健康管理、残疾等级评定等相关制度，制定全省老年人能力综合评估规范，将评估结果作为老年人享受相关补贴、接受基本养老服务等参考依据。开展老年人能力综合评估试点，探索可复制可推广的经验，逐步在全省推开。（责任单位：省民政厅、省卫生健康委、省残联）

5. 强化特殊困难老年人识别管理。2025 年前建成贵州省智慧养老服务平台，加强部门间数据归集、共享、比对，推进独居、空巢、留守、失能、重残、计划生育特殊家庭等特殊困难老年人（以下统称特殊困难老年人）精准识别和动态管理。优化完善养老服务布局，细化与常住人口、服务半径挂钩的制度安排，逐步实现从“人找服务”到“服务找人”。（责任单位：省民政厅、省卫生健康委、省大数据局、省残联）

6. 建立特殊困难老年人探访关爱机制。以村（社区）为单位，统筹基层工作力量和老年协会、志愿服务组织等社会组织，建立健全特殊困难老年人探访关爱服务工作体系和工作机制，常态化开展上门探访、电话或微信沟通、需求登记和转介、精神慰藉等服务。2025 年前实现特殊困难老年人月探访率达到 100%。（责任单位：省民政厅会同有关部门）

（三）完善基本养老服务政策支撑体系

7. 深化长期护理保险制度试点。积极稳妥推进长期护理保险制度试点，支持长期护理保险制度试点地区推进长期护理保险与经济困难的高龄、失能老年人补贴及重度残疾人护理补贴等政策衔接。鼓励商业保险机构开发与长期护理保险相衔接的商业护理保险产品，支持其参与政策性长期护理保险经办服务。（责任单位：省医保局、省民政厅、金融监管总局贵州监管局、省残联）

8. 加强经济困难失能老年人和残疾老年人保障。市、县两级人民政府按规定为经认定生活不能自理的经济困难老年人提供护理补贴或照护服务，补贴标准根据老年人失能程度和经济困难程度综合确定。整合残疾老年人身份识别、待遇享受、服务递送、无障碍环境建设等各方面资源，提升残疾老年人服务保障水平。（责任单位：省民政厅、省残联）

9. 建立基本养老服务经费保障机制。市、县两级人民政府要按照财政事权与支出责任划分原则，建立与当地老年人口数量相协调的基本养老服务经费保障机制，将基本养老服务经费纳入财政预算，省级财政统筹现有资金渠道予以支持。各级政府用于社会福利事业的彩票公益金中，支持发展养老服务的资金占比不低于 55%。（责任单位：省财政厅、省民政厅）

10. 强化养老服务设施布局规划管理。各级政府应当编制养老服务设施布局专项规划，按程序批准后，将其主要内容纳入国土空间详细规划，叠加到国土空间规划“一张图”，其中市、县两级专项规划要在 2024 年底前完成编制。严格按照人均用地不少于0.1平方米的标准，分区分级规划设置社区养老服务设施。对详细规划确定的养老服务设施用地，未履行法定修改程序不得随意改变土地用途。（责任单位：省民政厅、省自然资源厅、省发展改革委）

（四）提高基本养老服务供给能力

11. 健全城市社区养老服务设施。各地新建城区、新建居住区要严格落实配套养老服务设施与新建住宅项目同步规划、同步建设、同步验收、同步交付的要求，严格执行新建城区、新建居住区配套养老服务设施审核、验收、移交机制，确保按照每百户不少于20平方米建筑面积配齐养老服务设施。老城区和已建成居住区要结合城镇老旧小区改造、居住区建设补短板行动等，通过补建、购置、转换、租赁、改造、盘活闲置资产等方式补齐养老服务设施。（责任单位：省民政厅、省住房城乡建设厅、省自然资源厅、省发展改革委、省国资委）

12. 加快农村养老服务设施建设。以撤并整合现有乡镇特困人员供养服务机构为主、新建为辅，打造乡镇标准化区域养老服务中心，提供失能老年人照护服务。利用现有闲置集体房产、农村敬老院、闲置乡村校舍等设施，打造村级农村互助幸福院，开展农村互助养老和老年人精神文化活动。到2025年，乡镇标准化区域养老服务中心建有率不低于60%，建成100个设施配套完善、管理规范的农村互助养老示范点。（责任单位：省民政厅、省教育厅、省乡村振兴局）

13. 发挥公办养老机构提供基本养老服务的基础作用。政府投入资源或出资建设的养老服务设施优先用于基本养老服务，在满足特困老年人集中供养需求前提下，优先为经济困难的失能、高龄、无人照顾等老年人提供养老服务。现役军人家属和烈士、因公牺牲军人、病故军人的遗属，符合规定条件申请入住公办养老机构的，同等条件下优先安排。光荣院在保障好集中供养对象基础上，可利用空余床位为其他无法定赡养人、扶养人或者法定赡养人、扶养人无赡养、扶养能力的老年优待抚恤对象提供优惠服务。（责任单位：省民政厅、省退役军人厅）

14. 整合资源拓展养老服务供给渠道。加快推进县级特困人员供养服务机构提质改造，确保到2025年，每个县（市、区、特区）至少有1所以失能特困人员专业照护为主的县级特困人员供养服务机构。鼓励党政机关、事业单位和国有企业所属培训疗养机构转型为普惠型养老服务设施。鼓励各地通过公开招投标等方式，择优确定专业养老机构运营商，实行专业化规模化连锁运营。具备条件的地方可优化统筹养老机构床位建设补助、运营补助等政策，支持养老机构提供基本养老服务。（责任单位：省民政厅、省发展改革委、省国资委）

15. 支持社会力量参与提供基本养老服务。将基本养老服务纳入政府向社会力量购买服务指导性目录，推进政府购买服务与直接提供服务相结合，优先保障特殊困难老年人的服务需求。鼓励和引导社会力量依法通过捐赠、设立慈善基金、开展志愿服务等方式，为基本养老服务提供支持和帮助。支持具备条件的家政和物业服务企业提供居家社区养老服务。（责任单位：省民政厅、省财政厅、省住房城乡建设厅）

（五）提升基本养老服务便利化可及化水平

16. 强化对居家养老服务的支持。依托乡（镇、街道）养老服务中心或养老服务综合体、社区养老服务设施以及村民委员会、社区居委会等基层力量提供家庭养老指导服务，帮助老年人家庭成员提高照护能力。将失能老年人家庭成员照护培训纳入政府购买养老服务目录，符合条件的失能老年人家庭成员参加照护培训等相关职业技能培训的，按规定给予职业培训补贴。在全省打造100个居家上门服务示范点，带动形成居家上门服务供给生态。（责任单位：省民政厅、省人力资源社会保障厅）

17. 大力发展社区养老服务。依托现有社区养老服务设施，在人口数量较多、老年人口密集的街道打造街道养老服务中心，提供长期照护、短期托管、临时照护等服务。支持建设城市居家社区养老服务站，就近就便提供居家社区养老服务。支持养老机构、社会组织和市场主体运营社区养老服务设施。鼓励养老机构在老年人住所设立家庭照护床位，提供连续、稳定、专业的居家社区养老服务。积极发展老年助餐服务，逐步构建覆盖城乡、布局合理、共建共享的老年助餐服务网络，推动老年助餐服务方便可及、经济实惠、安全可靠、持续发展。（责任单位：省民政厅）

18. 积极推进居家适老化改造和无障碍环境建设。以满足居家生活照料、起居行动、康复护理等需求为重点，采取政府补贴等方式，对纳入分散特困供养的失能、高龄、残疾老年人家庭实施居家适老化改造，有条件的地方可将改造对象扩大到城乡低保中的失能、高龄、残疾老年人家庭等。优先推进与老年人日常生活密切相关的公共服务设施改造，为老年人提供安全、便利、舒适的环境。大力开展无障碍环境认证，提升无障碍环境服务水平。（责任单位：省民政厅、省住房城乡建设厅、省残联）

19. 提升老年人医养康养水平。鼓励有条件的医疗卫生机构为有医疗服务需求且行动不便的高龄或失能老年人，以及慢性病、疾病康复期或终末期、出院后仍需医疗服务的老年患者提供上门医疗服务。推动康复辅助器具进社区、进家庭，鼓励开展社区康复辅助器具租赁服务。积极开展老年人失能预防和养生保健宣传教育。支持有条件的普通高校和职业院校开设老年护理相关专业或课程，推动校企合作共建养老实训基地。支持有条件的学校开展老年教育，鼓励社会力量举办老年大学（学校）。积极发展老年体育，推进乡（镇、街道）老年体育组织建设，加强老年体育设施建设和适老化改造，推广适宜老年人的健身休闲运动，助推实现健康老龄化。（责任单位：省卫生健康委、省民政厅、省教育厅、省体育局）

三、保障措施

（一）加强组织领导

各市（州）、县（市、区、特区）人民政府要将基本养老服务体系建设纳入当地经济社会发展规划和重要议事日程，统筹资源力量加快推进。省级各有关部门要按照职责分工，细化工作措施和进度安排，有力有序抓好落实。省养老服务工作联席会议要发挥统筹协调作用，组织研究并推动解决基本养老服务体系建设中的重大问题。

（二）加强跟踪问效

将养老服务重点指标纳入市县和省直部门高质量发展绩效考核体系。各市（州）、县（市、区、特区）人民政府要切实履行责任，落实支持政策，加强绩效评价、监督检查和综合监管，保障养老服务供给质量。严格落实养老服务综合监管制度，确保服务质量和安全，对违法违规行为严肃追究责任。发挥标准对基本养老服务的技术引领作用，积极开展服务质量第三方认证。

（三）加强氛围营造

各地各有关部门要结合职能职责和工作实际，主动做好基本养老服务政策宣传解读，及时公开基本养老服务信息。要广泛凝聚社会共识，充分调动各方支持配合基本养老服务体系建设的积极性和主动性。推进涉基本养老服务体系建设重要改革事项要深入开展调研、充分听取意见，认真做好评估论证。

续表

时间	高龄补贴发放人数（人）	高龄补贴发放金额（万元）	百岁补贴发放人数（人）	百岁补贴发放金额（万元）
2023年8月	44035	233.73	90	2.7
2023年9月	50946	270.01	89	2.6
2023年10月	51282	271.99	91	3.73
2023年11月	51592	273.142	95	2.85
2023年12月	51961	275.212	91	2.73
2024年1月	52181	276.684	86	2.58
2024年2月	52162	276.44	83	2.49
2024年3月	52172	276.93	80	2.4
2024年4月	52366	277.124	81	2.43
2024年5月	52839	279.529	80	2.56
2024年6月	53196	280.866	80	2.56
2024年7月	53462	282.55	79	2.26

资料来源：安顺市民政局官网。

老龄人口大量增加对社会保障体系和社会发展带来极大挑战。一是人口红利消失，经济增长放缓。随着老年人口总量增加和占比提高，人口抚养比随之快速增长，劳动人口红利即将消失，居民储蓄率将出现下行。劳动年龄人口的减少，影响创新能力和全要素生产率的提高。二是公共服务需求增加，社会保障支出压力加大。对养老保险、医疗保障、养老服务和健康服务等需求大幅度增加，基本养老保险收支压力增大，卫生总费用和人均医疗费用攀升，失能、高龄、空巢老年人的生活照料和长期照护服务需求持续增加。三是赡养比增加，家庭负担加重。家庭规模小型化，养老需求持续增加，增大家庭压力，降低家庭抗风险能力，影响生活质量提高。

二、安顺市推进养老服务高质量发展的主要做法

安顺市委、市政府高度重视康养事业，市委常委会决定将安顺城市文化形象宣传语定为“康养福地　瀑乡安顺”。安顺市按照“保障基本、突

一、安顺市人口老龄化形势及其挑战

第七次全国人口普查数据显示，全国60周岁及以上人口26402万人，占18.70%，其中65周岁及以上人口19064万人，占全国总人口的13.50%。贵州省60周岁及以上人口593.14万人，占全省总人口的15.38%，其中65周岁及以上人口445.65万人，占11.56%。安顺市60周岁及以上人口39.2951万人，占全市总人口的15.90%，低于全国2.8个百分点，高于全省0.52个百分点；其中65周岁及以上人口28.6962万人，占全市总人口的11.61%，低于全国1.94个百分点，高于全省0.05个百分点。[①] 截至2024年5月，安顺市现有80周岁以上高龄老人52839人、百岁老人80人。全市8个县（区）全部建立高龄补贴制度，2023年3月至2024年7月，累计发放80周岁及以上老年人高龄补贴4467.732万元，发放百岁补贴41.50万元。[②]“十四五”时期，安顺市人口老龄化将进入快速发展期，失能、高龄、空巢老年人数量和比例将大幅度增加。从表1可见，2023年3月以来，安顺市高龄老年人数量持续保持增长，人口老龄化已进入快速发展期。据测算，安顺市将在2030年前后迈入深度老龄化阶段，老龄化程度届时将达到30%。安顺市人口老龄化呈现出基数大、速度快、未富先老、未备先老的特点。

表1　2023年3月—2024年7月安顺市高龄补贴发放情况

时间	高龄补贴发放人数（人）	高龄补贴发放金额（万元）	百岁补贴发放人数（人）	百岁补贴发放金额（万元）
2023年3月	42550	225.39	65	1.3
2023年4月	43007	227.64	92	1.84
2023年5月	43180	278.8	93	1.86
2023年6月	43367	229.89	94	1.88
2023年7月	43741	231.85	91	2.73

① 资料来源：安顺市民政局关于对市政协五届二次会议第0048号提案的答复。

② 资料来源：安顺市民政局每月发布的养老补贴发放情况，高龄补贴每月每人50元，百岁补贴每人每月320元。